昭和二十年

第８巻　横浜の壊滅

鳥居 民

JN152287

草思社文庫

昭和二十年　第8巻　横浜の壊滅　目次

第23章 火のなかで、焼け跡で、人びとはなにを考えるのか（五月二十六日）

第24章　横浜大空襲（五月二十九日）

第23章

火のなかで、焼け跡で、人びとはなにを考えるのか

（五月二十六日）

焼夷弾は宮殿に落とされなかった

五月二十六日になる。午前零時五十分だ。宮城はどこも燃えていない。

小型焼夷弾は奥宮殿の西側の庭園にいくつか落ちた。地面に突き刺さった焼夷弾が一斉に火を噴き、一メートルおきに蠟燭が立っているようだった。奥宮殿の屋根にもなにかが落ちたが、地面に転がり落ちた。焼夷弾ではないようだった。被害はなかった。

お濠の外からは、飛び立とうとする爆撃機の隊列の横に立っているかのようなすさまじい音、すべてのものを焼き尽くす音が、これまたすさまじい風の音、無数の火の粉、燃え殻とともに襲来する。だが、B29の爆音はもはや真上には来ない。

「よかった。もう大丈夫だろう」と警視庁特別消防隊の隊長、警視の松永が表宮殿担任の山室成一に言った。

内大臣の木戸幸一と宮内大臣の松平恒雄もほっとしている。木戸は御文庫にいる。松平は宮内省の第二期庁舎にいる。そこから御文庫までは歩いて十分足らずだ。木戸と松平はよかったと思いながらも、なぜだろうと考えたにちがいない。敵は宮城にたいする爆撃を避けているのではないか。

二月二十五日以来、敵は東京にたいする大規模な空襲を繰り返してきた。今夜を入れて六回になる。

ところが、宮城を直接ねらったことはない。たしかに宮城内に焼夷弾は落ちた。四阿《あずまや》や倉庫、小屋が焼けた。四月十三日には大型焼夷弾に直撃されて、宮内省の役人ひとりが死んだ。五月二十四日の朝、前夜落ちた小型焼夷弾の数を数えたら二百発にのぼった。今夜も焼夷弾はいくつか落ちた。

だが、敵が宮城内の宮殿をねらおうとしたのなら、こんな数で済むはずがない。

木戸や松平は内務省の幹部から、B29一機はどれだけの面積を焼くことができるかという話を聞いたことがあるにちがいない。

三月十日未明のことだ。世田谷のはずれの砧《きぬた》緑地にB29一機が焼夷弾を落とした。対空砲火にやられ、潜水艦による救助が期待できる千葉の勝浦沖まで逃げ延びようと搭載していたすべての焼夷弾を捨てたのかもしれない。砧緑地は甲子園球場が二十収まるほどの広さだ。畑と草原に落ちた小型焼夷弾は地中にめり込み、半分以上が不発だった。

警視庁が調べた。いちばん小型の布の尾をひく六角柱の油脂焼夷弾だ。長さ四百メートル、幅八十メートルのあいだに千五百発ほどの焼夷弾が落ちていた。[1] 四十個の集束弾を投下したのだ。

B29は手の届く高さを飛んでいったのだという。もう少し高ければ、焼夷弾一本一本をバラバラにする散開高度を同じにしてあっても、長さ五百メートルから六百メートル、幅百五十メートルほどにひろがることになる。

そこで、B29一機はざっと八万平方メートルの広さに焼夷弾をばらまくことになる。警保局長は内大臣や宮内大臣にこのように説明して、日比谷公園が十六万平方メートル、ちょうどその半分だと言い、もちろん、大火流を起こし、この火勢がひろがれば、日比谷公園の広さ、さらにはその倍の広さを灰にすることもできると言ったにちがいない。

木戸や松平はまたべつの同じような話を聞いたはずだ。明治神宮の防護団長、権宮司《ごんぐうじ》の高畠信次が語った話だ。明治神宮は四月十三日の深夜に焼かれた。玉垣内に残ったのは、東西南北の神門と回廊の一部だけで、回廊の中央にあった本殿、拝殿、その他の建物はすべて灰になった。

ここも砧緑地に落としたのと同じ大きさの油脂焼夷弾だった。不発弾を含め千三百三十発だったという。B29一機の仕業である。三十五個の集束弾を投下したのだ。玉垣内に二百発以上が落ち、残りは玉垣につづく林苑に落ちていたということだった。幅百五十メートル、長さは五百五十メートル、八万二千平方メートルほどだった。

敵が宮城を焼こうと考えるなら、B29一機の投入で充分だ。夜間低空で襲えば、東西百二十メートル、南北百六十メートルのあいだにすべてがおさまる檜《ひのき》造りの表宮殿を焼くのはいたって簡単なはずだった。いや、P51二個小隊、八機に宮城攻撃を命じ、命中精度が高く、威力も大きいロケット弾を発射すれば、それで足りた。

宮殿について説明しよう。

御車寄《おくるまよせ》、正殿、豊明殿、三つの大きな建物はいずれも南に面している。南から北へ並ぶこれらの建物はいずれも棟は高く、反りの急な入母屋《いりもや》造りである。どの建物も銅葺きだから、緑青《ろくしょう》を吹いて、屋根全体は美しい青竹色である。いちばん南に御車寄がある。

車寄は大御玄関と昔は呼ばれた。天皇と国賓、三大節の宴会に出席する高官が利用する。車寄といっても大広間が付く。百八帖ある。中庭をあいだに挟んで正殿がある。中庭はだれもが中坪と呼んでいる。

正殿は昔は謁見所《えつけん》と呼ばれた。新年の拝賀、朝見の儀はここでおこなわれた。軍旗親授式もここでおこなわれた。

もうひとつ中坪を挟み、豊明殿がある。二百七十二帖の広さだ。明治宮殿のなかでいちばん広く、屋根はどの宮殿よりも高い。豊明殿は饗宴所である。数台の長い食卓が置かれる。天皇の御座は南に面してある。部屋の中央に四個のシャンデリアが垂れる。

豊明殿の東側にもうひとつ玄関がある。東車寄だ。ここの広間は大御玄関の広間より少し狭い。八十帖だ。

御車寄、東車寄と正殿、豊明殿を結ぶのは長い回廊である。あいだに四角の広い二つの中庭を挟んでいるから、回廊はその外をめぐる。

そしてこの回廊沿いにいくつもの部屋がある。いずれも別棟だから、殿堂と呼ぶべきなのだろう。

御車寄、正殿、豊明殿を軸にして左右対称だから、一方に東一の間、東二の間があれば、もう一方に西一の間、西二の間があり、それぞれ二十四帖、二十一帖、こちら側に東溜《ひがしだまり》の間があれば、向こう側に西溜の間がある。溜の間はともに百七十帖だ。

それぞれの部屋に歴史がある。西二の間の椅子とテーブルは、山本権兵衛が伊藤博文と陸奥宗光に向かって清国にたいする開戦を説いたときのものだ。

東一の間は、ある人びとにとっては忘れることのできない部屋だ。かれらは、これまでに何回か眠れない夜があって、その部屋で開かれた昭和十六年十二月一日の御前会議を思いだしたはずだ。軍令部総長の説明にいちいちうなずく天皇、そして首相の緊張した顔、そのとき仰いだ格《ごう》天井の草花の模様をはっきりと思いだし、その日の東一の間の異様な明るさを思い浮かべ、なぜだったのだろうかと考え込み、それより前の九月六日に同じ東一の間で、天皇が明治天皇の御製《ぎょせい》を二度朗詠した異常な事態をつづけて思い浮かべ、なぜあのときの天皇の戦争回避の決意をだれひとりそのあと貫き通すことができなかったのかと悔やむことになったはずだ。

東溜の間では枢密院の定例本会議が開かれてきた。西溜の間では重臣会議が開かれた。昨年七月十八日の重臣会議は西溜の間を使って、後継内閣の首班奏薦のための選考をおこなった。昭和十六年十月十七日、木戸幸一が近衛文磨の留任を考えようとせず、東条英機を首相にと決意を固め、重臣会議を開いたのも同じ西溜の間だった。昭和十一年二月に反乱部隊が首相官邸を占拠し、首相は殺害されたとばかり思い、大臣たちが集まったのもこの西溜の間だった。三年前のことになるが、昭和十七年の半ば、勝ち戦の凱旋将軍たちはこの西溜の間に案内され、つぎに御学問所へ向かったのだった。

東溜の間、西溜の間はいまは使われていない。この四月五日の重臣会議は宮内省第二期庁舎二階の表拝謁の間を使った。

表宮殿の左右対称を崩すのは鳳凰《ほうおう》の間と千種《ちぐさ》の間である。千種の間は豊明殿の西側にある。お茶の会はここで開く。

鳳凰の間は正殿の西側にある。正殿に次ぐ公式の間だ。内謁見所であり、四十四帖ある。謁見、拝謁はここでおこなわれる。信任状、解任状の捧呈式、歌会始、講書始もここでおこなわれる。

汪兆銘《おうちょうめい》政府の駐日大使の蔡培《さいばい》が離任帰国することになって、暇乞いのために参内した。天皇が謁見したのが鳳凰の間だった。五月十一日のことだ。

帰国したフィンランド駐在大使の昌谷忠が天皇に拝謁したのも、鳳凰の間だった。だいぶ前の二月二十七日だった。

もっとも、今年の講書始と歌会始は第二期庁舎の表拝謁の間で開かれた。

鳳凰の間のさらに西に御学問所がある。宮殿内でこの建物だけが二階建てだ。もうひとつ、吹上御苑にあったお茶屋の駐春閣が二階建てだったが、二日前の五月二十三日深夜の空襲で焼けてしまった。御学問所は上下とも二間ずつ、合わせて七十帖ほどだ。二階に天皇の政務室と書斎がある。大臣、総長の上奏は一階の部屋でおこなった。内大臣は二階の書斎に上がった。侍従長は書斎のドアをノックし、天皇が廊下にでる。侍従長は直立して、奏上した。

御学問所に近く内大臣の事務室、侍従長の部屋、侍従、侍従武官の部屋が隣接してあった。

首相や外相、参謀総長が御学問所に向かうときには、車で坂下門を入り、坂を登り、東車寄まで行った。東車寄から豊明殿、そして千種の間の前の長い廊下を通った。御殿の廂《ひさし》は長く深く垂れているから、畳と欅板の濡れ縁の廊下は薄暗い。中央に噴水がある広い中庭を見ながら進み、畳敷きの廊下の角を曲がって侍従、侍従武官の部屋まで行く。渡り廊下があって、御学問所がある。

この御学問所、内大臣、侍従長の部屋の背後が奥宮殿だ。奥宮殿は表宮殿の西側にある。天皇、皇后の住まいであり、御常《おつね》御殿と呼ばれる。明治天皇、大正天皇の使われた部屋もそのまま残されている。

奥宮殿、御学問所もすでに使われていない。昨年三月から吹上御苑にある御文庫に天皇は移っている。

さて、この広大な宮殿は前に触れたとおり、すべて檜造りであり、防火壁もなく、厚い鉄の扉もない。

岡本愛祐は内匠頭《たくみのかみ》兼警衛局長である。侍従を振り出しに宮内省勤めをつづけ、前のポストは官房主管だった。かれは警視庁特別消防隊と皇宮警察部、近衛連隊の幹部と相談して、表宮殿と奥宮殿のあいだにある建物を撤去することにした。内大臣や侍従たちは昨年十一月に第二期庁舎に移り、内大臣の執務室、侍従の控室、その他の部屋をすべて間引き、表宮殿と奥宮殿とのあいだに空き地をつくった(2)。

だが、表宮殿と奥宮殿のあいだはまだつながっている。鳳凰の間と御学問所を結ぶ渡り廊下があり、さらに御学問所と奥宮殿を結ぶ渡り廊下がある。

表宮殿と奥宮殿とのあいだの建物を間引きしようというとき、渡り廊下と回廊をすべて取り壊そうという主張もでた。渡り廊下、回廊があると消火の邪魔になるし、導火線の働きをしてほかの建物に火を誘い込む。警衛局長の岡本愛祐はどう考えたのであろう。

京都御所では、紫宸殿《ししんでん》や清涼殿小御所、常御殿をつなぐ回廊をすべて取り払った。各殿舎は取り囲まれた廊下をすべて失ってしまって、毛を刈られた羊のようにやせ細り、寂しい姿になって独り立ちしている。

明治神宮はそれをしなかった。玉垣の一部を取り壊し、回廊を取り払っておいたら、灰にはならなかったはずである。

もちろん、渡り廊下や回廊があるのは、明治宮殿、京都御所、明治神宮だけではない。

昭和十五年六月二十日に、企画院から厚生省、大蔵省までの中央官庁二十一棟が落雷から全焼した原因のひとつが、木造の建物を縦横に結んだ渡り廊下であったことは前に述べた(3)。木造の役所、学校、工場、寮、病院は、構造上の問題から大きさに限界があり、三棟、四棟と建て、渡り廊下でつなぐのがふつうである。

現在、全国で、この瓦屋根の渡り廊下の取り壊しがおこなわれている。たとえば、この四月五日、富山県の内政部長は県立学校長宛てに通達をだし、渡り廊下の取り壊しを命じた。労力は職員と生徒の奉仕でおこなうこと、木材は退避壕、瓦は雪害復旧に充てるようにと指示した(4)。

だが、表宮殿の回廊を取り壊すことはできなかった。拝謁行事をおこなうのに、回廊がないのはおかしい、外国の使節を鳳凰の間に迎えるとき、庭から上がらせるわけにはいかないという論議になったからである。

宮殿の回廊と渡り廊下には手をつけないで、宮殿を守りきれると思ってきたのか。そもそも消防車はどれだけあるのか。

今夜も消防車は明治宮殿を取り囲んで置かれている。

表宮殿を守る主力部隊には警視庁特別消防隊の消防車が十六台ある。御車寄の前の庭に二台、東溜の間の外に四台、東車寄の前に二台、その北側に置いた八台は予備部隊であり、もっとも信頼性の高い輸入車を横一列に並べてある。だれもがラフランス車と呼んでいるアメリカ・ラフランス社の消防車だ。アメリカ製のこれらの消防車が国産車より断然優秀なことは前に述べた。[5]連続して長時間、放水できるのはラフランスだけだ。皇宮警察部の消防車は十二台だ。奥宮殿の周辺に八台を配置し、表宮殿の側に四台を置いている。[6]こちらも二台あるラフランスが自慢だ。

岡本愛祐をはじめ、だれもが二十八台の消防車があれば大丈夫と思ったときもあった。現在、そんなことを思う者はいない。

回廊と渡り廊下が消防車の行動を束縛する。もうひとつ、面倒な敵が御殿の大天井である。

ただ一つ御学問所が二階建てなのを除いて、宮殿はすべて平屋だということは前に述べた。だが、宮殿は普通の平屋ではない。宮殿の屋根裏は大きな家一軒がゆうに納まる高さがある。七メートルから八メートルある。そして天井は二重天井である。下から見える格天井がある。草花が描かれている。この天井の上に百四十センチほどの間隔をおいて野《の》天井がある。その上の屋根は厚い銅鍛葺きだ。

小型焼夷弾は奥宮殿の銅の屋根を滑って転がり落ちることがあるかもしれない。だが、多くの焼夷弾は銅板とその下の葺下地《ふきしたじ》を突き破るだろう。

ところが、高い屋根裏には長大な小屋梁《こやばり》が上下何本も走り、これと直角に牛梁《うしばり》が伸びている。垂木《たるき》や敷桁《しきげた》にぶつかり、この梁にぶつかれば焼夷弾は天井を破る力を失う。

あるいは焼夷弾は桔木《はねぎ》でとまるかもしれない。長く突きでた軒先を支えるために、軒裏から小屋組内にとりつけられているのが桔木だ。

天井は二重だから、野天井板を打ち破り、その下の格天井板のところにひっかかった焼夷弾が火を噴いたら手に負えない。

だが、回廊を取り壊すことさえできないのだから、天井板を取りはずせと言えるはずもなかった。防火のためにただひとつやったのは、屋根の外から屋根裏に消防隊員が入れるようにしたことだ。

御殿の屋根はいずれも入母屋屋根だから、破風《はふ》の部分がある。ここが木連《きつれ》格子になっている。木連格子は狐《きつね》格子とも呼ぶ。観音堂の木連格子は開くことができるが、破風の部分のこの木連格子は裏板打ちの格子であり、飾りである。

この木連格子と裏板を人が入れるほどに切って、上げ下げできるようにして、屋根裏に入る入口をつくった。この扉のなかのわずかな踊り場に四斗樽の防火用水や火を噴く焼夷弾にかける筵《むしろ》、バケツを置いてある。そして空襲警報がでれば、梯子をかけ、ホースを持って上がり、屋根裏に引き延ばす。そして扉のあるところには屋根裏を監視する消防隊員が立つ。

訓練はやった。扉の奥の暗闇に焼夷弾が落ちたと仮定する。監視員が「出火」と叫ぶ。下で待機していた消防隊員が梯子を上がってくる。

これからがたいへんだ。屋根裏は真っ暗なうえに、足場が悪い。消防士は小屋梁やつなぎ梁を踏みはずさないように注意しながら、筵を抱えて、重なった梁、小屋束《つか》、小屋筋違《すじかい》といった障害物のなかを進むことになる。

筵ならまだいい。ホースはそうはいかない。訓練は空のホースでやったが、ホースの筒先は水が送られてきたらすごい力だ。右手でしっかり握り、左手で右の前腕を握り、脇の下からホースがはずれないように力を入れねばならない。暗闇のジャングル・ジムのなかで暴れようとするホースを握ってなにができるだろう。

だれもが不安でいっぱいだった。

燃え殻ひとつで宮殿は燃え上がる

今夜のことに戻る。こいつは真上に来る、危ないぞ、これは間違いない、来るぞ来るぞ、こんな具合に叫びつづけたB29の襲来がなにごともなく終わって、御殿の屋根に焼夷弾が落ちなくてよかったと消防士や機関士は心から思った。

ほっとしたかれらは家族のことを考えたにちがいない。内大臣の木戸幸一や宮内大臣の松平恒雄も、家族は無事だったろうかと考えたことであろう。

前に述べたとおり、麴町三番町の内大臣の官邸は三月十日の未明に焼かれた。同じ夜、これも三番町の宮内大臣の官邸も焼かれた。赤坂新坂町の木戸の私邸は四月十四日の未明に焼かれた。百発以上の焼夷弾が邸内に落ち、すべては灰になった。妻の鶴子は近くの第一師団司令部に逃げたのだった。そのあと、木戸の一家は弟の和田小六の持ち家のひとつに移ったが、今夜の空襲で焼けてしまった。松平の渋谷松濤《しょうとう》の私邸は焼けなかった。

二人とも家からの連絡はまだない。焼けてしまったのだろうと木戸は思う。松平も焼けてしまっただろうとあきらめている。

そして気にかかるのは、前にも述べたとおり、どうして一昨夜、そして今夜、アメリカは宮城を焼こうとしなかったのかということだ。空から見れば、火の海のなか、宮城は真っ黒な孤島のように見えるにちがいない。アメリカの大統領はB29の司令官に宮城への爆撃を禁じているのではなかろうか。

これはどういうことなのであろう。

木戸も、松平も、首をかしげたことは前に述べた。敵のサンフランシスコ放送が天皇を批判、攻撃しないことと関係があるのだろうか。

そして松平恒雄の頭に浮かぶのは杉山元帥の語った話であり、舌打ちしたい気持ちになったのではないか。一カ月ほど前、四月二十日の午後のことだった。宮内省第二期庁舎の表拝謁の間で、前小磯内閣のメンバーに賜茶の会があり、松平も出席した。お上を囲んでの雑談がつづき、空襲の話になり、宮城内の主馬寮《しゅめ》が二度空襲を受けたことが話題になった。三月十日未明に主馬寮の本館が焼かれ、四月十三日の夜に主馬寮の御料乳牛場の飼料倉庫が焼かれた。杉山前陸軍大臣が口をはさみ、敵のB29乗員の持っていた地図を調べたところ、主馬寮に×印があったのだと披露した。だれもが敵はなぜ主馬寮をねらうのだろう、不思議なことだと言い合った(7)。

奇怪なことだとそのときは松平も思ったのだが、あとになれば首を横にふるのではないか。三月と四月の二回の空襲で、はぐれて落ちてきた焼夷弾と遠くからの飛び火によって、広大な宮城内に散在する孤立した倉庫、哨舎、四阿、二十棟以上が焼かれたのだ。たまたま主馬寮が二度焼かれただけのことだ。プロの軍人たるものが宮城の中心に打たれた×印はなんなのかをしっかり究明することなく、長屋の内儀の喋るような他愛のないことを語ってと松平は腹立たしく思いだすのであろう。

だが、こうしたことを考えつづける余裕はなくなった。南の霞ヶ関から三宅坂一帯のすさまじい火焔が気がかりとなる。最後の敵機が去ったとラジオは言っているが、火の粉と熱風がいよいよ激しく宮城内に吹きつけてくる。

御文庫前の芝生が燃えているという報告を木戸は聞き、表へ出たのであろう。三月十日には御文庫屋上の芝が燃えだした。屋上には土を盛り、芝を張ってある。あのときよりも飛んでくる火の粉がずっと多いのが心配だ。松平のところには、半蔵門が燃えだしたという報告が入った。半蔵門は宮城の西側にある。吹上御苑から麴町一丁目に出るところにある。麹町国民学校が焼けている。火の粉と燃えさしが半蔵門をめがけて吹きつけ、落ち葉が溜まるように燃え殻が門の外に溜まって、門扉が触れることができないほど熱くなり、ついに燃えだしたのだ。

松平にこれを報告したのは岡本愛祐だ。ほうっておくしかないのかと大臣は尋ね、岡本はうなずいた。

近衛連隊の当番の守衛隊員は宮城の南側の土手や吹上御苑で火の粉に水をかけ、踏みつぶしている。警視庁特別消防隊と皇宮警察部の隊員もまだ全員が残っている。

荒れ狂う真っ赤な火焰は風を巻き起こし、烈風にあおられ、火の粉は道路から濠を越え、宮城の土手にぶつかり、松の木の上を越す。赤い吹雪だ。火の嵐だ。火の粉ではない。燃え殻だ。野球のボールほどの大きさ、ときにはフットボールのボールほどの大きさの燃え殻が飛んでくる。無数の燃え殻が地上に落ち、また飛びあがり、こちらに向かってくる。

消防隊員と近衛兵が火叩きを持って飛びまわる。宮殿の廂でくすぶる燃え殻に水をかける。炎が上がる松の枝に梯子をかけ、水をかける。隊員の背中がくすぶりはじめる。

宮殿は大丈夫か。蔀戸《しとみど》と舞良戸《まいらど》はしっかり閉じてある。外についた火なら、すぐ見つけることができる。ポンプ車がある。ホースをつかんで駆けて行けばよい。ホースは延ばしてある。燃えさしがついて、ホースが燃えだす恐れがある。放水手はホースにバケツの水をかけている。

御車寄を守る責任者の湯下《ゆげ》は熱風に吹きつけられて宮殿が乾燥をつづけているのが怖い。隊長の山室成一のところへ駆けて行った。「宮殿に放水しましょう」

火がないときに、宮殿への放水は禁じられていることは湯下も知っている。屋根裏に置いた水槽の水が洩れ、化粧天井から大きな綴錦《つづれにしき》の額と緋の絨毯を汚してしまい、大騒ぎになったことがある。

ホースを各殿堂の屋根に引きあげて水を出し、すべての建物をびしょ濡れの状態にしておけばよいのだが、そんなことはとてもできない。放水しましょうと言ってはみたものの、引き返すほかはない。

この時刻であろう。屋根にのぼり、正殿の屋根裏に通じる扉の前にいる消防手が疲れからうとうとしている。

じつはかれが守る木連格子の扉はしっかり閉まっていない。ホースをこの扉の隙間から屋根裏に延ばしているから、隙間がある。ここが吸気口になり、風の激しい通路になっている。

火の粉や燃えさしは油断ならない。観音開きの扉の合わせ目をくぐり抜け、扉と床の隙間をすいと抜けて、コンクリート建てのビルのなかの調度品、絨毯、リノリウムに吸いつき、発火させる。

燃えた葉っぱか、なにかの燃え殻が扉の隙間から屋根裏の巨大な空間に滑り込んだ。

山室成一は表宮殿の外をまわって歩いている。御車寄の前まで来たとき、鉄橋の近くの土手の松が燃えだしているのに気づいた。警備の隊員に知らせようと駆けだした。かれはリンゴ大の燃えさしが顔めがけて飛んでくるのに首をちぢめ、その行く先を見ようとして振り返った。正殿の屋根の破風の部分が明るい。銅の樋《とい》に転がり込んだ燃え殻が燃えているのか。破風口の木連格子のところだ。扉が開いているようだ、なかが燃えているのだ。胃がちぢみあがる。間違いない。屋根裏から出火したのだ。

「正殿出火」と叫びながら夢中で駆ける。午前一時五分である。

すべての消防車がエンジンをかける。一隊は火が噴き出した正殿西側の鳳凰の間の前に集まる。もう一隊は正殿の東側に集まる。ホースを持った者は正殿を囲む回廊の途中にある下行《げぎょう》と呼ばれている地下道をくぐり抜け、ホースを引っ張り、中坪に上がる。

正殿の東側では五つの小隊が五本のホースを延ばす。五人の筒先員がそろう。梯子をのぼり、扉をあけようとする。

だが、この東側の扉をうかつに開くわけにはいかない。あけてしまったら、西側の扉があいているから、まっすぐ風道が通り、酸素がどっと流入し、屋根裏の火勢は一挙に強まり、温度は数百度に跳ねあがり、広い屋根裏すべてが一気に火の海となる。

屋根裏を酸素不足に追い込み、屋根裏の温度が上がらないようにしておいて、西側の扉から何組も筒先員を入れ、屋根裏のなかを進み、屋根裏の火を制圧しなければならない。

ところが、屋根裏の火をみくびって、挟み撃ちにしようとして東側の扉をあけてしまった。先頭の筒先員がなかに入る。二番手の筒先員もなかに入る。命令が届き、消防手のひとりが消火栓の上についているハンドルをまわす。

ホースの水がほとばしりでる。だが、水圧が低い。何台かの消防車は豊明殿の外側に掘ってある二千石、三百六十立方メートルの貯水池の水を使う。火の力のほうが強い。顔が焼けはじめているのを感じて、放水員は後退し、息苦しさによろけ、足場を確かめながら、うしろへと下がっていく。このわずか数分のあいだに、火は一大変身する。正殿の屋根裏全体にひろがる猛火と変わる。

正殿出火の報告は、宮内大臣をびっくりさせ、天皇を驚かせる。

正殿の大天井があっという間に燃え抜ける。正殿の銅葺きの屋根を抜け破ることのできない火は、正殿から西と東に伸びる四本の渡り廊下へ走ろうとする。筒先を持つ者は正殿の屋根から東溜、西溜の屋根に後退し、注水するが、どうにもならない。火は真下に迫ってきている。煙に巻かれ、いまにも窒息しそうになり、目をあけていることができず、手さぐりで屋根から下りる。

正殿と豊明殿のあいだの広い中庭では、四台の消防車から延ばしたホースを握る四小隊の消防隊員が正殿だけで火をくいとめようと回廊に延びてくる炎と戦っている。

近衛歩兵第一連隊の第三大隊は一昨日の二十三日が守衛当番だった。上番と呼ぶ。四十八時間勤務だったから、今日は下番だった。大隊長は村上稔だ。かれについては前に触れた。かれが正殿で服務中の守衛隊に協力するようにとの命令を受けたのは、宮殿が火の粉、燃え殻の吹雪を浴びるようになった零時すぎである。(8) 第三大隊の兵士たちは奥宮殿のなかの調度品を持ちだす。手当たりしだいにそこらにある物を詰め込んだ長持ちを運びだす。

坂下門と乾《いぬい》門からは援軍の消防車がぞくぞくと入ってくる。だが、消防車の数が増えても役には立たない。いよいよ水圧は低くなり、水力は弱まるばかりだ。

近衛の部隊も役には立たない。伐開車や掘削機といった土木機械を持っていないから、破壊消火ができない。奥宮殿への延焼を防ごうと近衛工兵隊が御学問所の廊下を断ち切ろうとする。この爆破作業がうまくいかない。(9)

表宮殿は手のつけようがない。奥宮殿の防火に全力をつくそうとするが、これまた、なすすべがない。

内大臣、宮内大臣、侍従長と同様、近衛第一師団長の森赳《たけし》も宮城内に詰めている。御文庫前にかれ専用の防空壕がある。とぎれめもなく荒れ狂う大きな黄の炎、緑の炎をあげている宮殿のほうを向いて、かれは吹きつける風に抵抗し、姿勢を正している。森は若き日の荘重をきわめた正殿における軍旗親授式の一シーンを思い浮かべたのかもしれない。

あたり一面、火の粉が吹き飛び、こちらにも飛んでくる。師団長の後ろに立つ連絡兵は、木の焼ける匂いだけでなく、なにか変わった香りがするのに気づく。(10)いい香りが鼻を刺激する。楠が使われているのだろうか、焚《た》かれた香がしみ込んだのだろうかと考える。

白檀《びゃくだん》なのだ。香水、化粧品の原料となる。原産地のインドでは貴人を火葬するときに使う。白檀は奥宮殿の一部に使われていたのだ。

宮内省庁舎では、消防当番の全員が二階、三階と駆けずりまわり、窓を調べ、火のつく恐れのあるカーテンをひきちぎっている。

総務課の筧素彦《かけいもとひこ》は宮殿に通ずる渡り廊下の屋根に出て、消防隊員とともに、そこここで煙をあげている蜜柑ほどの大きさの燃え殻に水をかけ、火叩きで消してまわっている。息がつまるような熱気にかれはバケツの水をかぶり、一息つく。黄金色の縁に緑色の切れ目のない幕のような大火炎が揺れているのを呆然と見つめる。すさまじい轟音のなか、いま焼け落ちようとするのは正殿と豊明殿である。(11)

空襲警報解除のサイレンが鳴っているのだが、猛威を振るう火災の音に妨げられ、聞こえるどころではない。午前二時十分である。

総理官邸では、首相、書記官長らは官邸横の地下にある大きな防空室にいる。宮殿炎上の報告が入る。首相ら十数人は官邸の階段をのぼる。つい先刻までは、周りがすべて燃え、消防士が叫んでまわり、ここでも職員たちが窓のカーテンをはずし、燃えやすいものを窓から遠ざけ、宿直員と警備員たちが窓ガラスに水をかけていたのだが、この騒ぎも終わっている。書記官長、総務課長、秘書官たちの官舎はすべて焼けてしまい、官邸前の内閣法制局の木造建物も焼け落ちてしまった。

屋上に出る。耳たぶが焼けだすのではないかと思うような熱風が吹き、火の粉が吹き荒れ、体がよろける。ぐるりと見渡すかぎり依然として火の海だ。山王神社の森から麻布の連隊へかけて、また近くの大東亜省から日比谷一帯は金色の炎に包まれている。官邸の庭のさきの南に向いた崖の松の大木がいずれも燃えている。そして耳をつんざくような鋭い風の音とすべてを焼き尽くそうとする果てしなくとどろきつづける音が耳を圧する。怒り狂う炎の大波のなかの岩礁に立っているかのようだと国務大臣の下村宏は思う。

宮城の茂みのなかからは、緑みを帯びた光の焔がひらひらとあがっている。エメラルド色の焔は赤みを帯びた空の中でうねり、揺らいでいる。見たことはないがあたかもオーロラのようだ。だれもが口数が少ない。書記官長の迫水久常《さこみずひさつね》は総理がそっと涙を拭っているのを見た[12]。

午前四時すぎ、首相の鈴木貫太郎と国務大臣の下村宏は宮城へ向かうことにする。官邸の自動車は焼けていない。坂下門から宮城に入る。煙のなかになおも火柱が見える。火傷を負い、煤で真っ黒な顔をはらし、両手で目を押さえている守備隊員と警視庁、皇宮警察の消防隊員は三時間にわたっての巨人のような火との死闘に疲れはて、巨大な炭火の山に変わってしまった宮殿を前にして、茫然自失といった有様だ。

御文庫に赴き、侍従にお上へお見舞いの言上を依頼し、宮内省庁舎に戻る。宮内大臣の松平恒雄に見舞いの挨拶をする。

黒い煙が逆巻くなかを乾門を出る。車中の首相は黙ったままだ。目をつぶっているようだ。下村は今日中にも首相宛ての遺言状に加筆しておこうと考える。

かれは長年にわたって、講演で、文章で、人びとに遺言の作成を勧めてきた。この三月末には全国放送でこれを説いた。だれもが明日の命がわからなくなっている。遺言をつくることは大きな自己反省であり、それをときどき加筆するごとに反省を新たにすることになるとかれは説いたのである。

かれ自身は、友人、関係者、家族に宛てて三十通の遺言書をつくってある。入閣後には、首相、国務相左近司《さこんじ》政三《せいぞう》、書記官長迫水久常宛ての遺言状を加えた。今夜、麹町二番町の官舎もろとも遺言も焼けてしまったのは間違いないが、このような事態に備え、入閣するまで会長の職にあった日本放送協会の金庫に正本を収めてある。

首相宛ての遺言になにを書き加えるかはすでに決まっている。牧野伸顕《のぶあき》伯爵が宮中へ伺候《しこう》できるように要請するつもりだ。戦争を終結させるためには非常手段をとるしか方法はない。陛下にこれを助言できるのは牧野伯しかいないとかれは考えている。十数年にわたって宮廷にいた牧野伯は天皇の信任が厚かった。しかも牧野伯には私心がないし、この戦争にもかかわりがなかった。

そして下村はこの戦いの責任者のことを考える。三国同盟とこの戦いに関与した近衛公爵、東条大将、杉山元帥、嶋田大将、永野元帥、松岡元外相の六人だ。

もうひとり、名前が浮かばなかったのか。木戸内大臣の名前である。浮かんだが、消したのではないか。

六人はその進退を明らかにすべきだと書こうと考える。⑬

松平恒雄は焼け残った宮内省庁舎にとどまっている。かれは首相と情報局総裁に、宮城の炎上は空襲のためではなく、元参謀本部のほうからの飛び火によるものだと一度ならず語った。二度目に繰り返したときには、下村はどうしてそのことを強調するのかといぶかしげな表情を見せた。

だれかに責任を負わせようというのではない。アメリカは間違いなく、宮城への空襲を避けようとした。情報局がいい加減なことを発表するのを恐れて、かれは下村に重ねて言ったのである。

そしてかれの気がかりは、すでに明るくなったのに岡本愛祐が戻ってこないことだ。こんなことになってしまったのは自分の責任だと己を責め、火中に飛び込みはしないかと心配だ。宮城内の詰所、立ち番所に本部からの命令が伝達できるように拡声器がとりつけてある。拡声器は焼け残っている。岡本警衛局長、ただちに本部に戻られたしと二度目の放送をさせた。(14) 岡本が戻ってきた。疲れはてた様子だ。松平はほっとし、早まったことをするなよと念を押す。

午前五時、表宮殿、奥宮殿、合わせて一万八千平方メートルの明治宮殿は完全に灰となった。

山室成一は豊明殿の焼け跡の脇にある空になった大水槽のところに全隊員を集める。ホースを片づけていた者、どこかに生存者がいるのではないかと探していた者が並ぶ。十六人の隊員が欠けている。遺体の収容をはじめる。

死者は正殿と豊明殿のあいだの中庭に倒れていた。中央の噴水池には何人も折り重なっている。警視庁の特別消防隊と宮城守備隊と皇宮警察部の隊員たちである。特別消防隊員は四人だった。

中庭と外部を結ぶ渡り廊下の下の地下道を下行《げぎょう》と呼ぶことは前に触れた。この下行に上部の建物が焼け落ち、中庭で消火活動をしていた者たちは逃げ場を失ったのである。残る二小隊の十二人は正殿の中庭で死んでいた。(15) ホースの筒先を抱いた住吉の遺骸もあった。やっぱり死んだのかと山室は思った。正殿西側の木連格子入口の担当がかれだった。

近衛歩兵第一連隊第三大隊長の村上稔と第二大隊長の橋本賢次は、御車寄前の広場に並べられた遺体、運ばれてきた遺体を調べている。三十三体のなか、近衛の兵士は十三人だ。そのなかに指揮をしていた将校の遺体があった。中根博正少尉である。もうひとり戻ってこない将校がいる。

やっと最後にその遺体が見つかり、豊明殿前の中坪から運ばれてきた。加藤澄夫少尉である。黒く汚れた顔ながら、二十歳の童顔はそのままだ。傷ひとつない。村上稔と橋本賢次はその遺体に敬礼した。⑯

夜が明けた、逃げた人びとは

空襲警報は解除になった。重傷の小泉信三は三の橋に近い綱町の小島栄次教授の家にいる。

学生たちが担架に塾長を乗せ、焼け残った小島の家に運んだのだ。近くに古川橋病院がある。ここも焼けていないというので、学生を行かせ、往診をお願いすると言わせた。急患で手いっぱいだから、往くことはできないという返事だった。

布団に寝かされた信三の顔は倍にふくれあがり、目は見えなくなっている。手も腫れあがり、上着もシャツも鋏で切った。長女の加代と母は火傷を洗浄するすべがないまま、白い軟膏を塗っている。

山本登が慶応大学のお医者さんのいるところへ連絡しようと言い、ここからは北里研究所が近いと小島が答え、北研へ行ってみたらどうだろう、慶応の人が多いと言った。そうしましょうと山本が答えた。そのとき隣の部屋からはっきりとした声が聞こえた。「山本君、連絡に行ってくれるなら、すまないが直接、信濃町へ行ってくれたまえ」

燃えるものは燃え尽きてしまったから、信濃町の慶応病院まで行くことはできるだろう。山本はそう思ったが、万一の場合を考えて、学生をひとり連れていくことにした。真っ先に手を挙げたのが桑原という文学部の学生である。ふたりともバケツを持った。

広い道路、よく知っている道を行こうということで、都電の七番線を行くことにする。月は煙に隠れているが、ほの明るい。古川橋、つぎは四の橋の停留所である。風は相変わらず激しいが、火の粉が飛んでいないし、耳が焼け焦げそうな熱風も吹きつけてこない。道路の右側の新堀町は二十三日の夜に焼けてしまった焼け跡だ。その先の竹谷町か山元町のあたりにまだ炎が見える。天現寺橋の停留所まで来た。なにかが目の前にある。人だ。死んでいるのだろう。焼夷弾に直撃されたのだろう。ここからは慶応病院はまっすぐ北の方角だ。そこここに火の手があがり、遠くに火柱が立っている。いちばん遅く焼夷弾が落とされたところにちがいない。

爆音はもはや聞こえない。聞こえるのは、家が、町が焼けている音だ。広尾橋、赤十字病院下の停留所を通る。そして霞町だ。左側の笄《こうがい》町も、右側の桜田町も燃え、焼けてしまっている。吹く風が熱くなる。一時間前であったら、ここを通ることはできなかったにちがいない。

墓地下まで来た。ここにも人が何人か死んでいるようだ。もっと多くの死者が道路に倒れているのだろうが、暗くて見えないのだと山本は桑原に言う。青山墓地の横を歩いていく。墓地には人がいっぱいいるようだ。

青山一丁目の交差点を渡ったところで、燃えている一角がある。いましがた火がついたのであろう。物凄い炎をあげている。熱くて通れそうにもない。道路のもう一方の側は長いコンクリート塀だ。山本と桑原は戻って貯水池を探し、バケツに水を入れた。火の近くでこの水をかぶり、煙のなかを駆け抜ける。

出発のときには、はたして信濃町までまっすぐ行けるのだろうか、火の壁に遮られ大回りをしなければならなくなるのではないかと山本は思っていた。そんなことは起きなかったが、だんだん信濃町が近くなって、べつの不安が大きくなる。病院はちゃんとあるのだろうか。

普通部が焼失した二十三日の夜、信濃町の医学部も焼かれてしまったことは、すでに山本も聞いている。東校舎、西校舎、外来診療部、病棟など全施設の六割を失った。今夜、残りの施設が焼かれてしまったのではないか。病院の新館が残っているのが見えたときには、山本と桑原はよかったと言い合った。戸板に乗せられた人、背負われている人があとからあとから病院に向かっている。

山本は怪我人でいっぱいの受付で事情を説明した。手術中なので待つようにと言われた。どのくらい待ったか、堂々たる体軀の男がリュックサックを背負って出てきた。山本の前に来て、「医学部の島田です。お伴しましょう」と言った。

明け方の光が差しはじめた。番町の内田百閒《ひゃっけん》は空を見上げる。薄雲か煙が流れている。家が焼けてしまったことは間違いないが、まだ途中の道が不安だ。すべては燃えてしまったが、いまになって電柱が燃えている。道路の両側の電信柱が一本残らず火の柱になって燃えている。土手の前の道を怪我人を乗せた救急自動車や消防自動車が通る。

瓶のなかの酒はもう残り少ない。妻こひがコップに一杯ついでくれた。なんともうまい。もう一度、こひが一升瓶をかたむけると最後の酒はコップに半分ほどあった。

田尻愛義《あきよし》はやっとのことで総理官邸まで来た。門内は避難してきた人びとであふれている。官邸の崖下に住む人びとだろう。若い女性が田尻の手をひいてくれ、井戸端まで連れていってくれた。彼女が手押しポンプを押し、水を汲み、手拭いをしぼって目のところにあててくれた⑰。

朝になる。かれの名前が呼ばれた。外務省の会計課長の倭島《わじま》英二である。大臣への報告と大臣官邸の様子を見に来たのだという。

大臣は無事だと語り、外務省、大東亜省は燃えてしまったという。

外務省庁舎は二代目だ。田尻は明治十年代に建てられたという初代の煉瓦造りの外務省庁舎を覚えている。在外研究員として英国に留学する前のことだったから、なかを覗いただけで、そこで執務したことはない。広い構内の丘には数百本の桜の木があって、四月のはじめのことだったから、桜の花で埋まっていた。この庁舎は大震災でひどく傷んだことから取り壊し、隣接する大臣官邸を改修、増築して本省庁舎とした。かれはここに勤務した。

失火から、調査部第一課、二課、三課、四課から会計課、電信課まで、二階建て、四棟の増築部分を焼いたのは、かれが調査部長だったときだ。アメリカとの開戦から一カ月あと、昭和十七年一月九日の真夜中だった。警視庁消防部と麴町消防署の消防車が防火に努め、本館への延焼をやっとくい止めた。常日ごろ頭《ず》が高いかれが、そのときばかりは小さくなったのだった。

昨夜はすべてを焼いてしまった。倭島英二が悔しそうに、焼夷弾が落ちたのは一回だけではない、二回、三回とつづいた、どうにもならなかったと語り、火のなかに取り残される恐れがでてきて、みんなに消火は断念しろと言ってまわり、大蔵省へ避難させたのだと言った。

大蔵省は道路をへだてて南側にある。

大手町に立ち並んだ大蔵省の木造の仮庁舎が昭和十五年六月に全焼したことは前に記した。(18)じつはそのとき庁舎は建設中だった。昭和十二年に地鎮祭がおこなわれ、工事がはじめられたのだが、翌十二年に支那事変がはじまって、工事は中断され、十四年に工事は再開され、バラック庁舎が焼けてしまったときには完成間際だった。昭和十五年末にコンクリート打ちはなしのままの新庁舎に移ったのである。(19)鉄骨鉄筋コンクリート造り、八階建ての庁舎にも焼夷弾はいくつも落ちたが、たいした被害はなかった。

そのあと、会計課の課員たちともう少し頑張ってみようと外務省の構内に戻ったが、火に囲まれ、裏の崖に追い込まれ、霞ヶ関離宮へ逃げたのだと語った。

霞ヶ関離宮は外務省の構内と同じく、筑前福岡藩主の黒田家の上屋敷跡である。有栖《ありす》川《がわのみや》宮の官邸を皇室が買いあげ、霞ヶ関離宮とした。大正天皇の皇太子時代に東宮御所として使われたことがある。

尻を押し、手を引っ張り、やっとのことで崖を這いあがり、塀を乗り越え、霞ヶ関離宮の庭に入った。離宮の洋式建築も大きな炎をあげていたが、庭はこちらのほうが広いし、日本庭園の池がある。いよいよとなれば、池に入ろうと倭島英二は部下たちに言った。すさまじい風が吹き、火の粉が吹雪のように飛んでくるから、石の陰に坐った。石に文字が彫ってあるのに気づいた。どこも燃えているので、はっきりと読むことができた。芭蕉の句碑と知った。

「目にかかる時やことさら五月不二《さつきふじ》」

元禄七年五月、芭蕉が江戸から帰省の旅に出て、箱根越えをしたときに詠んだ句だ。霞ヶ関離宮からも小さく富士が見えることから、この句碑を建てたのであろう。倭島はこの句を繰り返し口ずさみ、芭蕉だったら現在のこの五月の光景をどのように詠むのだろうと考えたのだった[20]。

倭島英二は朝までそこにいたと田尻愛義に語り、防護団員は全員無事だと言った。

番町の星野直樹は貯水池から出ようとする。いっしょに水のなかにいた男がさきに上がり、手を引っ張ってくれてやっと這いあがる。両脚は重く、無感覚になっている。それでいて身震いする寒さだ。焼け残りの木を集め、焼け跡に残っている火を探すことにする。焚き火をして、靴をぬぎ、上着、ズボン、シャツ、ズボン下までを乾かし、まだ湿っているが、これを着る。

牛込佐戸原町の津雲国利《つくもくにとし》のところへ向かう。離れ離れになったら津雲邸で落ち合おうと妻と約束していた。焼け野原の真ん中に津雲家の土蔵だけが残っているのだから、もう一度やられることはあるまいと思ったからである。

灰がくすぶり、まだ煙があがっているところがあるが、どこも剝きだしの焼け野原に変わり、歩いて行くと道路の灰が舞いあがる。土蔵は健在だ。火は入らなかったようだ。住まいにしている防空壕から津雲が出てきた。だが、妻は来ていない。眼鏡を貯水池のなかで落としてしまったために、蔵のなかに入るのに手をひいてもらわねばならない。階段を何段か上がり、また下りる。古めかしい簞笥と大きな仏壇のある前に布団を敷いてもらい、寝間着に着替えて横になった。

網野菊は四番町の東郷公園にいる。煙がしずまり、あたりは明るくなる。いつしか公園内には人が増え、賑やかだ。家へ戻ろうとして鞄を腕にかけると、男のひとりが彼女に向かって言った。「どうせ家は焼けたのでしょう。急いで帰って煙で目を悪くするより、もう少し煙がおさまるまで、ここにいたほうがいいですよ」

彼女の両目がほとんど開かないのを見てのことだ。人の名前を呼んでいる声が聞こえる。行方不明の人を探しているのだ。

彼女は隣組の人たちに心配をかけても悪いと思い、自分の家の方向へ帰ることにした。「網野さん、網野さん」と呼ぶ声がする。焼けてしまった教会の下の道路に何人もいる。喜びの声をあげている。全身泥だらけで、煙にいぶられて目がただれ、ほとんどあけていられない彼女の周りに隣組の人たちが集まってきた。

隣組長の弁護士が彼女に向かって、「あなただけが見えないので、みんな、心配していたのですよ」と言った。隣組の大半の人びとは、彼女の家の空き地のさきの崖にある横穴の大防空壕に入っていたのだという。

築地で焼けだされて移ってきた馴染みの薄い老婦人が、「ご無事でよござんしたね」と目に涙をためて喜んでくれ、彼女に好意を持っていないと思っていた若い美人が、「心配してましたわ」と真心のこもった調子で語りかけてくれ、彼女はわけもなく嬉しくなった。

だれもが生き残ったという安堵感があり、異様に陽気である。恐怖が戻り、喪失感に打ちのめされるのはまださきのことだ。

麴町四番町の罹災者は東郷国民学校に収容されることになるが、その前に食糧の配給があるから、各自の焼け跡で待っていてほしいということで、みんなは自分の家の焼け跡に向かう。

星野直樹は目を覚ました。津雲国利の邸内にただひとつ残る蔵のなかである。大きな観音開きの戸があけ放され、日の光が蔵のなかまで入ってきている。逃げきれなかったのか、やはりだめだったのかとかれは妻のことを思った。どこからか聞き覚えのある声が聞こえてきた。期待を抱かないようにと心を静めた。声は近づいてくる。空耳ではない。大きな元気な声でだれかと話しているのは、間違いなく操の声である。よかったとかれは思った。午前八時だ。

かれは妻の話を聞いた。彼女はうしろから来る夫が動きのとれなくなったことを知らずに、九段の大通りまで出た。煙と熱で前に進めなくなり、うしろにも戻れなくなった。道端にある一メートル四方のコンクリート造りの防火用水槽に入り、そのなかにしゃがみ込んだ。体が全部入らないのが心細かった。深川や本所の見渡すかぎりの焼け野原のなかに残っているコンクリートの水槽のひとつひとつに、焼け焦げた人がひとりずつ胎児のように丸くなっていたという話を思い浮かべた。無惨なことだと思ったのだが、いまは自分の運命だった。幸いなことに大火流が襲ってこなかった。水を頭にかけながら一夜を明かした。

夜が明けて、彼女は二番町の家へ戻った。跡形もなかった。夫もいなかった。蔵だけが残っていたが、屋根から煙が一筋のぼっていた。あけようと思って人を探したが、付近にはだれもいなかった。やっとの思いで蔵の扉をあけた。熱い煙と炎が噴き出てきて、彼女は顔が焼けはじめたように感じ、転げるようにうしろへ下がった。すべて焼けてしまっていることを確かめ、それからここへ来たのだと彼女は語った。星野は妻の強さに驚いた。

かれは妻に向かって、今日か明日にでも伊東へ行こうと言った。

青山墓地で一夜を明かした武見太郎は、豆腐屋の主人と看護婦に声をかけ、帰ろうと言った。午前六時近くだ。

電車通りを歩いても、もう大丈夫だ。焼け野原になった青山四丁目の停留所に出る。人が何人も倒れている。電車通りを物凄い勢いで走った火流にのまれた人たち、一酸化炭素中毒で死んだ人びとである。

武見が胸苦しい気持ちになったのは、もしかしたら家が焼け残っているのではないかという期待だ。四百坪ほどの宅地の真ん中に小さな家がある。万が一と思う。願いは空しかった。残っているのは、安田銀行とその向かいにあるコンクリート建ての本屋だけだ。

かれの家の庭に残った防空壕のところに何人も人がいる。なにかをひきだしている。武見を見て、先生は無事だったのかと壕の周りにいる人びとが叫ぶ。壕のなかに十数人の人が死んでいるのだという。いずれも隣組の人たちだ。びっくりする。かれが家を離れたあと、ここへ逃げてきたのだろうか。無防備の市街地を情け容赦なく焼き討ちするアメリカの非情なやり方に、やり場のない怒りが湧く。

救護所に指定されている医院の医者が来ないので、かれは看護婦とともに救護活動をすることにする。眠っていない、疲れていると泣き言をこぼしている余裕はない。わずかだが、救護材料は防空壕の死者たちの奥にある。たちまち数百人の人びとの行列ができる。青山警察署の警官が手伝いにきてくれた。

火傷を洗浄し、消毒薬の軟膏を塗る。三十代の女性の番になる。赤ん坊を抱いている。母親は死んだが、かばわれてその下にいた乳飲み子が生きていた。牛乳かなにかもらえないだろうかと言う。牛乳はないが、葡萄糖がある。彼女に渡す。彼女はそれを水にといて赤ん坊に飲ませている。

埼玉から救護班が来るというのだが、まだ来ない[21]。

エルヴィン、焼け野原を大使館へ

午前八時すぎだ。

エルヴィンはリヒャルトの家の一階の籐椅子で仮眠から目を覚ました。アオバ・コンパウンドから連れて帰った会社社長は籐椅子でまだ眠っている。かれは昨夜、明治神宮外苑に逃げた。ところが、若い日本人四人に襲われた。パラシュートで降りたアメリカの飛行士と思われたらしい。兵士も暴行に加わった。パスポートと警察の証明書、定期券を見せて、やっとドイツ人だということがわかってもらえたのだという。かれはあちこちに傷を負っていた。

エルヴィンはチェンバロ奏者と速記タイピストの家まで行った。焼け残っていたが、ふたりのドイツ人女性はいなかった。ドアに貼り紙をした。「生きているのなら、わたしたちのところへ来てください」と書いた。そして、会社社長と渋谷区金王《こんのう》町のナガイ・コンパウンドに戻ってきた。

壕の近くの怪我人のところへ行ってみた。すでに死んでいた。木の下のふたりの死者は通りの角のビリヤード店の夫婦だとわかった。

このコンパウンド内の日本人の家の女中が板に乗せられて運ばれてきた。明治神宮外苑に逃げようとして顔と手に火傷を負ったのだという。エルヴィンも手伝い、リヒャルトの家の窓から運び込み、ベッドに寝かせた。

客用のベッドをとられてしまい、かれは籐椅子に横になり、四十分ほど眠ったというわけだった。

エルヴィンは大使館に行くつもりだ。リヒャルトのひげ剃りでひげを剃り、自分の靴は消火作業でひどく汚れていたから、リヒャルトの靴のなかからいいのを選びだした。

かれは明らかに興奮状態にある。財産はあらかたが灰になり、周りには死者が転がっていて、こんなに上機嫌なのはどういうことだろうとかれは思う。うまくいかないことのほうが多かったが、他者のための援助に全力を尽くした喜びなのかもしれないと思う。

防空壕のそばに転がっていた二つのトランクを自転車にくくりつけた。トランクのひとつには、大きな丸いチーズが入っている。ハルピン産だ。もうひとつのトランクの中身はハンガーだけだ。今朝起きて荷造りをするつもりだったから、洋服戸棚のスーツはすべて燃えてしまった。

かれは自転車のペダルを踏んで、大使館へ向かう。車庫前の死者はすでに片づけられていた。だが、通りのはじには何十という数の屍体が置かれている。ほとんどが裸体で、青っぽい茶色だ。傷口は赤黒い。

表参道との交差点にある銀行の角のところにも、屍体が積み重ねられている。衣服は焼けていない。酸素不足で窒息したのだろうとかれは思う。

道路の真ん中に灰色の着物の老女がひざまずいている。手で顔をおおうようにして祈っている。ほかの通行人が足をとめている。かれも自転車を止め、彼女の横に立ちどまり、明治神宮のほうを眺めた。このとき、かれはこの老女が祈っているのではなく、祈りの姿勢のまま、それとも火の粉と煙をよけようとして手で顔をおおったまま、窒息死しているのだと気づいた。

じつは、こういう恰好で死んでいる人は少なくない。三月十日の未明には、とくに多かった。火に追われ、電車通りまで出る。道路際の家を壊して、道幅を拡張した疎開道路まで出る。だが、どこへも行けない。どちらを向いても火の壁だ。そして、道路を火流が走る。進むこともできなければ、退くこともできない。五人、六人、だれもが風を背にしてずるずると坐り込み、顔を地面につける。そして、そのまま死ぬ。

エルヴィンは、交差点の向こう側の防空壕の前に同じように身動きさせずにひざまずき、頭を地面にすりつけている人がいるのに気づく。この人も死んでいるのかと思ったら立ちあがった。

広い道路には、焼けたトタン板が並べられている。その下から、枯れ木のような足が何本も出ている。

青山四丁目、青山一丁目、赤坂見附と都電の通りを行く。鼻をつく臭いがたちこめ、目にしみる。右を見ても左を見ても、すべてが灰に戻っている。一軒の家も残っていない。地面から飛びだして見えるのは蔵だけだ。そして、薄い煙を通して、台地と崖、低地、そこを流れる川の自然景観が浮かびあがる。

江戸時代以前の武蔵野の昔に戻ってしまったのだ。

赤坂見附から平河町二丁目に向かう。一区画が焼け残っている。大丈夫かもしれないという思いが強くなる。向かう先はOAGだ。ドイツ東アジア研究協会である。日本在住のドイツ人学者と実業家の醵金《きょきん》で入手したという広い庭のある大きな邸は、長いあいだ文化サロンの役割を果たし、六十年の歴史を持つ。だが、期待は空しかった。建物も庭木もなにも残っていない。

渋谷の住まいのほうが焼けても、こっちは助かるかもしれないと思い、大きな茶箱を二つ預け、今日、河口湖にトラックで運ぶ予定だったのが、スーツも靴も毛布も書籍も灰になってしまった。

ドイツ大使館は永田町一丁目、国会議事堂の北側にある。大使、公使の公邸、二つの大使館事務所、武官事務所が広い構内に点在している。そして大きな防空壕がある。

エルヴィンは門を入って、黒焦げになった二台の車を見た。公安官のマイジンガーのビューイックと、大使のシュターマーのリンカーン・ゼフィールである。いい気味だと思った。

自分たちのほかは、車の私用を禁止するとこのふたりが語ったことから、館員の反感を買っていたのだ。

それだけではない。館員と居留ドイツ人が無能な大使に距離をおこうとすることから、神経質な大使はマイジンガーと組み、かれの力を借りて館員とドイツ人コミュニティを抑えようとしてきたことで、いよいよみなに嫌われてきたのだ。

もう少し説明しよう。

ハインリッヒ・シュターマーは、駐日大使のオットーがゾルゲを信頼して大使館内で勝手にふるまわせていたことの責任をとって昭和十八年一月に辞任したあと、駐日大使となった。不勉強なのに加え、外交問題、国際問題にはもともとなんの関心も持たない。そこで、討論となり反論されるのを恐れて、かれは会議を開いたことはない。一日中、アメリカの大衆小説を読んでいる。こうしたわけで、かれの直属の部下までがかれを相手にしないようになってしまっている。再び首相の責務を負おうと考えた東条英機がシュターマーに戦争のこのさきの診断を求め、米ソの関係はどう変わるかを聞こうとして失望したことは前に記した。

館内、そしてドイツ人社会から浮いてしまっているシュターマーは、マイジンガーを相手に、日本在住の全ドイツ人を戒厳令下におく権限を日本政府から与えてもらおうといった相談をしている。なぜか暗殺を恐れ、ピストルを手元に置くようにもなっている。

ヨーゼフ・マイジンガーが悪名高い公安官であることは前に述べた。もう少し記しておこう。ミュンヘンの刑事警察がふりだしで、ワルシャワ警察署長時代にはあまりにひどいことをしたので、警察長官のヒムラーが銃殺刑にすると口にしたこともあった。命拾いをして、東京に飛ばされたのが昭和十六年五月だった。

日本にいるユダヤ人音楽家、ヨーゼフ・ローゼンストック、レオニード・クロイツァー、レオ・シロタは、日本の警察に捕らえられ、マイジンガーの前にひきだされる夢にうなされたことが何度かあったはずだ。つまらぬことでマイジンガーと言い争ったことのあるエルヴィンやかれの仲間は、ドイツが滅亡してしまったいま、マイジンガーが自分たちを日本の警察に売り渡すのではないかと心配している。そして、マイジンガーを恐れるエルヴィンは、眠れない夜には、羊を数えたりせず、どうしたらマイジンガーを人知れず殺すことができるかを考えてきたのである。

シュターマーは幹部たちとともに防空壕の前にいた。青ざめ、寝不足で疲れた顔をしている。挨拶したが、ナガイ・コンパウンド、アオバ・コンパウンドの者はみんな無事かと尋ねようともしない。

大使館の建物はすべて焼かれてしまった。トラックに積んであった、北京で買った絨毯と子供服を入れてあったエルヴィンの茶箱は、マイジンガーが自分の荷物を積むため勝手に降ろし車庫に運ばれていたが、その車庫も壁を残すだけとなっている。

館員たちと前夜の被害を語り合う。グロナウ空軍武官が昨夜のB29の数は四百五十機だったと言った(22)。

家の焼け跡に戻る人びと

網野菊は東郷国民学校の三階にいる。廊下に並べられた小さな椅子に腰掛けている。学校はそこに寝泊まりしている兵士たちの努力で焼け残った。医者が来て、眼を痛めた人たちの行列に菊も並ぶ。火傷を負った人たちがべつの教室にいる。眼薬をさしてもらってから、彼女はもう一度家の焼け跡へ向かう。

最初に行ったのは朝のうちだった。用水槽のなかの夜具の包みは消えていた。底に蚊帳の燃え残りがあった。布団は盗まれたのではなく、焼けてしまったのだとわかった。彼女と二人の弟の蔵書の山は、白く美しい堆《うずたか》みとなっていたが、見る間に崩れ落ちた。

知り合いの女性が訪ねてきてくれた。壕から煙がでているのを見て、あけましょうと言った。何回か壕に水をかけ、蓋をあけた。

食料を入れた罐ははじけていた。焼けた鞄のなかのオーバーは影も形もなく、腕時計と眼鏡も焼けてしまっていた。つぎの鞄の中身は少しずつ残骸があった。彼女のお気に入りの衣服と原稿用紙の束は真ん中辺のところだけが焼け残っていた。毎日少しずつ読んでいた聖書は焼けてしまっていた。いちばん奥の手提鞄は無事で、四冊の本と二枚の写真は焦げながらも残っていた。志賀直哉の油絵は黒焦げとなっていた。

再び彼女が焼け跡へ行くことにしたのは、大事にしていた銅の小仏像を探そうと考えてのことだ。灰のなかから一体だけ赤く焼けてしまったのを見つけたが、あとの二体は見つからない。庭に埋めておいた火鉢を掘りだし、茶碗や陶器の鍋、少量の塩と醬油をとりだした。灰のなかから、焼けた七輪、柄のなくなった鍬、焼けスプーンを見つけだした。

彼女は陶器類や塩、醬油はこれまで親切にしてくれた大家のきょうだいに置き土産にしようと思う。小学校で同級だった未亡人とその兄も崖の防空壕へ入らず、雙葉女学校の焼け跡へ逃げたということだった。彼女は空襲が激しくなるといつ焼けるかわからないと言って店子全部に敷金を返し、この朝、学校の廊下で、前家賃で払ってあったなかから五月二十六日以後の分を日割計算をして払い戻してくれたのである。

焼けたら来るようにと志賀直哉をはじめ何人かの友人から言われていたが、気がすすまないながら、やはり北沢の父の家へ行こうと網野は考えている[23]。

山本と桑原は医師の島田信勝とともに慶応病院を出発する。道を変えて、青山一丁目から乃木坂に向かった。風は少し収まったが、嫌な臭いのする煙が立ち込めている。新坂町、檜町は二十三日の夜に焼かれたところだ。六本木に出た。この一帯はまだくすぶりつづけている。麻布十番、三の橋に出た。夜はしらじら明けようとしていた。

小泉信三はなるたけ早く慶応病院に入院することになった。すっかり夜が明けた。島田は加代を家の陰へ呼んだ。「そうとうひどいお怪我で、四週間ぐらいかかりましょう」と言った。四週間ならと加代はほっとした。

加代と妹のタエ、そして母が気にかかっているのは、お手伝いの静さんのことだ。加代はタエと家に戻ってみることにした。嫌な気持ちである。もしかしたら静さんは庭に倒れているのかもしれない。そして家が焼けてしまったことは間違いないが、その焼け跡を見るのも気がすすまない。

もちろん、家は跡形もなかった。コンクリート造りの書庫から細い煙があがっている。タエは家のあったところがあまりにも狭いのにびっくりした。そしてふたりが驚いたのは、庭の大きな穴だ。直径三メートルほどもある大きな穴である。焼夷弾といっても爆弾と変わりがない。これが家を直撃していたら、一家は全員即死していたにちがいないと話し合った。

彼女たちがドキッとしたのは、焼けてしまった人間らしきものを見つけたときだった。焼けた俵だと気づいたとき、ふたりは大きく息をついた。

近所の人に出会い、無事でなによりだったと語り合い、静さんは背中に火傷を負い、古川橋病院にいると聞いて一安心した。

加代とタエはなにか残っていないかと見てまわる。焼け残っているのは、絡まった鋼鉄線である。ピアノ線だ。棒で灰をかきまわしてもなにもでてこない。

山本登は信濃町に歩いて戻る島田信勝を見送ったあと、家はどうなっているか見に行くことにした。妻と義父は渋沢の邸に逃げたにちがいないから大丈夫だと思ってきたのだが、ずっと心配は消えない。

なにも残っていない。ぶすぶすとなにかがくすぶっている。小泉家もきれいに焼けてしまっている。焼け跡にだれかいる。加代とタエだ。なにか掘り返そうとしている。

「加代ちゃん、あぶないよ。不発の焼夷弾が埋まっていることがあるからね」

「あ、登さん、みんな、渋沢さんのところにいるわよ」

山本はほっとする。焼け跡の外をまわって渋沢邸へ行く。「ああ、よかった。登さんも生きていたのね」と言われたとき、かれは涙がこぼれそうになった。

廊下に炊き出しのおにぎりがおいてある。それをひとつ食べ終わったとき、おいしかったと思い、このおいしさをこのさき忘れることはないだろうと山本は思った。加代は今朝、小島家で出してくれた蒸しパンを食べた。彼女もそのおいしかったことをこのさきずっと忘れないにちがいない。

島田信勝はさきほど来た道を戻る。六本木の交差点まで来て、すべてが灰になってしまったなとぐるりと見渡して、振り返ったとき、歩いてきた道のさきに海が見えるのにびっくりした。灰色だが、まちがいなく芝の海である。

世田谷祖師谷の伊藤整は庭に出した布団、鞄、トランクを家に運び、よかった、焼けなかったと思い、横になったのが午前三時だった。

朝になる。ラジオのダイヤルをまわすが、ラジオは聞こえない。停電がつづいている。新聞も来ていない。うちだけかと思い、隣の家に行く。新聞は来ていない、京王線が不通だという。京王線が不通なのははじめてだ。

市内の様子はなにもわからない。ただならぬという感じがする。縁側でたまった新聞の切り抜きをする。だれかが庭に近づいてきたと思ったら、鈴木である。

「どうも弱ったことができましたよ」と口を切った。自宅を鈴木に売り渡すことにしていた伊藤はぎょっとした。解約の申し入れだ、手付金を半分返してくれと言いだすにちがいない。

かれはつづけて言った。「中野の事務所に入れておいた工員が六人罹災しまして、いまやってきたのですが、入れる場所がないのですよ。それでまことに申しかねますが、お約束の十五日前ですけれども、ほんの一週間ばかりお二階を使わせて頂けないでしょうか。失礼のないように充分申しきかせますから」

ほっとする。「構いませんとも、どうぞ」と言い、布団も貸そうと言った。

午前九時半だ。

内田百閒と妻のこひは勤め先の郵船ビルへ行くことにする。二人が持ちだした荷物は山口邸の片隅の焼け残った三畳ほどの小屋に入れさせてもらう。郵船ビルの部屋で二、三夜過ごすつもりだ。省線や電車は不通だから、歩いていくほかはない。九段坂上で一休みする。前日、こひは酒をもらいに行ったとき、足袋をはかずに出て、足の裏に豆をこしらえていた。百閒は足袋のまま靴をはいて出てきて足が痛い。

牛ヶ淵から濠端を伝って歩き、中央気象台の前でまた休んだ。大手町から和田倉門へと歩き、海上ビルの前まで来ると、焼け跡の臭いではなく、新しい火事の臭いがして、青い煙が流れてくる。どこが燃えているのだろうと百閒は思う。

海上ビルの前の大通りを渡ろうとした。海上ビルはなかが焼けてしまっている。向かい側の郵船ビルは無事のもようだ。大通りのさきを見て、夫婦の足がとまり、ほかの人たちも立ちどまる。真正面の東京駅が全面にわたって燃えている。丸屋根のドームの煉瓦の外郭はそのままに、窓から煙を吐き、赤い炎が見える。丸ノ内北口の降車口から中央口、丸ノ内南口の乗車口まで、一階から三階まですべてに火がまわっている。

郵船ビル内は暗い。停電だ。階段の途中で上から降りてくる人と行きあうときには、じっと手すりにつかまって足をとめた。重い足をひきずり、踊り場で休み、四階まで息を切らし、やっとのことで上がる。停電のために水が出ない。郵船を仮の宿にすることはあきらめるしかない。夕方になれば、部屋も廊下も真っ暗になってしまう。配給物を取りに、明日にもまた五番町まで行かねばならないが、東京駅が焼けてしまったのでは、省線がすぐに通じるようになるとも思えない。

こひは持ってきた荷物のなかからリンゴをひとつ取りだす。朝から百閒はおむすびをひとつ、こひはその半分を口にしただけだ。五番町へ戻ろうかと百閒が言いだす。山口邸内の小屋を貸してもらうように頼んでみようと百閒が語り、こひがうなずく。

「兎に角徹底的にやって来る」

志賀直哉の家は世田谷の新町二丁目にある。二丁目と隣の一丁目、その隣の深沢町に焼夷弾が落ちたのは、四月十五日の午後十一時半だった。

爆音と高射砲の炸裂音がつづくさなか、空気を切る鋭い音が聞こえた。壕が揺れたが、爆発音もしなければ、火の手もあがらない。志賀家の人びとは壕から出た。門のすぐ前の畑に直径二メートルほどのすり鉢状の穴があいていた。時限爆弾にちがいなかった。二百五十キロの爆弾なら百五十メートルは離れなければならない。隣の家、裏の家に知らせ、一家は慌てて逃げた。

空襲警報解除の長いサイレンが鳴り終わった。爆弾が落ちてから、二時間近くがたった。息子の直吉と隣の若山為三の長男が身を硬くしながら畑の穴へ近づいた。油の臭いが鼻をついた。地中深くめり込んでいるのは爆弾ではなく、大型の油脂焼夷弾だろうということになった。

昨年の十一月に空襲がはじまってから、世田谷のこのあたりは絶対安全だと志賀はみなに自慢していただけに、ひどく落胆した。伊豆大仁《おおひと》の大仁ホテルに疎開している梅原龍三郎と、召集されて大阪にいる娘婿の中江孝男に宛てて、「東京での安全地帯という自信はひどく傷つけられて不愉快になっている」と書き送った。

ところで、志賀は、新町は絶対安全だと自慢していたときから、疎開しなければと思い、友人に相談していた。やがて関東に敵が上陸して、このあたりも戦場になると思っていたからである。

かれが疎開を決意したのは三月はじめだった。軽井沢の別荘へ移ることに決めた。六人の家族のうち、直哉と直吉が東京に残り、妻の康子と二人の娘、十五歳になる田鶴子、末っ子の十二歳の貴美子が三月末までに行くことにした。もうひとりの娘の二十三歳の萬亀子は四月末に結婚の予定だった。

ところが、軽井沢では、食糧の貯えがなければやっていけないと聞かされた。軽井沢の食糧不足は知っていたが、卵ひとつが五円もするといった話にびっくりした。卵は世田谷でも一個七十銭、高くても一円五十銭で手に入る。北軽井沢に別荘を持っている野上豊一郎が土地の者に帰ってくれと言われたと聞いて、これはとてもだめだと志賀は思った。

前に記したことだが(24)、長野県の南安曇《みなみあずみ》郡柏矢町に疎開している下村千秋に、家か部屋を探してくれと三月二十日に葉書を書いた。下村は小説家だ。飯田市郊外に疎開している九里《くり》四郎にも頼んだ。三月二十一日に、八王子に住む瀧井孝作が訪ねてきた。瀧井は俳人にして小説家だ。

翌日、志賀は瀧井孝作に話したのと同じことを奈良東大寺観音院の上司《かみつかさ》海雲宛ての葉書に書いた。

「……軽井沢へ女子供やるつもりのところ物資の点でだめ、九里のいる飯田をきき合わしていています。いよいよ上陸して来たら食料と毛布をかついで若山君とぶらりぶらり逃げ出す事にしています。小川楽天居士は依然必勝の信念堅固の事と思います(25)」

上司、九里、若山はいずれも直哉が奈良で十三年暮らしたときの友人だ。大正十四年、京都山科に住んでいた志賀を奈良に来るように誘ったのが洋画家の九里四郎だった。若山為三も画家だ。二十年のつきあいがあり、前に触れたように、志賀の家の隣に住んでいる。東大寺の住職だった上司海雲を志賀が知ったのは昭和七年のことだ。それ以来親しくしている。瀧井孝作も奈良に住んでいたころからのつきあいだ。

瀧井が志賀家の疎開のことを心配し、北多摩郡狛江《こまえ》村に島村利正を訪ねた。島村は三十三歳になる。和辻哲郎の「古寺巡礼」を愛読したかれは、大正十五年に小学校高等科を出て、家の商売を継がず、奈良で古美術誌をだしていた飛鳥園に就職した。そのときに奈良に住んでいた志賀直哉を知った。

いまは義兄の経営する軍需工場に勤め、仕事の傍ら小説を書いている。友人や知人のあらかたが戦場に赴くか、疎開騒ぎで音信不通となってしまったなかで、世田谷に志賀直哉がいることが自分の心の支えだとかれは思い、新町を訪ねるのはかれの喜びだ。

瀧井は島村に相談をもちかけ、志賀家が困っているのだが、高遠《たかとお》町に空き家はないだろうかと尋ねた。伊那谷の高遠は島村の郷里である。鮎釣り好きの孝作は島村に招かれ、かれの生家に泊まり、近くの三峯《みぶ》川で鮎釣りをしたことがある。昭和十七年のことだった。

四月一日に島村と瀧井が志賀の家に報告に赴いた。父が高遠とその周辺を探している、家の一軒ぐらいはあると思うと言った。家が見つかったら、下見に行こうと瀧井が言った。自転車で行こう、途中で一泊すればいいということになった。鮎釣りの季節になれば、瀧井は毎日、御殿峠を越えて相模川まででかけたのだし、八王子から直哉の家まで米を運んでくるのも自転車だった。直哉はとても行けないと言い、直吉、瀧井、島村の三人で行こうと話がはずめば、軽井沢の別荘売却の問題から四女萬亀子の結婚式のこと、重くのしかかるいくつもある問題のうちで、もっとも厄介な問題が半ば片づいたような気がして、直哉は嬉しくなったのだった。

ところが、心待ちにしている島村からの手紙は来なかった。高遠にも家はないのだろうかと不安になった。飯田には工場疎開で多くの人びとが入り込んでいると九里四郎が書いてきた。べつの心配が湧いた。深沢国民学校の集団疎開の子供たちがよそへ移ったと聞き、長野県は危険なのだろうかと不安は増した。

志賀の家から東に四百メートルのところに深沢国民学校はある。新町の子供たちが通っている。深沢国民学校は長野県上高井郡の須坂町に集団疎開していた。再疎開地は同じ長野県下の、それも飯田に近いところなのを直哉はまだ知らない。

深沢国民学校の学童は須坂町の二つの寺、勝善寺と普願寺を学寮にしていた。松代《まつしろ》の大本営の地下工事につづいて、須坂町の東にある神田山と南側の臥龍山でもトンネル掘りがはじまり、町に兵士と労働者が入って、食糧集めが窮屈になっている。そればかりか二百人だった学童が三百人に増えたこともあって、須坂を引き払うことになったのである。

前にも触れたように、ほとんど焼けていない世田谷区には、都心から流入する家族が多い。集団疎開の学童数もこの四月に一挙に増え、どこの学校もたいへんだ。須坂町の隣の小布施《おぶせ》村には玉川国民学校が疎開している。昨年九月に百人だった集団疎開の学童数はこの四月に四百人となり、教師たちは学寮探しに駆けずりまわった。深沢国民学校の子供たちが再疎開することで空いた須坂町の勝善寺を学寮とすることにして、百二十人を入れたのである。

萬亀子と柳宗悦の次男宗玄《むねよし》が結婚式を挙げたのは四月二十四日だった。朝から晴れわたった良い天気だったが、午前八時半に空襲警報が鳴った。ズシンズシンと地響きがして、ガラスがピリピリと鳴り、慌てて庭の防空壕へ入った。いやな予感がしたが、空襲は一時間で終わった。九時半に空襲警報は解除になり、九時四十分に警戒警報も解除になった。爆撃は立川市にある立川飛行機と北多摩郡大和村の日立航空機をねらったものだった。

披露宴の会場は帝国ホテルだった。仲人の梅原龍三郎は伊豆から出てくることができず、うちうちの東京にいる者だけ十五人の宴会だった。十二時五分に再びサイレンが鳴り、だれもが顔を見合わせたのだが、山梨から関東に一機が入ったのだとラジオが言っていると聞いて、ほっとした。十五分ほどで警報は解除になったと知らせが入った。

その日はほかにも披露宴はあったのであろうか。四月二十四日は先負日《せんぷにち》だった。二日あとの四月二十六日が大安日《たいあんにち》だったが、都合がつかず、先負日の午前は凶だけど、午後は吉だとだれかが言って、披露宴は午後になる、いいではないかと言い合ったのであろう。六曜といえば、すでに昨日のことになってしまったが、五月二十五日は大安日だったから、帝国ホテルでは午《ひる》には三組の披露宴があった。だが、夜の十時すぎ、ここに泊まった新婚夫婦の夫のほうは正面玄関前の池の脇に行き、ホテルの従業員と向かい合ってポンプを押すはめになった。ガソリンポンプはなく、手押しポンプである。北側の本館の一角の火は消し止め、つぎに大宴会場にひろがる火に立ち向かおうとしたが、一本のホースの水ではどうにもならなかった。正面玄関の南側の本館の四階の窓、三階の窓も、火で明るくなり、ホテルの前の通りを火が走るようになった。退避しようということになった。さきに避難したはずの新妻のことが気がかりながら、かれはほかの人たちと火の入っていない三信ビルに逃げたのだった[26]。

三女の二十五歳になる寿々子への約束どおり、志賀は手紙を書いた。

寿々子は三月末に東村山の療養所を退院して、成城に住んでいた姑とともに福井県坂井郡の春江町に疎開している。夫の孝男は大阪城内にある中部軍管区司令部の獣医部にいる。

「……御馳走そのものは大した豪華なもので皆大満足だった、両方持よりの筈で、此方は広津がひきうけてくれたので熱海の宇野千代女史のルートから肉を一貫目、近所の養鶏場から卵という事にしていたのが熱海との交通が一時だめになったりして肉の方だけは来ず困ったと思ったが柳の方のが式場の手でうまく来てどうにか間に合った、酒は直三が一升持って来たし、仏国大使がくれたというブラックベリー・ブランデーという矢張りシェリーの大変シャれた酒、ビールなどもあり、十二分だった、柳自身幾品か作ったのがあり、中々器用なものだ、ひるめしが少し遅れたが、宴会が済んだのが五時で、その日は晩めしが食えなかった。菓子も三種類出来、英子《ふさこ》持参の恭子の作った日本の蒸菓子なども評判がよかった。カンヅメの菓物で作った所謂フルーツポンチだの、兼子さんがドイツから持ち帰った菓子焼鍋で作った大きい輪に焼上がる堅いカステラのような菓子だとか、近頃での豪華版だった。柳のコリ性で部屋の飾り、器具など、眼の楽みもあり、こういう結婚式を親達の身とすれば全然気が張らず大変いいと思った。お前が精しく知らせて欲しいといって来ているとの事だが御馳走の事まで精しく書くと大変だ……」(27)

結婚式が終わって、志賀はほっとした。別荘のほうも片づいた。軽井沢の別荘は武者小路公共《きんとも》に売ることが決まった。

軽井沢の別荘は昔からのものではない。昭和十七年十月に買ったばかりだ。

小山書店の小山久二郎の誘いに乗った。こういうことだった。軽井沢の山荘にいた川端康成が小山書店に現れ、「軽井沢の別荘を買いませんか」と言った。米英の資産が凍結没収され、軽井沢の外国人が持っていた別荘が捨て値で売られるので、いまならよりどりみどりだ、大抵の家が二、三万円で買える、見にいらっしゃいというのだ。その翌日、小山は志賀を訪ね、そのことを話した。志賀が乗り気になった[28]。

じつは志賀の世田谷新町の現在住んでいる家も小山の世話になった。敷地が七百数十坪、建坪は五十坪とちょっと、十五万円以上はするという家を三万五千円で買ったのだった。

さっそく軽井沢に行った。万平《まんぺい》ホテルに宿をとり、周旋屋の案内で家を見てまわった。大資産家の朝吹常吉の別荘の隣にある別荘を買うことにした。アメリカ大使館の参事官だったエドウィン・ネヴィルの別荘だった。寝室のベッドから箪笥、衣裳戸棚、客間の椅子、テーブル、ソファ、食堂の食器まで、すべてが備え付けだった。

三万円だった。小山は三万五千円の家を買った。大きなグランドピアノが広い居間にあった。手続きが終わったのは昭和十八年の十月だった。

買ったばかりのこの別荘を売ることにしたのは、前に触れたように、軽井沢ではとても生活できないと思ったからだが、買ったときには想像もできなかった値で売れると知ったからでもある。

軽井沢の別荘の隣の主《あるじ》、三菱、つづいては三井の大幹部となった朝吹英二の息子の常吉ほどではないにせよ、直哉もまた富豪の二世であり、お坊ちゃんだ。だが現在、親譲りの財産を維持、増殖などできるはずもない。本を出したのは、昭和十八年十一月に座右宝刊行会が刊行した「暗夜行路」の豪華本が最後である。上質の紙と布を使い、梅原龍三郎、坂本繁二郎《はんじろう》、小林古径《こけい》、安井曾太郎、武者小路実篤《さねあつ》らの八人の画家が挿絵を分担した、贅沢な美しい本だった。一昨年には、まだまだこれだけのすばらしい本が出版できたのである。

二十一円六十銭という高価な本だったが、部数はわずかだったから、印税の収入はそれほど多くはなかった。それだけに三万円で買ったばかりの軽井沢の別荘が十万円で売れるということは、たいへんな魅力だった。二年前に一万六千円で買った祖師谷の分譲住宅を六万二千円で売ることになって、伊藤整が興奮を抑えきれなかったことは前に述べた。

そして、志賀は充分すぎる満足のほかに、ひそかに抱いていたであろう、ある不安も買い手に譲ってしまった。アメリカ人の個人財産を自分のものにしてしまったが、もとはといえば没収されたものだ。勝ち戦なら問題はないのかもしれないが、負け戦に終わって、そのあとどうなるのだろう。開戦時の状態に戻して、返還しなければならなくなるのではないかという不安に悩まされたこともあったはずだからである。(29)

買い手は三人いたが、武者小路公共に売ることにした。友人の実篤の二つ年上の兄だ。

六十二歳になる。見かけも若ければ、気も若く、「武者小路　弟　兄より年が上」とは、実篤や直哉の仲間のだれかがつくった川柳だ。五千円値引きして、九万五千円で売った。[30]

　公共は現在、宗秩寮《そうちつりょう》総裁だ。昭和十一年二月にクーデターが起きたとき、内大臣秘書官長だった木戸幸一が、このポストを兼任していたことは前に述べた。公共は宮廷入りする前には、国際連盟総会の代表、軍縮会議の全権委員、ドイツ駐在大使をやったことがあり、生粋の外交官だった。なにも知らない小説家に売りつけるのではなく、国際法に通暁しているはずの公共がなんの懸念を示すことなく買いたいというのだから、心苦しいことはなにひとつない、婆《ばば》をつかまされたとあとで怒鳴りこまれることはよもやあるまいと志賀は思おうとしたのではないか。

　志賀は寿々子に宛てて、軽井沢の別荘を売ったから、倪雲林《げいうんりん》の絵を売らずに済み萬亀子にもいくらかのカネを持たせてやることができると書いた。

　その、倪雲林の絵は、クールベエ、黒田清輝の油絵とともに、疎開騒ぎがはじまった三月はじめに、深沢二丁目の長尾欽弥の邸内にあるコンクリート造りの頑丈な防空壕に預けてある。倪雲林は元代末期の画家だ。クールベエは十九世紀のフランスの画家である。その倪雲林の絵を買ってもいいと言ったのは、長尾だったのであろう。

　つけ加えれば、長尾の鎌倉山の別荘にも、所蔵の国宝級の美術品を入れた横穴式の立派な防空壕がある。ところが、海軍が食糧庫に貸してほしいと要求してきて、長尾は頭

を抱えている。(31)

志賀の残る心配は、疎開のことと寿々子のことだ。寿々子は姑と二人だけで見知らぬ土地に住むことになってホームシックにかかっている。彼女は毎日のように世田谷新町に手紙を書いてきた。ひどく落ちぶれた気がする、東京が懐かしい、ここにいるのはいやだ、東京に帰りたい、みんなといっしょに暮らしたいと訴えてきている。

志賀は彼女に励ましの便りをだしてきた。

五月十二日にはつぎのように書いた。

「今は普通の時ではないのだからそのつもりで意志を強く持つようにしなくてはいけない、神経衰弱的には誰れでも多少はなっている、今のところ暫くは東京も無事だが、空襲食糧等これから先どうなる事かと心配しだすと随分心配だ、最近では食糧一番心配だ、米色々なところに頼んで見るが、駄目だ、一週間配給が遅れるとの噂あって、一週間となると何日か完全に食うものがなくなるというので少しあわてたが三日遅れただけで昨日配給があり、暫くはよくなったが、米以外のものでも段々なくなって来る事、配給の仕ぶりで何となく感ぜられ愉快でない、現在でも甚だ心元ないが、此状態すら何時まで続くか分らない気がして不安になる、アメリカでは二千万人餓死者が日本にできるだろうといっているが、此数は恐らく六大都市（もう大都市というのも変だが）の人口を合わせたもののように思われる、そういう点ではお前のいるところなどは申分ない所のようだ、空襲の心配でも同様だし、そういう事をありがたいと考えるようにして淋しい位我慢しなければいけない、成程東京は未だ田舎に比べれば賑やかかも知れないが、前に賑やかだった場所が惨たんたる有様になっている。その対照が見て実にいやな気持をさす、

　疎開は疎開で前の手紙にも書いたように色々困る事もあるのは好子さんの手紙やその他色々な人からもきくが、それらは何れも第二義的な不満で、一番大事な生命の不安はないのだからありがたいと考えていい。東京にいる者とて、日々そう生命の不安を感じながら暮らしているわけでもないが考えると不安なのは生命の問題なのだからいやになる、それも最近では食糧の方で余計そう感ずるのだから大した世の中になったものだ。二三日前若山君の一軒置いて隣りの奥さんの主人亡くなり翌日隣りの大久保の主人も急に亡くなった、一昨日くやみに行ったら、青い顔をした息子さんが棚板や張物板で棺を拵えていた、奥さんの方は俺よりも若いが、林さん老夫婦がいなくなり今度大久保さんが亡くなると、此隣組では俺が一番の年寄に昇格した。但し今度は俺の番などとは決して考えていないからそれは心配御無用、

　此一週間の間に祿子　隆子　昌子　直三、昨日は萬キ子、留女子《とめこ》、英子《ふさこ》という順に血の近いところ皆廻って来た。お前と淑子《よしこ》だけは疎開して行けないが、行けるところは皆廻って来た」

説明を加えよう。祿子は直哉のいちばん末の妹、三十三歳。女五人の五番目だ。隆子

は三番目の妹だ。四十一歳になる。昌子は三十六歳、四番目の妹だ。直三はすぐ下の弟だ。四十六歳になる。萬亀子、留女子は娘、英子は五人の妹のいちばん上、四十八歳になる。淑子は二番目の妹、四十三歳だ。

「これで俺がころりとでも死ねば話の辻棲は大変よく合うのだが生憎《あいにく》とそうはならない。そうはならないという事に興味がある方ゆえ、これも御心配無用だ、仕事の性質上、結末はどうしても見たい、そういう気持相当強くあるので只余生を送っている老人の気持にはなっていない、

最近いやに寒い日が続いて畑の物には悪いのだそうだ、高橋来て自家でも今年は畑作りをやっているが、皆少しずつ時期が遅れたようだ、錦魚や睡蓮を入れた枡の小さい方今年は肥料溜めにしたので庭の方一帯は田舎情緒の匂いがただよっている。チューリップも済んだので球根を食ってやろうと思っている、そしてあとを畑にするつもり、水仙は毒で食えないのを英子知らずに食って大変腹いたをやったそうだ、チューリップは百合根のようだそうだ、

兵隊の慰問文は少しも書かなかったがお前の慰問文は続けて書いた、早くお互に御無沙汰して平気でいるようになりたいものだ、……

お前も下腹に力を入れよく頑張り、早く病気を直すよう、

柿の新芽、柔らかい枝も一緒に天ぷらにすると中々うまいビータミンCがあって大変

栄養にもなるそうだ、ワカモトでそれで薬を今作りつつあるとの事、うちでも昨日やって見て評判がよかった。お母さんによろしく」(32)

ワカモトとはわかもと製薬のことだ。オーナーが長尾欽弥であることは前に述べた。柿の葉からビタミンCをとるという話は、長尾夫人のよねから直哉は聞いたのである。よねは話したかどうか。陸軍の衛生材料廠にこの新製品を納めることにしている。原料の柿の葉は柿の木の多い町田や柿生《かきお》の国民学校の高等科と六年生の児童に集めさせることに決めている。(33)

志賀のことに戻るが、かれは寿々子の健康と精神状態を心配し、福井へ行き、どんな様子か見てこようと思い、六月一日に出発しようと決めている。行きには、高遠にまわるつもりだ。

高遠に適当な家は見つかってはいないが、家探しとはべつに、夜具と衣類を狛江の島村の家へ預けることにした。土蔵ではなく板倉だが、世田谷に置いておくよりは安全と思ったのである。だが、牛車を探しだせないでいる。五月二十一日に、直哉は島村に宛てて、高遠へ六月一日に行ってみるつもりだと書いた。

五月二十四日には、長女の留女子の家が焼けたことを寿々子に知らせた。

「前略　昨晩の御客には相当此辺やられ、野尻さんのところは隣まで、毛利さんの奥さんのおさとは焼け　若山君のところは井戸の上のタンクに落ちて焼け出したのを夏樹さんがラケットで落としたら下にいた若山の横顔に当たり、幸い防空頭巾が焼けただけで無事に済んだが、此辺随分落ちた。夜明しで疲れ一ト寝入りして、大森の祿子女ばかり故、直吉をやる事にして支度しているところに敏郎さん自転車で来てくれ留女子の所丸焼けの知らせ、電話不通で敏郎さんわざわざ来てくれた　早速直吉自転車で出かけこれから康子といって見る事にし、たき出しのニギリメシを作っているところ。

東京今のところ帰って来る所ではない、此家もいつやられるか知れないが、荷物がどうもならぬので、此ままいるより仕方ない　焼夷弾余程の不運でなければ生命の危険はないようだ、留女子のところもその事何もいって来ないから、怪我はなかったと思う、今二郎さん来ての話に用賀の先の緑地帯の何もないところへも大分落したとの事、成城辺もどうかと心配している（お母さんにお手紙頂いた、よろしく）」

「用賀の先の緑地帯」とは砧緑地のことだ。紀元二千六百年の記念事業のひとつだった。東京の郊外に大緑地をつくるということだったが、さまざまな計画はなにひとつ実現しないまま、周辺の農家実行組合に土地を貸しだしている。直哉は昨夜のことと思いちがいをしたようだが、B29一機がここに焼夷弾を落としたのが三月十日の未明であることは前に述べた(34)。

志賀は寿々子宛てにつづけてつぎのように書いた。

「来月初め、若しかしたら私だけ一寸そちらをお訪ねするかも知れない、五六日位になるかも知れぬ、(福井に落ちついていてくれるのが何よりの孝行だと康子云っている、孝行者になるに如かず)」

さて、今夜のことになる。

午後十時半にはじまった空襲は、終わったのが午前二時すぎだ。うとうとしたが、興奮がおさまらず、志賀は眠ることができない。夜が明けて机に向かい、寿々子に葉書を書く。

「一昨晩の空襲では祿子の家も焼かれた。今日直吉自転車で行き昇とリヤカーで昌子へ持出した荷を運び、疲れて帰って来ると今晩の空襲で所謂敢闘をやり、ヘトヘトになっている、留女子のところ五人来ていて、座敷の方に老夫妻と正浩。留女子とみどりは子供部屋の隣りに寝ている、兎に角徹底的にやって来る」

隣組の人から聞いた噂もつけ加えた。

「用賀の東条の家も今晩焼けたそうだ」

清沢洌の急死を惜しんだ人はいるのか

清沢洌《きよし》の葬儀は今日の午前九時に築地本願寺でおこなわれることになっている。

そう、清沢洌は死んだ。

いまや人が死ぬのは当たり前のことになってしまっている。未明の空襲のあと、剝き出しの赤黒い灰のあいだのまだ熱い道路には、火流に呑まれた人たちであろう、男女の区別がつかない死体がいくつも重なっている。髪の毛が焼かれ、坊主頭の丸裸の土人形色をした死体は手を突きだしたまま転がっている。外傷のない人たちもいる。煙に巻かれ、熱い空気が肺に流れ込んで死んだ人たちである。

背中から両腕に火傷を負い、顔もただれた中年の女性が病院の廊下でうめき声をあげている。その隣の幼児はいまさっき死んだ。耳も鼻も黒こげだ。泣いている女性がいないところをみると、母親はさきに焼け死んだのであろう。空襲あとの焼け跡のどこでも見られたように、母親は子供を自分の体の下にかばって死ぬのだ。武見太郎が野天の診療所で運よく生き残った赤ん坊のために葡萄糖を与えたことは前に述べた。

昨夜から今朝までに、渋谷区だけで一千人、東京全体で四千人の老人、女性、子供が殺されたにちがいない[35]。明日、明後日になっても、死傷者の公式の発表はないだろう。公式の発表がないと言えば、こちらの防空戦闘機の損失の発表もしないのがしきたりである。明日を待っても、敵B29の撃墜数を発表するだけだろう。陸海軍合わせて十機以上の防空戦闘機が失われ[36]、十人以上の搭乗員が戦死したのではないか。

ほかではどうか。今朝早く、富山湾で駆潜艇が機雷に触れて沈んだ。何人かが死んだにちがいない。

沖縄はどうか。沖縄水域への特攻攻撃は昨夜はなかったのではないか。

川端康成が沖縄は雨ではないかと想像したとおり、またも雨だ。雨のために敵側は空軍による援護ができず、空中観測ができず、泥濘のために戦車も使えないことから、敵の歩兵の進撃はない。こちらは首里からの撤退のために偽装攻撃をおこない、敵味方、大砲と機関銃、迫撃砲を撃ち合い、手榴弾を投げ合っての戦いをしている。今日一日で三百人から五百人の死者をだすのではないか[37]。

雨がやみ、晴天になれば、明日も明後日も五百人、六百人が死ぬだろう。女と子供も死ぬ。

ルソン島では昨夜半から今日の夕方までに、一千人近くが死ぬにちがいない。その半分以上は飢餓が主因の病死である。ルソン島だけのことではない。ニューギニアから太平洋の島々、湖南省そしてビルマで、飢えとマラリアによって兵士たちが死に、死んでいく。

だれもが人の死に慣れ、自分の明日の死もしかたがないと覚悟を決めている。だが、親は子の死に慣れることはできないし、妻は夫の死に慣れることができない。

清沢洌の一家は息子の自由学園の中学生の暸《あきら》を東京に残して軽井沢に疎開している。暸は勤労動員で中島飛行機の製図の仕事をしている。

五月二十一日の朝、十時半だった。「電報」という声がした。洌の妻の綾子が玄関にでた。洌は東京に行っていたが、軽井沢に戻るのは月末の予定である。夫からの電報と

は考えられない。綾子は植原和子宛ての電報だと思った。和子は清沢の家に泊まってい
たが、昼の汽車で東京に帰る予定だった。

和子は植原悦二郎の娘である。植原は長野四区選出の代議士だが、昭和十七年の選挙では落選した。支那事変以来、戦争に反対してきたことで睨まれ、選挙では政府の推薦を得られなかった。

清沢は植原と仲がいい。洌が苦学をして、シアトルのワシントン大学の聴講生だったとき、植原は同じ大学で学んでいた。そのときに親しくなった。清沢が綾子と結婚したのも植原と妻の彰子の世話だった。彰子が日本女子大の教授をしていたときの教え子だった。

電報は綾子宛てのものだった。「レツ　ケサ一ジ　エイミンス　トヨ」とあった。

体がぶるぶる震えた。なにかの間違いにちがいない。病気ひとつしたことのない夫が死ぬはずがない。死ぬほどの容態なら、東京には暸もいれば、隣に住む甥の笠原清明もいるのだから、前もって知らせてくるはずだ。女中の豊子がおかしくなったにちがいない。

それとも夫はだれかに刺されたのであろうか。夫に面会を強要した凶漢が匕首《あいくち》をふるう光景が目に浮かんだ。政治暗殺を容認する日本の精神風土を夫はひどく嫌ってきた。政治暗殺の報道に倒錯的な情熱を燃やす新聞の商業主義を夫はずっと批判してきた。と

うとう夫がその犠牲となってしまったのではないか。

転校して通っている小諸高女から泣きながら帰ってきた娘の英子とともに綾子は午後二時三分の上野行きの汽車に乗った。万一と祈る二人の願いも空しかった。聖路加病院の地下室に横たわる洌は、触ってもゆすっても返事をしなかった。

綾子は今月はじめからの知っていること、聞き知ったことを思い浮かべた。夫とともに五月四日に軽井沢から松本に行き、親戚の結婚式に出席した。つづいて北穂高の洌の生家へまわり、五月八日に軽井沢へ戻ってきた。十日と十一日の二日間は洌は畑仕事に精をだした。畝を切り、馬鈴薯の種芋を植えたことは前に記した[38]。腰をのばし、辛夷《こぶし》の木を見上げ、綾子に向かって、去年はさっぱりだったが、今年の花は見事だねと嬉しそうに語ったのだった。

清沢が軽井沢の家を出て、沓掛駅へ向かったのは五月十二日の午前六時だった。正午に上野駅に着き、東洋経済新報社へ行き、外交史研究所の例会に出た。

翌五月十三日には桑木《くわき》厳翼《げんよく》に会った。七十歳になる。桑木は哲学者だ。東京帝大の名誉教授であり、国民学術協会の理事長である。十四日には東洋経済の評議員会に出席した。発熱したのはその晩だった。医師は風邪だと診断した。肺炎とわかり、築地の聖路加病院へ入院したのが五月十九日だった。二十日の夕刻、具合がいいと清沢は語り、楽に眠れそうだ、本も読めそうだから、明日は眼鏡を持ってきてくれと言い、瞭と甥の笠原清明は安心して田園調布嶺町の家に帰った。

夜半、清沢の容態は急変した。病院に残っていたのは女中の豊子ひとりだった。電話は不通で、どこにも連絡できなかった。彼女が泣きながら、凍ったように硬くなってい く足をさすっていると、清沢は目をあけ、「なぜめそめそしているのだ。ぼくは眠いんだよ」と言ったのだった。(39)

石橋湛山は四月末に疎開したばかりの秋田横手町で、「チチシス　キヨサワアキラ」の電報を受けとり、すぐには信じられなかったし、(40)五月二十三日の新聞の死亡欄を見た清沢の友人たちも、いずれもびっくりすることになった。

あの強烈なエネルギーを持った男がほんとうに死んでしまったのかと驚き、空襲の犠牲になったのだと思い込み、元気なかれと話をしたのはつい十日足らず前のことではなかったか、二十日前のことだったと指を折ったのである。だれもが惜しい人を亡くしたと思ったことであろう。

だが、またひとりかけがえのない男をこの国は失ったのだと思った者はわずかであろう。日本はどうなってしまうのか、どうしたらよいのかを考えねばならない人が、空襲や疎開、食糧のヤミ買いといった日々の雑務に追われ、日本がどうなるかを考える心の余裕を失い、迫りくるカタストロフィを語ることはあっても、だれもがそれを真剣に考えようとせず、責任感覚といったものが薄れてしまっているからだ。

だれよりも無念に思っているのは、清沢が考えていたこと、かれがこれからやろうとしていたことのおおよそを知っていた妻の綾子であろう。

もちろん、彼女はそんなことを考えるどころではない。ゆうべは眠ることができなかった。焼夷弾は落ちなかったし、火に追われることにもならなかったが、今日の葬儀ができるかどうかが心配で朝までまんじりともしなかった。夜が明けてすぐ、笠原と暸は東急目蒲線の鵜ノ木駅に行き、築地本願寺に行けるかどうかを尋ねた。

省線は止まっている。東横線で渋谷に出て、地下鉄で銀座まで行くのはどうか。東横線も不通だ。地下鉄も動いていない。山手線、中央線も止まっている。東京の交通網は完全に麻痺している。築地本願寺が焼け残っているのかどうかもわからない。

こんなわけで、夫がやったこと、やろうとしたことをゆっくり考える余裕が綾子にあろうはずもない。

だが、彼女が軽井沢に戻って、夫の植えた馬鈴薯が葉の数を増やしているのを見てまわり、花が終わり、若葉で埋まった辛夷の木を仰ぐときになれば、そして昭和十七年十二月から休むことなくつけていた夫の日記が五月五日で終わっているのを見るときになれば、清沢がやったこと、清沢がやろうと考えていたことをつぎつぎと思いだすことになるにちがいない。

彼女は涙を抑え、つぎのように語るだろう。

夫は外交評論を仕事としてきました。夫は独善的な外交、強硬な外交をひどく嫌いました。国際連盟からの脱退に反対しましたし、ワシントン条約、ロンドン条約の廃棄に反対しました。そして幣原《しではら》外交を支持しました。

国際連盟からの脱退には賛成、ワシントン条約、ロンドン条約の廃棄には賛成、幣原外交には反対を説くのが当たり前という世の中になっていましたから、夫はずっと少数派でした。

同じように少数派だったのが石橋湛山さまです。はい、石橋さまは明治十七年のお生まれですから、夫より七歳年上です。石橋さまは夫の考えに共鳴なされました。夫は東洋経済新報の社説を書くようになりました。昭和八年だったと思います。東洋経済新報社が評議員会をつくったときには、石橋さまに頼まれて評議員になりました。昭和十六年だったと思います。

夫の主張は「時代遅れ」と攻撃されていましたから、若い人には受け入れられないのだとずっと私は思っておりました。ところが、そうではないのだと知ったことがございます。

夫が東京帝大の法学部の学生たちに話をしたことがあります。昭和十三年でした。夫の講演がほかの人たちよりもずっと良かったと学生たちが言っているという話をあとで聞いて、たいそう嬉しく思いました。

綾子が語った話につけ加えよう。

清沢のその講演を覚えている人は、当然ながらそのときの学生たちのなかにいる。藤山楢一もそのひとりだ。かれのことは前に述べた。在ドイツ大使館の館員である。この四月に大使の大島浩ら一行とベルリンを脱出し、オーストリアの保養地、バート・ガスタインのホテルに疎開したのだが、ドイツが降伏して、いまはアメリカ軍の拘束下にある。

清沢洌の講演は討論会のはずだった。法学部の関連団体、緑会の主催だった。東洋大学教授、右翼の藤沢親雄、左派の哲学者の戸坂潤、中間の立場で清沢洌、この三人が討論することになっていた。清沢は藤沢と戸坂の主張をつぎつぎと小気味よく論破して、藤山は胸のすく思いだった。藤沢と戸坂がどのように反論するかと思ったら、二人はなにも言わなかった。

あとで聞けば、藤沢と戸坂は、清沢よりもさきに話をすること、反論があってもそれには答えないということを講演会出席の条件にしていたというのだ。(41)

綾子の話のつづきを聞こう。

夫は外交評論の分野にとどまることなく、外交史の本をだしました。なにもわからない私から見ても、夫はほんとうに勉強家でした。蠟山《ろうやま》さまが夫を褒めてくださったことがあります。ええ、蠟山政道先生です。河合栄治郎教授が東京帝大を追放されたとき、蠟山先生はひどくお怒りになり、大学をお辞めになりました。昭和十四年だったと思います。夫と同じ評論家の道を選ばれることになりましたから、夫は蠟山先生のことをいつも気にかけておりました。このさきに山荘をお持ちですから、夏にはお互いよく行き来いたしました。こうしたことから、蠟山先生も夫のことをよく知っておいでだったのでしょう。夫のことを、どんな問題でもしっかり勉強し、解答をだしているとおっしゃられました。

外交史の本のことになりますが、昭和十五年に夫は「第二次欧州大戦の研究」を出版しました。昭和十七年の五月には中央公論社から「外政家としての大久保利通」をだしました。その年の十月には「日本外交史」を東洋経済新報社からだしました。

どの本も評価されましたが、夫はそれ以上にこれらの著書に自信があったようでした。「日本外交史」の序文の冒頭に、ペリー来航から大東亜戦争までの八十八年間の日本外交について書いた本はこれが最初だと夫は自慢いたしました。

「日本外交史」のことで思いだすことがあります。夫がひどく怒ったことがありました。ある人がある雑誌で、名指しではありませんでしたが、夫を槍玉にあげました。「某氏の日本外交史」は米英の見方をそっくりそのまま説いていると非難して、「国内思想戦」を展開しなければならぬと脅迫しました。

この男はぼくの本のどこが否であるかを指摘していないと夫は腹立たしげに言いまし

た。そして、「戦争の責任者はこの連中だ」と夫は言ったのです。

私はなにか意地悪をされるのではないかと心配でしたが、夫は気にしていませんでした。大丈夫と言っていました。そのとおりでした。夫は喧嘩上手でしたから、面倒なことに巻き込まれたりしなかったのです。

「国内思想戦」を恐れなかった

「ある人」と「ある雑誌」について説明しておこう。

ある雑誌とは「時局雑誌」のことだ。昭和十八年の五月号に「言論の新使命」という論文が載った。

これが清沢の「日本外交史」を非難した文章だった。これを書いた「ある人」とは野村重臣《しげおみ》だった。

野村重臣について述べよう。

野村は四十三歳になる。評論家である。思想戦、総力戦を説き、まずは真剣に読まれることのない文章を雑誌に発表してきた。言論報国会の常務理事となり、事務局を牛耳っている。いささかそぐわないのは、小うるさい評論家に似合わないその大きな体だ。同志社大学時代には柔道で鳴らした。清沢洌を脅すのに使った「国内思想戦」といった言葉は、かれが唱えてきた。

アメリカとの戦いがはじまってすぐあと、「文藝春秋」昭和十七年一月号で野村は喋った。花見達二、斎藤忠、井沢弘、西谷弥兵衛といった同じ仲間との座談会で、つぎのように説いた。

「最近まで日本には、まだまだ英米の架空な思想、虚偽の思想、欺瞞の思想というものに動かされまして、真に日本の実力というものを自覚せず、米英の実力を過大評価致しまして結局はこれに追随して行くのが万全の策であるというような間違った考えをもちまして、満洲事変以来、世界の歴史を変革しようとする日本の輝かしい進歩を却《かえ》って妨害した人達があったんだということを、私共は反省してみる必要があると思うのであります。……

もうこの際少しでも怪しい思想と思うものは、日本の学界、言論界から一掃してしまう。……(42)」

徳富蘇峰も同じことを「公論」の一月号で喋っていた。アメリカとの戦いがはじまって三日目の十二月十一日、かれは自分の邸で中野正剛《せいごう》と語って、つぎのように言ったのである。

「私はこの機会に中野さん及び中野さんの率いられる東方会へ願うことは、今後戦争が進んで行くに従って、必ずまた例の敗北思想者が頭を擡《もた》げて来ないとも限らぬ。そうして思想的に国民の一致団結を攪乱せんとすることにならぬとも限らぬ。東方会は須《す》べからくその監督者となって、全国同心一体の音頭取りになって、片っ端から敗北論者を叩きつけてやっていただきたいと思う[43]」

だが、「国内思想戦」が言論報国会の大合唱となることはなかった。それどころか、宣伝・イデオロギーの上部監督機関となることを意図したはずの言論報国会が発足したのは、昭和十七年三月のことではなく、七月でもなく、昭和十八年三月になってのことだった。

会の定款は「本会ハ……皇国内外ノ思想戦ニ挺身スルコトヲ以テ目的トス」と定めた。ところが、それから二カ月足らずあとに常務理事の野村が執筆した、前に述べたところの「言論の新使命」の論文は、「皇国内外の思想戦」の副題を付け、清沢洌の「日本外交史」をとりあげながら、かれの名前をだすこともしなかった。「ワシントン会議、ロンドン会議の問題にしても、日支関係、日米英関係の問題にしても、日本の真意を理解せずして、却って米、英を代弁するかの如き傾向さえ示している」とぐずぐず言うだけだった。

なぜだったのであろう。どうして野村ははっきり清沢の名前をあげ、つぎのように正面から攻撃しなかったのか。

「日本外交史」の序文を一読すれば明らかなとおり、清沢はわが国の英雄的、民族主義的な「民論」を「無責任で感情的だ」と蔑視した。また清沢は躍進を遂げようとするわが同胞の宿願に悪罵を浴びせ、「国力以上の冒険に進み、国家の犠牲を非常に大ならしむる危険もある」と非難し、栄光あるわが国民の信念に泥を投げかけた。この清沢こそ、アジアの仇敵、アングロサクソンにおもねり、降伏主義の旗を掲げた、われわれの背後に忍び寄る敵なのである。

野村重臣はこのように徹底的に清沢を叩こうとしなかった。じつはこのすぐあと、かれとかれの仲間は京都帝大文学部の教授、高山《こうやま》岩男とかれのグループを攻撃することを一カ月、二カ月ほどつづけた。

清沢洌をしっかりと非難することなく、古典的保守主義者の高山岩男を批判したのは、「国内思想戦」とはほとんど関係なかった。別の形の陸海軍の抗争だった。知識人を味方につけようとする海軍の工作に陸軍が嫉妬心を燃やし、言論報国会事務局にたむろする評論家を利用し、海軍に協力し、陸軍に批判的な京都帝大文学部の教授たちを攻撃させたのである。

結局のところ、言論報国会事務局を支配する人びとが「国内思想戦」を大々的に展開できなかったのは、言論報国会が発会し、各地で講演会を開いた昭和十八年三月、四月、五月には、情報局の幹部、さらに政府首脳は、山本五十六の戦死、アッツ島の玉砕、ソロモン群島、ニューギニアのさらに悪化しようとする戦局に大きな不安を抱くようになったからだった。国内でつまらぬ争いを引き起こし、敵をつくり、魔女狩りをおこない、大学の研究者や新聞記者、評論家、かれらが書いたものを読む人たちを疑心暗鬼に追い込み、人びとの生活をささくれだった雰囲気にしてしまうのは賢明ではないと考えたからにちがいなかった。

昭和十六年に清沢がこうしたことを予測できたかどうか、それはともかく、かれはたしかに喧嘩上手だった。だが、もっと大事なことは、だれもが言えないことをはっきり言う勇気がかれにはあることだった。

かれは「日本外交史」を刊行する前に、「外政家としての大久保利通」を発表したのだが、それを書き上げたのは、アメリカとの戦いがはじまる前だった。かれは、大久保利通が清国との戦争の回避を望み、北京談判を成功させた経緯を究明したのだが、その序文につぎのように書いた。

「外交家としての大久保を画くのには、北京会談だけでは充分ではない。北京で振った大久保の外交技術は、殆ど満点に近いにしても、かれの対外政策の理念を知るためには征韓論こそ、かれが莫逆の友として相許して来た西郷隆盛と正面衝突してまで争った不退転の立場であり、またその後、日本の外交と政治において絶えず対立するところの大陸派と内治主義とが、最初にその飛沫をあげた舞台であった。……」

清沢はこのように書いた末尾に昭和十六年十月と記している。(44)

その月の十六日、近衛内閣が総辞職し、翌十七日に東条英機が内閣を組織したことを見たうえで、清沢は昭和十六年十月と書いたのであろう。「大陸派と内治主義とが、最初にその飛沫をあげた」ときにはじまって六十四年のちの大陸派と内治主義との争いが結着したときだった。大陸派である陸軍と首相近衛が争ったのは、中国からの撤兵の問題をめぐってであった。内大臣がつぎの首相に選んだのは、中国からの撤兵に反対する大陸派の首脳だった。

アメリカが中国支援の態度をつづけようとするかぎり、日本はアメリカとの戦いに突き進むことになると考えて、かれは鳥肌立つ思いだったはずだ。

かれのつぎの著作、「日本外交史」を刊行しようとした昭和十七年十月には、日本はアメリカとの戦いにとっくに踏みだしていた。かれはつぎのように突き放して書いた。「斯くて支那事変の処理は当然その行くべき道を行って、米、英を対手にすることとなったのである(45)」

清沢がこの戦いをどのように見ているか、わかる人にはわかる書き方だった。

しかし、清沢がいかに勇気があり、喧嘩上手と言っても、こんなばかげた戦いをよくもやったものだ、一日も早くこの戦いを終わりにする義務が陸軍にはあると言うことなど、昭和十七年、十八年にできようはずもなかった。

そして昨年のことになるが、かれは中央公論社社長の嶋中雄作から中央公論社が廃業に追いつめられた経緯を詳しく聞いていたし、共産主義宣伝の疑いで、中央公論社、改造社、その他の出版社の編集員が数十人逮捕されていることも承知していた。これら編集者の逮捕は、野村重臣やその仲間の言論報国会事務局にいる人たちが唱えた「国内思想戦」のキャンペーンとはちがうことを清沢は知っていたのであろうし、自分のところにまでは火の手は来ないと見ていたのであろう。

中央公論社と改造社が「自主廃業」となるまでのいきさつについては、このさきで触れる機会があろう(46)。

清沢がついに戦争責任の問題をとりあげ、口火を切ったのは、この二カ月前のことになる。十万人の都民が殺された三月十日未明の空襲のあとだ。

直接に陸軍を批判することはしなかったが、政府の戦争責任を論じ、蘇峰の戦争責任をとりあげた。

戦争責任の問題をとりあげた

どうしてこの戦いをはじめたのかは、前に何度も述べたし、このさきでも、さらに語らねばならないが、徳富蘇峰の名前を出したから、ひとつだけ言っておこう。

昭和十六年の九月、十月、十一月、永野修身《おさみ》も、東条英機も、嶋田繁太郎も、あるいは木戸幸一も、岸信介も、鈴木貞一も、アメリカと戦って限りない消耗戦に引きずり込まれるのではないかという考えが頭にこびりついて離れず、寝床に入っても眠ることができず、冷や汗をかく夜が何夜もつづいたはずだった。

多摩製作所が操業をはじめたではないか、海軍の発動機専用工場ができたのだからもう大丈夫と思って眠ろうとした海軍の局長、部長がいたかもしれない。ドイツの潜水艦が大西洋で暴れ、やがて英国は戦いから脱落すると考えて眠りに就こうとした陸軍の幹部がいたにちがいない。フィリピンとシンガポールの敵は二流の植民地軍隊だ、なによりもこちらの航空機の数のほうが多い、南方地域を抑えてしまいさえすれば負けはしない、こう思って目を閉じようとした陸軍首脳がいたのである。

そして、だれもが日本はかつて負けたことはないのだと思おうとしたのであろう。そこで思い浮かぶのが、自信にあふれた徳富蘇峰の顔だったはずだ。

だれもが認めると思うが、徳富蘇峰ほどの存在はない。過去にいなければ、将来に現れることもまずはなかろう。

文久三年の生まれ、八十二歳になるが、いまなお現役の世論形成家である。

かれは招待講演会で首相の隣に座り、官邸で首相と話し合うことはあるが、政府の枢要な地位に就いたことはない。もっとも、かれは貴族院議員だ。昭和十八年二月に病気を理由に辞任しようとしたが、登院の必要はないからと辞表の撤回を首相の東条に求められ、議員をつづけてきている。

昨年末に首相の小磯国昭はかれを内閣顧問にしようとしたが、かれは断った。現在住んでいる山梨県都留《つる》郡の山中湖畔から東京に出るのが不便だと言ったのだが、もともとそんなポストに就くつもりはない。

だが、間違いなくこの十数年、蘇峰は絶大多数の支持者を持ち、日本の外交路線に大きな影響を与えつづけてきた。なによりもまず、かれは人びとを感嘆させるに足る自分の見事な経歴を誇示してきた。現在の政治家、将軍、提督が、小学生か下級士官だったときに、かれは明治の政治家や将軍と言葉を交わし、かれらに自分の意見を述べ、のちのことになれば、かれは明治の元勲、伊藤、山県、井上の思い出を語り、川上操六、桂太郎との親密な交友ぶりを披露してきた。

かれは自分を新聞記者と唱えたが、日清戦争のときには大戦略を提案して、それが採用されたのだし、日露戦争のときには戦争の終結に参画した。

大正時代から昭和のはじめまでは、かれは高名な新聞人にとどまっていた。「暗中の一大飛躍」とかれが形容した満洲事変が起きてから、かれは水を得た大魚となり、「昭和日本」の進路を説くようになり、つねに国策をリードするようになった。

かれは新聞に定期コラムを持ち、「近世日本国民史」を書きつづけ、日本各地で講演会をおこない、数年に一度、二十万人、五十万人、百万人の人びとが手にとる本を上梓して、取り組まねばならない問題はなんであるのかを教示し、めざす目標について意見の一致を求め、年に数回、ラジオの前に正座する数百万の聴取者に張りのある声で語りかけ、日本はどのように進むべきかを説き、前途への期待を語った。多くの団体、さまざまな集まりと同じように、蘇峰会は現在活動を停止してしまっているが、数年前までは、蘇峰の名を冠したその会は九州から北海道までに支部を置き、紳士録に自分の名前が載るような人びとを会員にして、総会、支部会を開き、蘇峰先生の声を直接に聞こうとし、かれの信奉者が言うとおり、「天下の蘇峰党」は日の出の勢いの大政党だった。

何十年かのちになれば、たとえば平沼騏一郎を指導者とした国本社《こくほんしゃ》などを昭和の一時代の大きな推進力だったのだと綴る研究者がでてくるかもしれないが、昭和十年代に、平沼が国民に大きな影響力を持ったことはなく、昭和十四年には国本社は解散してしまったから、職業政治家から専門官吏、軍人、経営者、金融業者、農村の指導者、そして一般市民までに大きな力を持っていたのは、蘇峰ただひとりだったのである。

そこで世論を形成し、世論を啓発するかれの論文のことになるが、かれの文体は正確さと荘重さに欠けている。だが、かれの文章には独特の律動感と魅力があり、多くの人が聞きたい信じたいと思っていることを無造作な話し言葉で語りかけ、かれの分析と判断を人びとのものにさせてきた。

そのかれがアメリカと戦うべしと説き、戦うか否かを決めかねている人びとの決意を促すことになったのが、昭和十六年十月十五日に出版された「皇国日本の大道」である。多くの人びとの枕頭《ちんとう》の書となった。

脇道にそれるが、不思議な話を語っておこう。

蘇峰がこの本を刊行できる準備を終えたのは、かれが「熟慮不断行」と批判した第三次近衛内閣がつぶれる前だった。出版元の明治書院はかれの出版社だった。近衛内閣がつづいているあいだ、情報局はアメリカと戦えと説くその本の刊行を許さなかった。

かれの弟子のひとりは一年のちにつぎのように書いた。「世界の耳目は、鳴を鎮めて、わが野村大使とハル長官との談判に集中されたが、山中湖畔の先生は、それには一向無関心の体であった。先方の出方が支那事変はおろか、現実の事実をまるで無視している限り、相手にはなれないとの信念を堅持して、少しも変ぜず。旭日丘《あさひがおか》を訪ねてくる人々は、皆先生の腰の強いのに、度胆を抜かれて帰る者が多かった。先生の新聞の記事が、その筋から、時に完膚《かんぷ》なきまでに切り刻まれ、或は削除されて、先生の長い文章生活に於いて、未だ嘗《かつ》て経験せざる憤懣を感じたのも、此の頃のことであった(47)」

そんな憤懣がつづく十月十五日の朝、蘇峰は「近世日本国民史」の征韓論の前編を書きあげた。西郷隆盛の征韓論が潰《つい》えようとするところを書いたのである。どうやら蘇峰は自分を西郷に重ね合わせているようであった。「好事魔多し」と書き、最後にもう一度、「再び繰り返す。好事魔多し。世の中の事は、実に思う通りには運ばぬものだ(48)」と記して、日付を書き入れ、午前六時半と記した。

蘇峰はそのとき、前日の十月十四日に起きたことをまだなにも知らなかった。じつは前日の閣議で、陸軍大臣の東条が中国からの撤兵に反対し、対米交渉の打ち切りを主張し、なおも外交交渉をつづけようとする首相近衛と正面から衝突した。

そして、「世の中の事は、実に思う通りには運ばぬものだ」と書いたその日のうちに、「皇国日本の大道」は倉庫からだされることになる。近衛内閣が総辞職するのは翌十六日の夕刻である。

だれが蘇峰に向かって、第三次近衛内閣が閣内不統一で行き詰まった、近衛公は辞職する、後継首班は現在わからないながら、国民はいまこそ先生が大号令をかけて下さることをお待ちしていると語ったのであろうか。旭日丘詣でをしていた陸軍省の軍務課員か。それとも陸軍大臣秘書官の赤松貞雄か。情報局では、だれが「皇国日本の大道」の新刊見本に首を縦に振ったのか。

だが、蘇峰がこの楽屋裏を明かす機会はもはや永遠にないであろう。

「皇国日本の大道」の本自体のことに戻れば、これもいつもながらの蘇峰の本だった。

「されば今日事新しく仏印とか、蘭印とか、シンガポールとか、コロンボとかいう必要はない。歴史の眼中には、総てこれ大和民族将来の墳墓の地として予定せられたるものである。若し万一吾等が難を恐れ、死を怖れ、徒《いたずら》にスラブ人や、アングロ・サクソン人の鼻息をのみ窺《うかが》っている時には、日本は何時の間にか、彼等の為に罐詰にせられて、罐詰国となるの外はあるまい。

安息を願うも、平和を祈るも、命あってのことである。罐詰国となったらば、最早や命が無いものと諦めねばならぬ。命あっての物種子である。命無くして何の平和である。何の安息である。

されば我等は、我等の目的に向かって勇進邁往せねばならぬ。我等は実に生死巌頭に立っている。生きるも死ぬも、此の刹那である。故に我等は、前途に横たわる多大の暗礁をも覚悟の前で、愈々《いよいよ》この嶮難なる航路を乗り切らねばならぬ。此の大覚悟、大決心、大奮闘は、現代の我等に課せられたる運命である[49]」

この「皇国日本の大道」が書店という書店に並んだ。さらに蘇峰は最大級の攻勢をかけた。かれは東京に戻り、十一月三日午前十時に全国向けの五十分にわたる放送講演をおこなった。

ついでに言えば、十一月三日の明治節、あるいは二月十一日の紀元節に、蘇峰が各新聞に談話を載せ、あるいはラジオで講演するのは、このあとにしきたりとなる。

昭和十六年の明治節の講演は「維新に学ぶ」と題するものだった。かれは説いた。

「明治維新には主義があり、目的があり、手段がありましたが、其事を断行するに至りましては、必ずしも十二分の成算を見越して、これを断行したのではありませぬ。苟《いやしく》もこれを断行するのが正理であり、断行するのが必要であり、断行せざる可からざる勢いに、国運が差迫ったる場合には、成敗利鈍を無視して、その危険を進んで冒したのであります」

東条も、嶋田も、木戸も、永野も、杉山も、政策決定参画者のだれもが、大歴史家であるばかりか、維新の指導者たちを知悉する偉大な人物の口をついて出る一節一節に聞き惚れ、「十二分の成算を見越して、これを断行したのではありませぬ」の言葉に大きくうなずき、枕に頭を置いたときには、「維新の歴史を見ますれば、半ば人であり、半ばは天であります。私共の先輩は、人がその誠《まこと》をつくせば、天も亦必ずこれを佑《たす》くという大信念に基いて、その目的を果たしたのであります」と語った言葉を反芻し、胸のなかの危惧と不安を追い払い、安らかな眠りに就こうとしたのではなかったか。

清沢洌が批判しようとしたのは、この蘇峰だった。

清沢の批判に政府と軍は気づかぬふりをした

妻の綾子はこのことをよく覚えている。

徳富さんの批判は東洋経済新報に載せました。石橋君がどうせもう紙の配給はないのだから大胆にやろうと言って(50)、書くことにしたのだと夫は語っておりました。

言論報国会の会長を批判したりしたら、会長は黙っていても、言論報国会の事務局にいる、夫を目の敵にしてきた人たちが黙っていないのではないか、報復にでてくるのではないかと思いました。ところが、夫は自信ありげでした。

雑誌がでてしばらくは私は緊張していましたが、夫の言ったとおり、なにも起きませんでした。夫が喧嘩上手だったからだと思います。

夫はずいぶんと角がとれましたが、たいへんな自信家でしたから、よく喧嘩をしました。若いときには喧嘩太郎と呼ばれていたそうです。書くものにも、それがでていました。そして、いつか喧嘩上手になりました。

たしかに彼女も語るであろうとおり、清沢は喧嘩上手だった。だが、かれの説くことが曖昧だったわけではない。

三月十七日号の「徳富蘇峰に与う」と題する社説のなかで、かれは最初につぎのように書いた。

「第三次近衛内閣当時、所謂近衛メッセージに続いて、暫く外交交渉を試みんとした時、足下《そっか》はその軟弱を叱咤し、右顧左眄《うこさべん》を難詰した。ために足下の文章が検閲当局のために削除を受けたこと一再に止まらなかったのは、世人の記憶に新たなところだ。

足下は単にその強力なる関係新聞を動員するにとどまらなかった。矢つぎ早に幾つもの著書を発行し、それが大袈裟なる宣伝の力も加わって何れも一挙にして数十万部を売りつくしたが、その目的は例外なく日本がこの際、断固たる行動に出るべきことを主張するためであった。足下は言った、『日本の進むべき道は唯一つある、断じて二つない』（「皇国日本の大道」二四六頁）と。そして北進か南進かの説に対しては、北進又た南進、南進又た北進であると。記者は近代日本における責任ある地位にある者にして足下の如く徹底的強硬論者を知らない。

足下がよく知らるる如く日本においては対外強硬論は、常に大衆の人気を博する。その反対に対外自重論は、卑怯軟弱の別名と考えられ、非難攻撃の標的となるが常だ。この事は明治以来の珠玉のような重臣高官にして、刺客の凶刃の犠牲になったものが、何に原因するところが最も多かったかを顧みても明らかであり、足下も亦日露戦争の当時、身を以てこれを経験された筈だ。国民的傾向がここにあり、そしてそれが時に国家の健全なる発達に危険を及ぼすことのある事実を知っている我邦の指導者は、謹んでこれに火を点ずることを避けた。単なる一決断行によって、容易に国民的人気をかち得る場合にも、彼等はその上下に負う責任の重大さに顧みて、冒険に突進することを拒絶した。この指導者達の強い責任感こそ我国が明治以来、駸々乎《しんしんこ》として発展して来た最も大きな原因であった。

徳富蘇峰足下

歴史を専門とされ、その辺の権威者である足下に対し、今更にそれを説くのは無駄だ。記者がその事を繰り返したのは、足下がその点で足下の親しい友人先輩と行く道を異にしたことを想い出すためにすぎない。……」

清沢は喧嘩上手と言ったが、じつはこのあとかれは、蘇峰の最近の文章をとりあげ、かれが心の均衡を失い、国民に八つ当たりをしたいくつかの個所をとりあげて非難し、蘇峰あるいは政府が反撃できないように仕組み、手加減することなく、真正面から蘇峰を批判したのである。

清沢は蘇峰に向かって、自らのおごりと無知の責任をとるときがきていると言い、「日前の国家至重の事態を見る時に、自から何等の責任を感じないのであるか」と問うた。どうあっても、この戦争は回避しなければならなかったのだ。やってはならない戦争をしたがために、希望を持ち、夢を抱いた青年をどれだけ犬死にさせることになったか、どれだけの女子供が殺され、どれだけの人が家財産を失うことになったか。まだまだ多くの人がこのさきも死に、日本は敗戦の屈辱を迎えることになる。この責任をかれは追及したのだ。だれひとり口にださなかったことをかれははっきり言ったのである。

蘇峰はこの告発を読んだのだろうか。

ときにいらだちを見せ、心の均衡を失いと言いはしたが、いまもなお蘇峰はスタミナにあふれ、その積極性に変わりはなく、政策提言を新聞に掲げてきている。かれの責任を追及するどころか、依然として多くの心酔者、支持者がいて、日記にかれの提言の一節を写し、感想を記す人も少なくない。そして、かれは相変わらず多読家なのである。ところで、「東洋経済新報」を読む習慣はあったのであろうか。

週刊誌、旬刊誌は表紙に三月十七日号と印刷されていれば、その日が発売日である。

東洋経済の印刷所は三月十日未明の空襲に邪魔されなかったから、三月十七日号は十七日に発売された。

三月十八日に言論報国会事務局に集まった人びとは対策を考えたはずだ。

この社論は清沢洌が書いたのだろう。清沢の口を封じなければならない。常務理事たちはこのように語ったはずだ。野村重臣がうなずき、「公論」でこの敗戦主義者を徹底的に叩くと言わなかったのか。

だれもが思ったのは、清沢のその文章を叩けば、地下奥深く埋めておかねばならない戦争責任の問題を、それこそ清沢に協力して掘り起こすことになるということだ。面白くない。情勢が悪すぎる。浅草、本所、深川で十万の女子供が焼き殺されたばかりだ。気づかぬふりをすることにしようとだれかが言い、ほかの者がそれがいいと言い、野村も従うことになったのかもしれない。

情報局ではどうか。情報局は内務省の五階に間借りするようになっている。間違いない、これは東洋経済新報顧問の清沢洌が書いたものだとだれかが言ったのであろう。

同じ東洋経済新報の前の号、三月初旬号のアメリカの太平洋問題調査会の「日本処分案」についての社論を書いたのも清沢だろうとほかの者が言い、論旨は同じだと語ったにちがいない。

敵に「日本処分」などと言われるようになって、これまで「国民を引きまわして来た」

指導者は「如何なる責任を感じているか」と清沢洌は問うたのである。

この前の社説を見逃したのが間違いのもとだった。どうするか、清沢と石橋に警告をするかという議論になったはずだ。

国内報道と検閲担当の課長と局長が前の号の「日本処分案に関する責任」を読み、つづいて「徳富蘇峰に与う」の社論を読み直したにちがいない。

「足下が太平洋問題調査会に於いて議論になった如き不逞なる議案が『来ることを良心的に予期した』というならば、そういう事態を予想して、数年来の強硬論が展開されたのであるか。敵の飛行機が帝都を荒らすことを予想し、また足下の所謂日本抹殺の前記議案が問題になることを予期しながら、日本国民を自覚させるために、強硬論を主張したのであるとすれば、これは驚くべきといわねばならぬ」

だれもが顔をしかめたのであろう。これをとりあげるのは危険だ。清沢がとりあげたのは、もっとも根本的な問題、戦争責任の問題だ。こちらがとりあげれば、逆にこちらが深みにはまる。徳富蘇峰個人への攻撃にしておけばよい。こういうことになったのではないか。

陸軍省では、軍務課長の永井八津次と課員が語り合ったにちがいない。いったいこれを書いたのはだれだ。徳富先生を攻撃している。しかも、陸軍にたいする批判を隠しているのは明々白々だ。だが、あれこれ言えば藪蛇になる。だれもが戦争責任を話題にすることになり、状況をいっそう複雑にしてしまう。しかも、あの空襲のあとだ。ほうっておくのが賢明というものだろう。こんな結論になったのであろう。

内務省でも、警保局検閲課の課員が協議し、危険な兆候だとだれかが言い、うなずきあったにちがいない。だが、ここでも算盤をはじいたのであろう。これを読んだ者はわずかなのだから、知らぬ顔をしているのがいちばんだ。暗い表情の課長と課員はそんな具合に語ったのではないか。

ところで、内務省警保局検閲課の課員や情報局検閲担当の課長、言論報国会事務局の人びとのほかに、一般の読者はだれが読んだのであろう。たしかに「東洋経済新報」の読者は多くはない。そして、この社説に注目した人は、日記をつける習慣があったとしても、読後感を記すのは控えたのではなかったか。

東大法学部教授の岡義武は間違いなくこの社論を読んだひとりであろう。かれは石橋湛山を尊敬し、「東洋経済新報」を必ず読むようにしてきた。この社論は石橋湛山に協力している清沢洌の文章だと岡は気づいたのであろうか。

よくぞ書いたと感嘆しながら、岡は思いだすことがふたつあったはずだ。「いざとなれば雑誌を廃める覚悟さえしていれば、まだ相当なことがいえますよ」と湛山がかれに語ったことがあった。[51] それは二年ほど前のことだった。

もうひとつの記憶はずっと以前、九年前のことだ。昭和十一年に英国に留学していたときに書いた自分の日記の一節である。徳富蘇峰と論争した夢を見た。自分は言うだけのことを言って蘇峰をやり込めたのだが、蘇峰は怒って、かれの両手を押さえ、どうしても離そうとしない。かれが手を放せと言っているあいだにかれの夢は終わったのだった[52]。

岡はもう一度、社論を読み直し、戦争責任の問題をよくもこれだけ堂々と書いたものだとその勇気に感じいり、つづいて、かれは湛山が両手を押さえられることになるのではないかと心配し、つぎの三月二十四日号の「東洋経済新報」を手にとるまで、そしてその号の社論「新政治結社の提唱者　小林躋造《せいぞう》閣下に呈す」を読み、これは間違いなく石橋氏の筆だとうなずくまで、かれの心配はつづいたのではないか。

さて、清沢のことに戻る。権力の守り手、目付役たちはもはや事態を掌握できなくなっているのだとかれはうなずいたのではないか。内務省、情報局、言論報国会のだれもが暗い前景を見ないようにしている、士気は底まで落ちてしまっているのだ、こう思ったのであろう。

かれはどこからも呼びだされることなく、脅されることもなかった。かれは外交史研究所をつくったのだが、嫌がらせのひとつくらいあっても不思議はないのに、どこからも邪魔されることはなかったのである。

日本外交史研究所をつくったのだが

綾子はつぎのように語るだろう。

夫は新たに日本外交史研究所をつくりました。発会式をあげたのは昨年の十二月五日でした。

前々日の昼間、吉祥寺の中島飛行機が爆撃されたのですが、この日は空襲はなく、警戒警報のサイレンも鳴らず、ほっとしました。

幣原喜重郎元首相のお出でをいただきました。このあと研究所の例会では何度か幣原さまにお話をしていただきました。

発会式にはまた、石橋さま、植原さま、桑木さま、馬場さま、そして朝日の出版総局長の鈴木文史郎さま、読売副社長の高橋雄豺《ゆうさい》さま、同盟通信参与の伊藤正徳さまのお出でをいただきました。

日本産業経済新聞副社長の小汀利得《おばまとしえ》さまもお出でくださいました。小汀さまは同じ鵜ノ木にお住まいですから、よくうちにお見えになりました。

三井高維《たかずみ》さまもお出でくださいました。三井八郎右衛門さまの弟さまです。東京帝大の経済学部を卒業されて、オックスフォード大学に留学なさいました。夫の書いたものを評価してくださっていたのです。

学者では、東京帝大法学部教授の高柳賢三さま、前に法制局長官、商工大臣をおやりになった貴族院議員の松本烝治《じょうじ》さま、外交評論家で、放送協会の論説委員をなさっている田村幸策さま、芦田さま、衆議院議員の芦田均さまです。そして国際法がご専門の信夫《しのぶ》淳平さま。

それに野村証券社長の飯田清三さまも出席してくださいました。夫は飯田さまを尊敬し、飯田さまも夫を買っておいででした。飯田さまとは夫が中外商業新報にいたときからのおつきあいです。野村はどこよりもさきに調査部をつくったが、飯田さまがしっかりしたものにしたのだと夫は語っておりました。

大正の中ごろに千円以上だった日本郵船の株価が、昭和五年に三十円まで落ちたことがございます。飯田さまが夫を訪ねておいでになりました。昭和五年の十一月か十二月だったと思います。夫が欧州、アメリカ旅行から帰ってきたばかりのときでした。景気は回復する、株式の一大転換期にさしかかっているということで、飯田さまと夫の考えが一致しました。

このあと、野村は、野村家の全財産をつぎ込み、値下がりしている銘柄を積極的に買い進めました。はたして株式が上昇をはじめました。野村はたいそうな利益をあげ、このときに、名実ともに野村財閥の基礎を築いたのだそうです。

野村は投資信託という新しい業務をアメリカと戦いを開始する直前にはじめましたが、

これも飯田さまがやったことだと夫は言っておりました。株式を投機や思惑ではなく、貯蓄増強の機能を持たせるにはどうしたらいいかと考え、イギリス式の投資信託を研究されて、松本烝治さまに相談され、夫の意見も聞きにお出でになったのです。

ええ、いまは日興も、山一も、大和証券もやっております。夫が飯田さまから伺ったお話では、投資信託のお客は景気のいい農村なのだそうですってね。十年前には農村はどん底だったのが、この数年はわが世の春で、二十口、一万円、四十口、二万円と買うのだそうです。株価は政府が買い支えているから心配はないのだといいます。

日本外交史研究所の発足式のことに戻りますが、夫のお友達でお出でにならなかったのは、嶋中雄作さまと蠟山さまでした。嶋中さまは、ぼくは遠慮したほうがいいのではないかとおっしゃったのですが、中央公論社の一室を事務所に提供してくださいました。蠟山さまは恩師の前東大総長の小野塚喜平次博士の告別式があって、お出でいただけませんでした。

ついでに申しますが、夫は日本の高等教育を受けておりません。長野南安曇郡の故郷の小さなキリスト教系の私塾で学び、アメリカのタコマ、シアトルで苦学しました。ですから、夫の昔からの友人は、同郷で、同じシアトル帰りの銀座のワシントン靴店のご主人の東条鵥《たかし》さまや富士アイスのご主人の太田永福さまです。

研究所に資金を出してくださった方々、協力を約束してくださった方々、そして発会式にお出でいただいた方々は、夫がこれまでにしてきた仕事と夫の人格を認めてくださってのことなのです。

夫は同じ考えを持った方との連帯を大事にしてきました。評論家と小説家の友好的な集まりをつくったらどうかと中央公論社社長の嶋中さまに提案し、会員を選ぶのに夫は加わりました。こうして二七会という毎月の集まりができました。昭和四年のことです。戦争が烈しくなって会合が途絶えるまで、ずっとつづきました。

また嶋中さまが昭和十四年に国民学術協会をつくられたときには、メンバーは三十人ほどでしたが、夫は幹事役をしばらくつづけました。そして会長になられた桑木さまに協力してまいりました。東洋経済新報社が顧問制度をつくったときには、夫は石橋さまをお助けして、これはという人にお願いしてまわりました。

空襲のサイレンが毎日鳴るようになり、このような集まりはもちろんのこと、役所の研究会、お寺の報謝講、短歌の歌会、なにもかもが集まりを中止し、活動をやめてしまったときになって、夫はすすんで日本外交史研究所をつくりました。夫はさきのことが読めなかったわけではありません。夫はさきのさきを見通して、この研究所をつくりました。

こういうことを申していいのかどうか、夫は昭和十六年十二月八日に、こんなことになったのはぼくたちの努力が足りなかったからだと悔やんだような人でした。夫は筋道を立ててさきを読み、将来を見抜く力を持っておりました。

お酒の飲めない夫がワインをちょっぴり嘗めながら、「男子畢生《ひっせい》の仕事を与えられ、じつに生き甲斐がある。いまにみていてくれ」ともらしたとき(53)、戦争のあとに備えてこの研究所をつくったのだという意欲にあふれておりました。

戦後の日本がどういう境遇に落ちるか、そしてどういう国になるか、夫にはわかっていたのでございましょう。それだからこそ、夫は外交史研究所をつくったのだと思います。そんなさきのことを考えて行動する人が、自分自身を襲った不意打ちの死を察知できませんでした。どれほど夫が無念に思っているだろうと考えると、夫の健康に気をくばることが私の勤めだったのにと思い、胸が張り裂ける思いでございます。

私が傍らにいたら、せめてこの軽井沢で発病してくれたならば、それとも発熱の様子を葉書で一言知らせてくれていたならと返らぬ愚痴をこぼしております。

読売も毎日も焼けてしまう

さて、今日、五月二十六日のことに戻る。交通機関はすべて不通だ。築地の本願寺までどのようにして行くかということになる。

二十キロほどだろうと笠原が語る。自転車で行きましょうと暸が言う。だが、本願寺は焼けてしまったのではないだろうか。それもこれも、行ってみなければわからない。

瞭が父の遺骨を背負う。笠原と親類のもうひとりといっしょに出発する。綾子は行こうにも行けない。彼女と娘の秀子は家に残ることになる。

彼女は息子に防空頭巾を持っていけと言い、かれと笠原に言う。「燃え残りの電柱や電柱に取り付けてある変圧器が上から落ちてくるというから、いつも上を注意してね」

七時に家を出る。

京浜国道を自転車で走って品川駅の前に出る。

品川駅は二十三日にも焼夷弾を落とされたが、今日未明の被害のほうがひどいようだと笠原は思う。東海道本線も動いていないし、都電も動いていない。進路の左手、高輪の町々は焼け残ったようだ。

田町の駅は駅舎が焼けてしまっている。浜松町の駅は残っている。駅員に尋ねた。東京と品川間で線路の破損があり、枕木が焼けたところがあるという。

悪臭と熱気には慣れてしまっているが、またべつの臭いが鼻を刺激する。油の燃える臭いではないか。道路の煙が濃くなり、息苦しくなる。芝浦の方角に火が見える。石油が燃えているらしい。浜松町から新橋のあいだの町はすべて焼けてしまっている。まだ煙があがっているところがある。

すべてが灰になってしまって、道路の上の電線がばかに高く見える。いまもなお炎をあげている電柱がある。瞭は母の注意を思いだす。その電線にトタン板がひっかかっている。旋風の仕業であろう。電柱が燃えてしまって、垂れ下がっている電線の下をくぐろうとして、自転車の人、歩いている人が腰をかがめる。そのさきでは兵士たちが道路に落ちた電線を片づけている。歩いてくる人たちと行きあい、同じ方向に歩く人たちを追い抜く。いずれも着ているものは汚れ、顔が異様に黒い。顔に火傷を負い、着ている衣服も焼けた女性がいる。

あれが本願寺だと笠原が瞭に言う。焼け野原のはるかさきの鼠色の空に黒い煙が何本も立っているあいだに、青銅色の円形のドームが小さく見える。建物内部は焼けずにすんだのだろうか。

汐留駅構内の焼け跡は三月十日未明にやられたものだ。昭和通りの両側はすべて焼けてしまった。三原橋で右に曲がる。歌舞伎座も焼けてしまっている。橋の向こうにビルが見える。東京劇場だ。焼け残っている。正面玄関に止まったトラックから袋をおろしている人たちがいて、人が出入りしている。この付近の罹災者なのだろうか。いよいよ本願寺は近い。本願寺の輪郭がだんだん大きくなる。百科事典で見たインドの古い寺院のようだと瞭は思う。どこからも煙は出ていない。境内に入る。よかったと言い合った。

瞭は背中の骨壺を下ろす。

自転車で本願寺にやって来て、ほっとした男がほかにもいる。読売新聞社の為郷恒淳《いさとこうじゅん》である。文化部に勤務し、三十一歳になる。

読売新聞の本社は焼けてしまった。今日中に編集室と工場を見つけなければならない。本願寺はどうなっているだろう、焼けていなければ借りる交渉をしようと考えて、為郷はやって来たのだ。

読売本社に焼夷弾が落ちてきたのは、昨夜の何時ごろだったのであろう。

読売の本館は銀座西三丁目にある。地上六階、地下一階、昭和十四年に完成したビルだ。屋上に社員の宿直室があったが、食堂に変わっていた。六階の宿直室に加えて五階の講堂も宿直室になっていた。

屋上の監視塔にいる石川五一はまっすぐこちらに向かってくる敵機を見た。赤坂の方角から飛んできた。連絡電話担当の神田正雄に向かって、あぶない、もう降りるぞと叫んだ。ウーンウーンという爆音が真上を通りすぎようとしたとき、すさまじい音が頭上でつづいた。多くの人がその瞬間に思ったように、砂利を落とすような音だと石川も思った。

前に述べたことだが、用賀の櫻町高女の生徒や教師も砂利の落ちる音に似ていると思った。説明しておこう。明治の末から大正のはじめに東京や横浜の郊外へと延びた私鉄電車は、いずれも最初は多摩川や相模川の砂利の運搬が主要な収益源だった。新宿や渋谷、横浜の駅の一角には砂利を入れた大きな漏斗型のホッパーがいくつも並び、下の口をあけて砂利を落とすすさまじい音は電車を待つ人びとの耳になじんでいたのである。

六角柱の小型焼夷弾が本館屋上のいたるところに突き刺さり、転がり、屋上の木造の食堂内で炎をあげはじめた。五階の階段まで退避していた社員たちが屋上に駆けあがった。中庭にある印刷工場の屋根の上でも小型焼夷弾が青い火をあげた。斜めに工場の窓を突き破って入った焼夷弾がゼリー状のガソリンを撒き散らした。

どうやら、すべて消し終えた。泊まり込んでいた副社長の高橋雄豺と今夜の当番の責任者、調査局次長の清水弥太郎がよかったと言い、一月二十七日と三月十日未明の空襲のときも無事だった、正力社長の言うとおり、わが社には天佑神助があるのかもしれないと語り合った。

一月二十七日には有楽町と銀座に三十発以上の爆弾を落とされたが、読売本社に被害はなかった。三月十日には、道路をへだてた都交通局が燃え、読売の正面玄関に炎を吹きつけたが、無傷で朝を迎えた。

どこかに火が入っているかもしれない、もう一度調べようとみんなが手分けをして各階をまわっていたとき、二度目の焼夷弾が落ちてきた。

小型焼夷弾ではなく、敵は二回目には大型焼夷弾を落としたようであった。地下室に通じる石炭の取入口に落ちた。五十キロ大型焼夷弾だったのかもしれない。防火班員が四、五人駆けつけたが、炎はすでに天井にまで届いていて、どうにもならなかった。地下室の油倉庫が爆発し、銀色の炎が噴きあがった。地下室に置いてある巻取り紙が燃えはじめた。地下室の印刷工場、非常用の編集室も見捨てるほかはなかった。

消防車が待機していた。一千台の消防車を出動させ、百台の消防車を失い、百人の殉職者を出した三月十日の空襲[54]のあと、警視庁は一般住宅地を守ることは不可能と知って、重要工場だけを防禦することにしている[55]。京橋管内では新聞社は防禦対象だ。読売新聞社、毎日新聞社、朝日新聞社の防衛は京橋消防署の重点目標となっている。

ポンプ車の指揮をしていた小隊長は火を地下室に閉じ込めようとした。うまくいかなかった。地下の黒煙は裏階段を上がり、最上階まで吹きあげ、火の手は地階から一階へと上がっていった。小隊長は読売の社屋の消火を断念すると言った。放置しても延焼の恐れはないとつけ加えた。隊員に火掛りをやめさせ、水管を車に積み込ませた。

清水弥太郎はなすすべもなくポンプ車を見送った。燃えひろがる火にもなすすべがない。かれは防火班員をはじめとする全社員に社屋から離れるようにと命じた。すでに敵機の爆音は聞こえなかった。みんなは退避し、外濠に架かる有楽橋に集まった。三階、四階の窓からも炎があがった。屋上に人がいるぞとだれかが叫んだ。薄明かりのなかで人が動いているのが見えた。屋上に上がっていた石川五一と神田正雄だ。神田は必死の思いで雨樋を伝わって降り、石川はホースを綱代わりにして降りてきて、みんなは喝采したが、読売別館も焼けているという情報が伝わって、だれもが呆然となった。

別館は有楽町一丁目にある。有楽町駅の西側だ。もとの報知新聞社の社屋である。

今夜はあぶないと責任者の事業部長の橋木道淳は思い、会社が持っている手押しポンプを屋上まで上げることにした。五階の講堂の屋根に置いた。

落ちてきた焼夷弾は宿直員がすべて始末した。読売別館の北側には道路をへだてて日本勧業銀行の有楽町支店がある。以前の農工銀行である。この四階建てのビルは無事だ。その向こうの帝国農会の三階のビルも無傷のようだ。そのさきの都庁の本館は三月十日未明の空襲で焼かれてしまっている。

よかったとだれもが思った。ところが、読売別館の北側には取り壊さなければならないはずの木造倉庫があった。この屋根を焼夷弾が破っていたのを、だれひとり気づかなかった。この火が別館一階に移った。水圧が低くなってしまい、水道の水はチョロチョロだった。この水をバケツに溜めて火にかけるのだから、どうにもならなかった。

消防署は読売別館を防衛目標としていなかったから、ポンプ車は来なかった。下谷と葛飾の応援出動の消防車が通りかかった。橋本道淳が拝み倒した。三十分ほど注水してくれた(56)。

読売別館の西側には、道路をへだてて毎日新聞の社屋がある。「日日、報知の二大新聞が街を隔てて相聳《そび》えている」と高浜虚子が書いたのは昭和二年のことだった。

読売別館に焼夷弾が落ちたとき、毎日新聞の新館の屋上にも焼夷弾が落ちた。新館は三階に編集局がある。四階、五階は貸室、六階、七階、八階にはプラネタリウムと貸室がある。印刷局は旧館にある。

五、六人が階段を駆けあがった。屋上の火はなんなく消し止めた。よかったと言っていたとき、六階から煙がでているという報告が入った。

プラネタリウムのドームを破った焼夷弾にだれも気づかなかったのである。この火が冷房用のダクトを伝わり、六階の貸室に火がついたのだ。火は六階から五階に進んだ。七台の消防車が消火に努めたが、水圧が低く、消し止めることができなかった。火は七階から八階へ、四階から三階へと、上下に延焼しはじめた、

当直責任者の永井亀三が「印刷局が焼けたら、新聞がでないぞ」と叫んだ。消防車がまだ火の入らない旧館に放水を切り換えた。

旧館の床は新館よりも高く、旧館に放水した水が三階の連絡通路を通って編集局に流れ込んだ。

消防車は宮城が燃えだしたということで、五台がそちらに行ってしまったが、二台が朝までがんばってくれて、旧館の印刷機と新館の三階から下は火にやられずにすんだ[57]。

夜が明けた。読売社長の正力松太郎が本社に来た。いちばんの気がかりは地下室の印刷機械が使いものになるかどうかだった。活版部の中島忠一が放水のために池に変わってしまった地下工場に入った。輪転機は使いものにならなかったが、ローリング機や製

版機、活字ケースは無事であり、紙型《しけい》をつくることができる。

疎開を兼ね、五台の輪転機が千葉新報と埼玉新聞へ貸与してあるが、明日からの印刷に間に合うはずはない。地下工場を建設し、輪転機を運んでくるのは、来月、おそらくは再来月になっても無理だろう。

被災に備え、読売、毎日、朝日は相互援助協定を結んでいる。

朝日新聞の社屋は今回も無事だった。一月二十七日には、爆弾は日本劇場とのあいだの道路に落ち、割れた窓ガラスが滝のように落ち、べつの一発が濠に落ち、社屋の反対側は泥をかぶり、惨憺たる有様となったが、実際には運がよかったというべきだった。

朝日に印刷を頼みに行くことにする。そして編集部員や整理部員を入れる仕事部屋と紙型をつくる場所を探さねばならない。正力が銀座の松屋本店を借りようと言った。今日は最高責任者はどこでも朝早くからでてきているはずだ。すぐに行こうということになる。

営業局長の務台《むたい》光雄は印刷を依頼するために朝日に向かった。副社長の高橋雄豺は松屋へ行った。

松屋に入って驚いた。暗く、むっと熱く、煙が残っているなかは、目をこらして見れば、がらくたの山だった。吹き抜けになっている上の階から、火がつきそうなものを下へ落としたのだ。松屋社長の古屋徳兵衛がいた。息が詰まりそうだから外へ出ましょうと古屋が言った。一睡もしない顔は煤で真っ黒だった。それは高橋も同じだった。

古屋の住まいは英国大使館裏の麴町一番町にある。家が燃えはじめたのは前夜の午後十一時だった。五番町の内田百閒、二番町の星野直樹、四番町の網野菊、かれらの家が焼けたのと同じときだったのであろう。古屋は店へ行こうと決意した。宮城前から鍛冶橋、京橋まで来たが、風が吹くたびに火焰が地を走り、銀座通りを進めなかった。やっと午前二時、松屋の前まで来て、かれは正面玄関の扉を叩いた。(58)

消火活動はまだつづいていた。松屋の防護団は昨夜は三十人が宿直した。火は裏側から入り、四階から八階までが燃え、二階、三階にいる三十人は窓から入ろうとする火と格闘した。別館は三階から六階までが燃えてしまった。

松屋はすでに浅草支店を失っていた。三月十日のことだ。周囲の建物は強制疎開でなくなっていたが、火は東武鉄道の線路側から入った。宿直主任の西牟田実が先頭に立ち、隅田川からバケツ・リレーで消火にあたったが、どうにもならなかった。地下室を除いてすべて焼けてしまった。(59)

高橋雄豺が古屋徳兵衛に向かって、お借りしたいのだがと言った。営業を再開するつもりだと古屋は答え、閉鎖している浅草支店ならお貸しできると言った。浅草では遠すぎる。

文化部員の為郷恒淳は築地本願寺はどうだろうかと考えた。本願寺の輪番、北畠教真

と親しい為郷は、タイヤが焼けただれリムだけの自転車に乗って本願寺へ来たのだった。(60)

本願寺では朝の勤行《ごんぎよう》をつづけてきている。

空襲警報がでるごとに、本尊を納骨堂に置かれた長櫃《ながびつ》に納めなければならない。本尊を山梨県南都留郡禾生《かせい》村にある西光寺に遷座しようという計画があるのだが、ずるずると遅れている。

本尊を大打敷《おおうちしき》に包み、抱きかかえて、副輪番は地下に降りていくのだが、そのときにかれがきまって思いだす記憶がある。

関東大震災の日の夕刻だ。堂舎には三方から火が迫り、火の粉が、燃えさしが雨あれと飛んでくる。境内には数千の避難民がいた。輪番はこの人たちにここから逃げるようにと言ってまわった。脚のある長唐櫃《ながからびつ》が境内の大銀杏《おおいちよう》の下に置かれていた。本尊が納めてあった。本尊も避難しなければならない。輪番は本堂が焼け落ちるまで境内にとどまることにしていたから、指名された僧侶たちが長唐櫃の吊り金具に棹を通して担ぎ、あとに残る者たちが手を合わせるなかを境内から出た。

煙で薄暗くなったなか、右往左往する避難民でごったがえすなかを、一ブロック離れた海軍水路部に向かった。長唐櫃を担ぐ僧侶の一隊にぶつかった人びとは、みんな向きを変え、あとからついてきた。地面がまたも大きく揺らぐと、人びとは悲鳴をあげた。

今夜が同じだ。いや、三月九日の深夜からずっと同じである。火に追われ、家を離れた人びとは風向きがわからず、遠い火、近い火の区別がつかないため、ほかの人が逃げる方向についていき、火の壁にぶつかればまた引き返すといったことを繰り返し、火に囲まれて死んだ。

あの大震災の日、長唐櫃を担いだ副輪番はうしろを振り返りながら歩きつづけ、焼け落ちる本堂を見た。海軍水路部から浜離宮へ移り、さらに桜田本郷町の生命保険会社に遷座したのだった。

本願寺の職員は応召、徴用でつぎつぎといなくなり、輪番と副輪番のほか、いまは六人だけとなっている。もっとも、警備召集の三個小隊、百八十人ほどの兵士が境内の幼稚園と本堂地下室に宿泊しているから、空襲のときには心丈夫だ。

三月十日未明には、本堂にも焼夷弾が落ちたが、四十前後の老兵たちが頑張って消しとめた。そのあとは、道路をへだてた築地川が雨で増水するごとに屍体が流れ着き、職員と兵士たちは屍体を引き上げることが仕事となっている。(61) そして、悩まされるのが犬だ。どうやって火から逃げ延びたのか、野犬の群れがやって来て、埋葬場所を掘り返す。埋葬して百箇日まで、ほかの墓の石塔を四つ、五つと借り、塚の周りに立てておくものだと土葬時代を知っている年老いた僧が語ったのだが、いかにせん埋める数が多すぎる。

本願寺は昨夜も被害がなかった。ところが朝になって、杉並区にある和田堀廟所から使いが来た。全焼したという。

大正の震災のあと、焼けてしまった築地本願寺は同じ場所に再建することが決まったが、境内の墓地を和田堀町に移すことになった。昭和十一年に本堂が完成し、墓の移転も終わった。和田堀廟所のある和田堀町は昭和七年にいくつかの町に分かれ、現在は永福町である。

本堂その他の施設がすべて焼かれた。B29二機が同じところに焼夷弾をばらまき落としたから、墓石より焼夷弾の数が多いのではないかといった有様となった。いたるところに焼夷弾が突き刺さり、墓石が黒く焦げ、隣接するいくつかの寺もすべて焼かれてしまった[62]。

輪番の北畠教真は読売新聞の為郷恒淳に向かって、「幸いなことに、京都から門主がお出でになっているから、社長さんから頼まれたらいかがでしょう」と言った。

西本願寺の門主の大谷光瑞《こうずい》は昨年十一月に内閣顧問となり、東京に滞在し、本願寺に寝泊まりしていた。四月はじめの政変のあと、辞任して京都に戻っていたのだが、文部省に用事があり数日前から東京に来ている。

午前九時を過ぎた。清沢洌の葬儀にはだれも来ない。昨夜の都心の大空襲から数時間がたつだけだ。しかも交通はすべて止まっている。築地まで来ることはとてもできない。

松屋の本店から戻る高橋雄財は邦楽座へ向かう。読売は朝日新聞社の並びにある邦楽座を一時的に避難場所として借りることにした。邦楽座は火が入らなかった。

朝早く、幹部のひとりが新富町の松竹本社まで行った。一月二十七日に爆弾が社屋をかすり、何人か死んだことは前に述べた。昨夜は本社に被害はなかったが、歌舞伎座と新橋演舞場が焼けてしまった。新橋演舞場では菊五郎一座が義経千本桜のすしやの一幕と棒縛《ぼうしばり》と膝栗毛の赤坂を先月の二十六日からやっていたことは前に語ったが、昨日二十五日が千秋楽だった。歌舞伎座は前に述べたように昨年三月から休場となり、産業報国会が借り、劇場として使っていた。

つけ加えるなら、三田村鳶魚が五月十四日の日記に「松竹が人気株になり居るを意外に観じたり、我等などには世間の知れぬも当然なり」と書いたことは前に記したが、(63)五月十二日に四十四円だった松竹株は、七十銭、一円、五十銭と値上がりをつづけ、二十三日には四十七円八十銭となっている。

邦楽座は二年前から演芸場となっていることは、これも前に語った。先月は水の江滝子一座の劇団たんぽぽの軽演劇だったが、今月は明朗新劇座の軽演劇だ。(64)竹久千恵子が出演しているのだろう。菊田一夫の演出である。

竹久、水の江について触れておこう。竹久は人気のある映画女優だった。昭和七年、八年にはムーラン・ルージュで踊ったこともある。昭和十六年に渡米し、交換船で帰国した。三十二歳になる。水の江は松竹少女歌劇の男役として鳴らし、「男装の麗人」と謳われたことはだれもが知っていよう。昭和十七年に退団し、彼女が新たに結成したのが劇団たんぽぽである。三十歳だ。

劇団員は邦楽座に来ることができないし、お客も来られないから、今日はもちろんのこと、向こう何日かは休業せざるをえない。読売側の申し入れにたいし、今日、明日、どうぞ利用してくださいということになったのである。

高橋は清沢洌の葬儀が午前九時からあることを承知している。清沢の友人のなかで築地の本願寺にいちばん近いところにいるのは自分にちがいないとも思う。だが、本願寺まで行く余裕はとてもない。最後に清沢洌に会った日のことをかれは思いだしたにちがいない。

翌日が紀元節だったから、二月十日だった。かれが清沢に会いたいと伝言したのだった。丸ノ内三丁目の日本倶楽部で話し合った。戦争をいかに処理したらいいのかを考え、心配していると語り、この研究をはじめていると言って、清沢に協力を求め、幣原喜重郎男爵の考えを知りたいとも言ったのだった[65]。高橋は昭和八年に読売に勤めるようになる前に、香川県知事であり、内務省の役人をつづけていたことは前に触れた。ナチの暴力的な体質を嫌っていたから、ナチを批判する文章を書いていた鈴木東民を読売に入社させたことも前に記した[66]。

連日の空襲、疎開のごたごたがつづき、それっきり高橋は清沢に会う機会はなかったが、軽井沢から出てきていると知らせが入り、会おうと思っていたやさき、突然清沢は死んでしまった。かれと清沢は同い年、五十五歳だ。清沢のほうが三カ月若かった。かれは立ちどまり、灰色の煙が流れていく本願寺の方角を向いて頭を下げ、目をつぶったのではないか。清沢の死は日本の大きな損失だと思ったのであろうか。

空襲のあとの閣議で

まだ熱さが残る焼け跡に戻ってきた娘と母親が呆然と庭に立っている。二階建ての家は跡形もない。ピアノがあったと思えるところに絡まった鋼鉄線があるだけだ。十数本あった庭の立ち木はいずれも根元が残るだけとなって、なおもくすぶりつづけている。

焼け野原のなかに残っている防火用水のコンクリートの桶になにかが詰まっている。赤く焼けた背中が見える。逃げ場を失い、水をはってあるコンクリートの水槽に身を沈めたのだ。五石五斗の水が入る。ざっと一立方メートルだ。人ひとり膝を抱えて丸くなれば、体がなかに収まる。運よく助かった星野直樹の妻の操のような人がいるし、このように焼け死んだ人がいる。

灰のなかからゼンマイを拾いあげた少年がいる。かれの家は焼かれ、本棚の「科学朝日」と藤村詩集、切手帳と日記帳は灰になってしまった。かれの通う中学校も焼かれた。柱時計のゼンマイだと思う。だが、振子は見つからない。若い女が焼け残った授乳用のガラス瓶の灰をぬぐっている。どうして溶けてガラス玉になってしまわなかったのかと思う。ゴム製の乳首はなくなってしまっている。

防火用水の池では、腰の曲がった老人が焼けた木片やごみが浮かんだ水のなかに竿を突っ込んでいる。今朝になっても姿を見せない娘と孫を探している。入口の木の蓋が焼けてしまった防空壕のなかに腰をかがめて入っていく男も同じだ。

リヤカーを引っ張ってきた二人連れの中年の男がいる。コンクリート塀が残った大きな邸跡に入り込み、持ってきたシャベルでまだ熱い灰をおこしている。泥棒だ。焼け残った金めのものを探しているのだ。

じつはかれらの前にべつの泥棒が邸内に入った。ここの住人がどこかへ逃げるときに置いていった衣類の包み、食料の包みはないかと探してまわったのである。

外壁を残し、煙をあげている倉庫の周囲に人がいる。強烈な臭いが鼻を突く。砂糖が燃えているのだ。女と子供たちが溶けて黒く汚れた砂糖をすくってバケツに入れている。

煙がただようなか、だれもが歩いている。一時間、二時間の道のりを歩いて行く。焼けた都心と焼け残った郊外をつなぐ電車はまだ動いていない。中央線をはじめ、西武線、京王線、小田原線、井の頭線、玉川線、地下鉄、東横線、いずれも止まっている。仮の宿を求めて、親戚友人の家へ行く人びとがバケツひとつをぶらさげただけで歩いている。逃げるときに下駄を失ったのだろう、裸足の女性もいる。

無事なのかどうか、焼けてしまったのかどうかを心配して、これまた親戚や友人を訪ねる人たちが自転車で行く。かれらは焼け残った建物に目を向ける。外壁のタイルが落ち、扉は曲がり、窓ガラスはなくなっている。赤く焼けたトタン板の下を覗く。焼け死んだ人が並べてある。

午前十時少し前だ。

閣員たちが焼け跡のなかを首相官邸に集まってきた。官邸をとりまく官舎がすべて焼かれ、法制局、綜合計画局の庁舎も焼かれてしまった。

今日は土曜日だが、臨時閣議が開かれる。定例閣議は火曜日と金曜日に開かれる。閣僚応接室に閣僚が入ってくる。昨夜はほとんど眠ることなく、目の縁にくぼみをつくり、うっすらと髭ののびた薄汚れた顔に、着崩れた服の閣僚たちは、まずは互いの無事を喜びあう。

宮殿全焼の話からはじまって、省舎が焼かれた、官邸が灰になった、自宅が焼けてしまったという話になり、官邸も、自宅も焼けてしまった、四月に焼かれ、昨夜、再び焼かれ、残ったのはこの服一着だけと閣僚たちは語り合う。

国務大臣兼情報局総裁の下村宏は外務大臣の東郷茂徳《しげのり》に語りかける。

「とうとう玉堂《ぎょくどう》の額も焼けてしまったね」

外務省の庁舎も、官邸も全焼した。外相官邸の集まりに招かれたとき、下村は二階にかかっている川合玉堂の絵の前で足をとめるのが習慣になっていた。猟犬のいる雪の雑木林の大額だった。この額だけでも疎開してはと外相に言ったのが四日前のことだった。東郷が答えた。

「まったく残念をした。あの絵はぼくも好きだった。惜しいことをした」

東郷がさらにつづけた。

「額も額だが、官邸のワインセラーには、白はモンラッシェ、赤はボルドー、メドックのシャトー・ラフィット・ロートシルトがあった。外交団でも評判だった。担当の者に、この際せめて埋めておくように言ったが、香気がうせてしまうといってきかなかった。その道の専門家になると香りがいささかでも失せるということはどうにも我慢できないと見えるね」

下村は隣に坐る文部大臣の太田耕造に向かって喋りはじめる。

「昨日はみすみす残念なことをした。いったん、君の秘書官にまで手渡した硯をわざわざごていねいに取り戻したばかりにぼくの官邸で灰にしてしまった。馬鹿念を入れて惜しいことをした」

こういうことだ。二十三日の深夜、太田耕造は家を焼かれて、永田町の官邸に向かった。ところが、官邸も炎に包まれていた。隣町の紀尾井町にある機外会館に行った。

機外会館は国本社の事務所である。司法界の大物、高級軍人、財界人を名簿に並べ、会員二十万人と謳い、かつては毎週一回の機外会館の昼食会には会長の平沼騏一郎が出席したものだった。だが、前に述べたとおり、国本社は昭和十四年に解散してしまった。太田耕造は平沼の側近である。

下村は太田の見舞いのしるしに硯がいいだろうと思った。じつはかれは数多くの硯を持っている。台湾総督府の総務長官だったときの収集品である。昨日の午前中に秘書官に持たせてやった。

ところが、太田が数日中に住まいを移すと聞いて、硯を贈りはしたものの、荷厄介になるだろうと思い、あらためて新宅へ贈ることにしようと言って、手渡した硯を取り戻した。ところが、下村の麹町二番町の官邸が昨夜焼かれてしまった。

太田が答える。

「いやいや、どっちにあっても同じことだ。仮宿の機外会館も昨夜やられてしまったよ」(67)

闇僚たちは陽気に喋っている。事実、陽気なのである。だれもが緊張感の解放があり、生き残ったという安心感がある。だが、この安心感がつづくはずがない。だれもが解決できない問題を山と抱えている。

なによりもまず庁舎を焼かれてしまったから、焼け残ったほかの庁舎に間借りをすることになるが、二、三の部局だけとなる。郊外の国民学校、女学校を借りて至急に分散疎開をしなければならない。ところが、郊外の私鉄沿線に分散してしまったら、電話は通じない、至急電報も二日がかりだから、相互の連絡はとれなくなる。わずかな自動車はつねに故障している。重要な仕事に手がつけられないままにほうっておかれることになる。

そして、住まいも見つけなければならない。外務大臣、運輸大臣、文部大臣、厚生大臣、情報局総裁の官邸が焼かれてしまった。

いったい、なにからやったらよいのか。

太田と下村が話しおえるのを待って、東郷茂徳が太田に語りかける。本庁舎が焼けてしまった、文部省の建物の一部を借りたいと話しだす。大部分の部局は昨年七月から世田谷下馬町の第一師範学校の校舎に移っているが、首脳陣だけは都心に残らなければならないという。

焼けたときには、という各官庁間の取り決めがある。太田はさっそく、部屋をいくつか空けようと約束する。文部省の庁舎は大蔵省省舎と道路をへだてて隣り合っている。鉄骨鉄筋の六階建てだ。昭和八年に竣工した。昨夜の空襲にも無傷だった。

ただひとり、じっと黙っているのが阿《あ》南《なみ》惟《これ》幾《ちか》だ。

市谷台の庁舎は焼かれなかった。かれ自身は三鷹の住まいから通っている。焼かれてはいない。だが、かれが抱えている問題はほかの閣僚が抱える問題とは比較にならない。直面する難しい問題がいくつもある。

いったい陸軍はなにをしているのだと他の閣僚たちに詰問されよう。そして、宮城焼失の責任問題がある。数日中に辞表をださなければなるまい。この難局に臨み、陸相になってわずか二カ月で辞めるなど、それこそ無責任きわまりないとだれもが言うであろう。辞任できるだろうか。

問題はまだある。市谷を出るとき、次官と軍務局長から二つの報告を受けた。ひとつは戒厳の問題だ。省と部の部課長会議を午前九時から開いたが、意見はまとまらなかったと言った。どんな主張がでたのかは、聞くには及ばなかった。陸軍は空襲から国民を守ることができないという批判の声が高い今このときになって、戒厳など言いだせるはずがないし、正直、そんな重荷まで背負いたくないというのが、みなの本心であろう。

阿南は弱みを見せまいとした。次官と軍務局長に向かって、「戒厳令は必要である」と言った。だが、積極的に主張はしない、閣議で必要だということになれば受けて立つと言った。もちろん、陸軍がこのうえ力を持つことになる戒厳を望む閣僚がいないことも承知している。

もうひとつは、陸軍念願の陸海軍合同の問題だ。未明に霞ヶ関の海軍省と軍令部の庁舎は焼けた。合同の第一歩となる陸海軍の一個所勤務を持ちだし、海軍に市谷台に来るように要請する。海軍側はうんとは言わないだろうが、この際、はっきり言うべきだ。阿南の部下たちはこんな具合に説いたのである。

まず、戒厳について説明しよう。

戒厳の緊急権を謳った憲法条文は、いつの日か国家権力を握ろうと陰謀をめぐらす革命家によってもてあそばれてきた。

公にされたことがないから、だれもが知るわけではないが、昭和六年の未発に終わった三月事件がそんな陰謀だった。東京で混乱を起こし、収拾のつかない状態にしてしまって、戒厳令を布《し》こうというのであり、そのあと思いどおりの内政外交をおこなおうというものであった。

昭和十一年二月に若手士官が蜂起し、政府と宮廷の高官を殺害し、首相官邸を占拠したとき、まさにそうした状態となった。殺害リストに載せられていない内務大臣や検事総長までが逃げ隠れする有様だった。クーデターを起こした士官たちは、かれらに同情的な陸軍首脳が戒厳令の施行に道を開いてくれるものと期待した。

戒厳は宣告された。ところが、主導権を握ってしまったのは、クーデターを起こした士官たちを抹殺しようとする側の軍人だった。

こうして陸軍内の五年にわたる熾烈な派閥争いに戒厳が黒白をつけてみせたことから、混乱をひきおこして戒厳令を布こうとする陸軍軍人の一味が今日いまも陰謀をめぐらしているのだと説く人びとは依然としてあとを絶たない。

昭和十八年九月、宇垣一成《かずしげ》は日記につぎのように記した。

「軽井沢で数回伊沢〔多喜男〕氏と会談せり。遇う度毎に氏は、近く米の大空襲があると言い、其の際我が国内は大混雑に陥り、戒厳令が布かれ、夫れを機会に幕府的存在が現出して、暫く日本の政治を暗黒裡に陥れると主張して、其の対策を余に求めたり(68)」

伊沢多喜男は内務省の出身だ。貴族院で活躍し、現在は枢密顧問官である。七十五歳になる。表に出ることを嫌い、首相はおろか大臣になったこともないが、つねに政界上層部のあいだで発言力を維持してきた。かれはアメリカとの戦いにはっきり反対し、近衛を支持した。しかし、アメリカとの戦いがはじまってからは、首相の東条を助け、内務省の後輩たちをしてかれに協力させた。

そのかれが言う「幕府的存在が現出」とは、だれを指したのであろう。伊沢にそうした話をしたのは、近衛につながる者か、近衛自身だったのではないか。東条英機を政権の座から逐おうとして、かれにたいする警戒心を醸成しようとしたのであろうが、そのとき伊沢は陸軍と東条をどう考えていたのか。

真崎甚三郎《まざきじんざぶろう》も戒厳問題について日記に書いた。昨年十二月はじめのことだ。

「森〔伝〕十五時半に突然来訪、近時警戒、空襲の警報にいんちきありとの噂あり、戒厳に導く陰謀とのことにて、此の旨鈴木〔貫太郎〕議長に強く吹き込みしに議長も承知したりと言う(69)」

つけ加えておこう。

昭和六年三月に戒厳令を布くことになったら、首相となる予定だったのはほかならぬ宇垣一成だった。昭和十一年二月にクーデターが起きて、反乱軍の側に立ち、戒厳令施行にもっていこうとしたのは真崎甚三郎だった。のちに宇垣が首相になれなかったのも、真崎が現役から逐われたのも、陸軍内反対勢力に、それぞれの陰謀の主役と糾弾されたからだった。

その宇垣や真崎が、空襲を口実に戒厳令を布こうとする陰謀が陸軍内にあるといった話に大きくうなずいてみせたのは、かれらが陸軍の実権派に含むところがあるからなのは言うまでもない。

そして何十万人の市民が住む町という町が焼かれる空襲がはじまった。陸軍側は、大臣も、総長も、局長も、課長も、空襲と戒厳を結びつけた噂や中傷があり、戒厳令は陸軍の銃剣による専制支配であり、これを許してはならないと多くの人が思っていることを知っており、戒厳の問題を口にはしたくない。

だが、本土防衛の準備、そして戦いになれば、土地、宿営の収用にはじまり、法律をかえりみず、臨機応変の処置をとらねばならなくなる。面倒はごめんだ[70]、これ以上、悪口を言われるのは真っ平だと言ってはいられない。どうしたらよいのか。憲法第十四条の戒厳大権を使わず、第三十一条の非常大権を発動すべきだという主張がある。

四月十日の毎日新聞に徳富蘇峰が「鈴木内閣に望む」という題の論説を発表したなかで説いたのが、憲法第三十一条の発動だった。市谷台の軍務局の幹部たちがこれに賛成している。あるいは軍務課長が山中湖畔の蘇峰を訪ねて、第三十一条こそが望ましいと説いたのかもしれない。

いまや戒厳宣告以上の国家非常の際なのだから、戒厳を超えた非常大権を発動すべきだ。戒厳大権は軍隊の専制権力を全面に打ちだしているためにあれこれ言われてきたが、非常大権についてはそんな非難、中傷が現れていないから、政府そして枢密院の支持を得られやすいのではないか。市谷台ではこんな論議をしている。

だが、今日の閣議で阿南惟幾はこれを提案するつもりはない。

今朝の陸軍の部課長会議で論じたもうひとつの問題は、前にも述べたとおり、陸海軍省、参謀本部、軍令部の省部全員が同一場所で勤務することを海軍側に働きかけることだ。陸海軍の合同をねらってのことだ。

陸海軍合同、海軍の反対論が優勢となる

陸軍が合同を説き、海軍が合同に反対してきたことは前に何度か述べたが(71)、今年初めからの推移をもう一度繰り返そう。長い話になる。

昨年十二月の末に陸軍は最高戦争指導会議に提出予定の決戦非常措置要綱の草案を首相に渡した。陸軍がどうあってもやるぞといった意気込みの条項は二つあった。軍部省の設置と重要産業の国有化を求めた箇所である。

首相の小磯国昭はこの二つはともにだめだと思った。陸相の杉山元《はじめ》を招き、陸海軍の合同は海軍が絶対に呑まない、重要産業の国有化は経済界、そして議会がこれまた猛烈に反対する、引っ込めてもらえないかと言ったのであろう。杉山はうなずいた。

市谷台の幹部たちは憤慨した。この危急存亡のときに、陸相はなにを右顧左眄しているのだ、首相もだらしがない、こんな鈍足の木炭バス内閣は潰してしまえといきりたった。だが、かれらもさっぱり威勢がなく、部内でぶつぶつ言うだけとなっていた。一月二十五日、最高戦争指導会議でその二個所を削った要綱が決定した。

参謀本部第二十班はその日の日誌につぎのように書いた。

「当初ノ統帥部ノ企図セル所トハ精神ニ於イテ凡ソ低調ニシテ、引キ続キ鞭撻《べんたつ》ノ要アルモノト認ム

陸軍案ニ比シ低調ナル点左ノ如シ

陸海軍問題ニ関シ触レアラサルコト

…………

重要産業、交通、金融ノ国営化ヲ避ケ運営ニヨリ国家性ヲ徴セシメントシタルコト(72)」

同じ一月二十五日のことだ。海軍次官の井上成美《しげよし》が高木惣吉を呼び、陸軍の動きに注意を払うようにと言った。

「陸軍は国防省問題を表面には出してこないが、ちょっちょっとアンテナにはかかる」(73)

高木は二月一日の日誌につぎのように書いた。

「国防一元化の狂信的主張による海軍の併合。統帥一元化の看板による軍令部の併合案」(74)

高木と井上はどう考えているのか。

海軍は陸軍が勝手にやった戦いの後始末を押しつけられ、望んでいない戦いをすることになった。栄光の連合艦隊はすでに滅び、名誉ある帝国海軍の歴史もやがて終わる。幕をいつ下ろすかといういまこのときになって、あろうことか、陸軍は統合なんぞと言いだし、海軍を合併してしまおうとする。抗しがたい怒りでかれらの手は震え、「芋が」と唇を歪めて洩らす。大臣、総長、次長、局部長も、みな同じように怒りが胸中に渦を巻いているのだ。

二月十五日のことだ。高木はずっと海軍を支持してきた東大教授の矢部貞治と会い、陸軍の国防軍の主張を反駁する文章を明日までに書いてほしいと頼んだ。

二月二十六日、高木は調査課長の末沢慶政と話し合った。調査課を中心に海軍のブレーン・トラストを強化しなければならないと語り、陸軍と内務省に海軍の橋頭堡をつくらねばならないと言った[75]。

高木は日誌につぎのように書いた。あいもかわらず高木の大臣にたいする評価は低かった。

「海軍としては決戦兵力の消耗に従って、海軍の政治的発言権は急角度に低下すべく、とくに米内大臣の恬淡、軽率なる応諾振りは、一層右の傾向に拍車すべし」

じつは同じその日、二月二十六日のことだが、陸軍省と参謀本部の部課長たちは三日間の会議を終えた。定めたのが本土決戦完遂基本要綱である。

これも以前に述べたことだが、その要綱の重要な箇所はただひとつ、つぎのくだりである。戦力増強のために打つことのできる唯一の手だ。

「本土ニ在ル所要海軍部隊ハ適宜該方面所在陸軍指揮官ノ指揮ニ入ラシムル外　海軍保有ノ人員　資材　施設中　所要ノモノヲ陸軍ニ転活用スルニ勉ム」

そして最後につぎのように定めた。

「新ナル性格ノ大本営ヲ設置シ　且内閣官制ヲ改正スルト共ニ　特ニ陸海軍ノ統合ヲ急速ニ断行シ強力敏速ナル作戦及戦争指導ノ実行ヲ期ス[76]」

会議が終わったあと、陸軍の幹部はただちに行動を開始した。陸軍系の皇族、朝香宮と三笠宮、陸軍出身の侍従武官長、蓮沼蕃《しげる》を説いてまわった。同一戦線で陸軍と海軍の戦力が二元的に統帥されているのは世界で日本だけだ、そこでこのざまだ、航空戦力の運用すら統合できない情けない状態だと語り合い、ともに悲憤慷慨することになった。つづいて皇族たちは内大臣と天皇を説得した。

内大臣と天皇は深刻な軍事情勢が陸海軍合同の非常措置をとらざるをえなくしていると思った。三月三日、天皇は杉山元と米内光政をべつべつに呼び、陸海軍の統合について賛否を尋ねた。杉山が統合に賛成だと奉答し、米内はいまのままでよいと奉答した。さらに検討せよと天皇は二人に言った。

三月五日、衆議院書記官長の大木操は陸軍軍務課員の田島俊康の話を聞いた。大木は日記に記した。

「陸海軍を一緒にして軍部省とする（そこまで肚が決まって来た模様、従って統帥関係も一本になるわけ、又艦政本部も兵器行政本部も一本になり、生産上可なり）」(77)

田島は海軍大臣が合同に反対したことを知っていたのであろうが、海軍を追いつめてやろうとして、合同が既成事実であるかのような話をしたのであろう。こんな状態になってなおも陸軍と海軍は縄張り争いをつづけ、角突き合っているのかとだれもが眉をひそめ、これでは戦争に負けるのも当たり前と憤慨している人びとに向かって、田島だけでなく、市谷台は総出で説いてまわり、いよいよ一元化すると語ったのである。

三月七日、硫黄島の戦いは最終局面を迎えようとしていた。最高指揮官の栗林忠道が参謀次長を経由して、侍従武官長の蓮沼蕃宛てにつぎのような電報を打ってきた。

「海軍ノ兵員ハ陸軍ノ過半数ナリシモ　其ノ陸上戦闘能力ハ全ク信頼ニ足ラザリシヲ以テ　陸戦隊ノ如キハ解隊ノ上　陸軍兵力ニ振向クルヲ可トス」

「陸海軍ノ縄張的主義ヲ一掃シ　両者ヲ一元的ナラシムルヲ根本問題トス」[78]

この日、栗林忠道のかつての上官の蓮沼は天皇にこの電報の内容を言上し、木戸幸一にも告げた。翌三月八日の午後、天皇は木戸とこの問題を語り合った。陸海軍の合同は是非とも必要だと天皇と木戸はいよいよ強く考えたようであった。そのあと、木戸はかれが信頼する外相の重光葵と会った[79]。

重光は木戸が語ったことを日誌に記した。

「最近軍部の統一問題起こり強く陛下に進言申し上げて陸海統帥部の統一に付いて、御上より統帥両首脳部及陸海軍大臣迄強く御下命ありしも、之亦軍務局等の下部に於いて審議し軍令部上層部は絶対反対なりと申居る状況なり。既に病い膏肓《こうこう》に入る[80]」

参謀本部と陸軍省の幹部はさらに勢いづき、統一は天皇のご意向だと語り、統合するのだ、一元化しなければならないと主張してまわった。

ところが、三月十九日の杉山と米内との二時間にわたる話し合いで、米内はさざえの殻に閉じこもり、しっかりと蓋を押さえ、頭を横に振るだけだった。

杉山はどうにもならないと思った。お上のお言葉を待つしかないと思った。三月二十六日、かれと米内はそれぞれ天皇に、話し合いがうまくいかなかったと申し述べることになった。天皇は米内が語ることに不満であったのは間違いないが、なにも言わなかった。

同じその日、軍務局長の真田穣一郎が上司補佐足りずと辞任した。(81) 課長たちは弱腰の大臣がまたも海軍を押し切ることができなかったと憤慨した。軍務課員は連署して、大臣に統合のためにさらに頑張ってほしいと訴えた。三月三十一日のことだ。

参謀本部の編成、動員を担当する第三課の全員も、総長に向かって統合を進めるようにと意見上申をおこなった。(82)

戦いがうまくいくはずもなく、一元化の交渉は米内に拒否され、部下たちからは天皇にしっかり申し上げていないのではないかといった顔をされ、なにもできないなら辞めたらどうかという態度をとられ、杉山元はほとほと嫌気がさしていた。辞任しようとした。小磯内閣の総辞職が重なった。

四月六日、新首相となる鈴木貫太郎に向かって、杉山は軍務課が用意した条件を示した。新内閣に陸相を送る条件として、「陸海軍一体化ノ実現ヲ期シ得ル如キ内閣ヲ組織スルコト」を求めた。鈴木貫太郎はうなずいた。

ところが、鈴木は一元化に拒否の態度をとりつづけてきた米内光政を留任させる気配だった。にもかかわらず、陸軍軍務局長の吉積正雄はことを荒立てようとしなかった。米内大将で問題はないのかと問うただけだった。翌七日、内閣書記官長になる迫水久常が、米内を選んだのは陸海軍一体化実現可能をめどにしてのことだと鈴木の返事を伝えた。なにをいい加減なことを言っているのだ、海軍に言いくるめられたのかと陸軍の軍務局員は怒ったはずだが、軍務課の声の大きい連中はそれっきり黙ってしまい、米内の連任には絶対反対との強硬な態度をとらなかった。

ここぞというときを迎えて、陸軍の部局長、課長、課員たちがさっぱり意気地がなくなったのは、硫黄島の戦いのときと情勢が大きくちがってきたからだった。

はじまっていた沖縄の戦いが今度は海軍の味方をした。自己保存だけだ、消極的だとこのときとばかり軍令部と海軍省の幹部が陸軍を非難しはじめた。海軍の航空部隊がひとり戦っているのだ、陸軍は決戦を避けているのだ、海軍はこんな陸軍と統合できるはずがないではないかと、海軍の軍務局員が新聞記者や国会議員に言ってまわった。

こういうことだった。沖縄嘉手納《かでな》の海岸から二キロ足らずのところに北飛行場と中飛行場がある。沖縄の戦いがはじまる以前に、この二つの飛行場に飛行機はなかった。飛行機のない飛行場はさっさと破壊し、陣地をつくらなければならなかった。だが、飛行機は必ずや戻ってくると信じる沖縄の将兵と住民の願望を市谷台は打ち砕くわけにはいかなかった。前に述べたことだが[83]、硫黄島への敵の強襲上陸があると予測していながら、その島の第一飛行場、第二飛行場を破壊して、陣地を構築することができず、それどころか、第三飛行場を建設していたのとまったく同じだった。

四月一日午前八時半にアメリカ軍は嘉手納の海岸に上陸した。そして正午までに放棄された二つの飛行場を簡単に占領してしまった。そしてその日の夕方までに、コルセアやヘルキャットといった海軍機が不時着陸できるように、敵は中飛行場を修理してしまい、翌二日には早くもアメリカ海兵隊の観測機一機が着陸した。つづく数日のあいだに、中と北の飛行場を拡張し、海岸から新しい道路をつくり、航空燃料用の巨大な貯蔵庫をつくってしまった。

海軍側がこれはどういうことだと怒った。陸軍にただちにつぎのように申し入れた。

沖縄の水域の敵の機動部隊は、従来の例からすれば十日が行動期限だ。この十日の間に海軍航空部隊は九州から大戦力を投じて攻撃をおこない、敵の後続補給を遮断し、敵上陸軍を孤立させてしまう予定でいた。ところが、沖縄の陸軍守備隊はたちまち北飛行場と中飛行場を放棄してしまい、敵の戦闘機部隊はこの陸上の航空基地をただちに使用するようになってしまっている。これでは海軍の航空攻撃は難しくなる。陸軍はただちに主力をもって攻撃し、飛行場地域の再確保をしてもらいたい。

天皇もまた、軍令部総長の及川古志郎からこのような説明を聞いた。天皇は参謀総長に向かって、沖縄の第三十二軍はどうして守勢をとっているのかと問うた。

飛行場の奪取はできない。火力の差が大きすぎる。主力軍が攻撃にでようものなら、たちまち敵の砲爆撃に打ちのめされてしまう。硫黄島の戦いのように、洞窟陣地に潜み、敵兵が至近距離に近づいて来たとき、敵に出血を強要する以外に戦う方法はない。

梅津美治郎《よしじろう》はこのように天皇にはっきり申しあげることができなかった。なぜ、できなかったのか。どこの戦いでも、そして沖縄の戦いでも同じこと、戦いのはじまる前には、決戦をするのだと陸軍幹部のだれもが明言していたからである。

そこで、まもなく決戦をすると参謀総長は天皇に言上しなければならなくなった。台北の第十方面軍の司令部は第三十二軍に向かって、決戦をしろとわめきたてるようになった。

第三十二軍は四月七日の夜に攻勢にでることにした。だが、四月四日に定めたこの計画は翌日には中止と決めた。四月六日には、八日に攻撃をおこなうと決めたが、翌七日には中止とした。

こんな具合だから陸軍はさっぱり意気があがらなくなり、出す声も小さくなっていた。そこで、杉山元の辞任は陸海軍合同問題に宮廷が賛成だとはっきり意思表示をしないことにたいする陸軍側の抗議の表現だと深読みする新聞記者はいなかったし、米内はけしからぬ、かれが海軍大臣の椅子に居すわりつづけることには絶対反対だ、そんなことなら陸軍は陸軍大臣を出さないと頑張りつづける陸軍幹部もいなかったのである。

そして天皇自身は沖縄の戦いを見てのことか、考えを変えたようであった。鈴木貫太郎に向かって、陸海軍の統合問題は自分の発意と思っている者もいるが、そんなことは全然ないと語った。

天皇と内大臣が陸海軍は合同しないほうがいいのかもしれないと思うようになれば、合同しないほうがいいもうひとつ肝心な理由が胸に浮かぶことになったであろう。以前に西園寺公望《きんもち》と牧野伸顕の二人が進めたところの、海軍の合理派に過激な陸軍を牽制させるといったシステムを働かせることのほうが、このさきはるかに大切だと思うことになったはずだった。

沖縄の第三十二軍は四月十日になって、十二日に攻撃すると決めた。だが、大隊規模の攻撃でお茶を濁すつもりだった。この日の日没からの攻撃は、敵の軍艦からの探照灯と照明弾に捉えられ、あらゆる火力を集中され、多くの死者を出し、退却して終わった。

陸軍の決戦が精彩を欠くのにひきかえ、海軍の攻撃の成果が目立つことになった。前に述べたことだが、[84]海軍の軍務局員が一斉に新聞社の論説委員に説き、軍需工場で演説してまわり、四月十九日の各新聞は敵海上勢力ようやく衰退と掲げ、敵太平洋艦隊主力の掃滅近しと主張し、沖縄の敵軍が降伏したという噂が工場から町に流れ、街頭に集まった人びとが万歳と叫ぶことにもなった。

海軍の幹部が「待望のとき」がいまやっと来たと心底思っていたかどうかはともかく、これで陸軍の海軍合併の陰謀を完全に潰すことができたと思ったことは間違いないところであった。

そこで四月二十七日、鈴木貫太郎が首相官邸に陸海軍の大臣、総長、次官、次長を集め、陸海軍の統一問題を協議したとき、海軍側は統合問題の論議も今日でおしまいだと思ったのである。

会議は、その日の午後四時にはじまった。鈴木の冗長な話が終わって、参謀次長の河辺《かわべ》虎四郎《とらしろう》が、陸海軍がこのままの状態では不都合だと言い、合致、合体すべきところは一体となる必要があると説いた。

米内光政は重大なことをするりと言った。三月三日の陛下のご下問の真意は陸海軍一つになれということではなかったことが明らかになったと言った。かれはつづけて、世上、陸海軍の合体を妨げるものは海軍大臣だという風評があることを知ったと語り、それを否定しようとしなかった。

次官の井上成美は口を濁さなかった。海軍と陸軍があい争ってこそ、進歩を望むことができるのだと言った(85)。

内閣書記官長の迫水久常が井上の発言に口を挟み、今日の会合の目的を否定するものだと言った。迫水は統一こそが望ましいと思っていたようであった。井上が反論した。陸軍側はだれも口を開かなかった。迫水が軍令部次長の小沢を名指して、意見を求めた。

「べつに意見はありません」とかみつくように言い、口を閉ざした。

だれもがそれぞれの性格どおりのお喋りをした。参謀総長の梅津は例のとおり、曖昧きわまることを言った。自然推移と至誠が大事であり、形や制度はつぎのつぎだと語った。

最後に鈴木が重ねてお説教をした。両軍統帥部の併存がはじまった退屈な昔の物語をした。できることからやることにしようということでかれの話は終わり、二時間の重苦しい、不快な会議は終わった。

陸海軍の報道部をひとつにして情報局の第一部としたのが、できるところからの合同のただひとつの成果だった。そのあと、陸軍のだれもが陸海軍合同のことを論じないようになっている。

陸海軍合同の長い話はこれで一応は終わる。

ところで、昨夜、海軍省が焼けてしまったことから、ようし、できることからだ、同一勤務の問題を持ちだしてやれと陸軍軍務局は決めたのだった。

閣僚応接室では、下村宏と法制局長官の村瀬直養《なおかい》が話し合い、軍需大臣の豊田貞次郎が運輸大臣の小日山直登《こびやまなおと》と立ち話をしている。

米内光政が閣僚応接室に入ってきた。

疲れが顔に浮かんでいる。昨夜、かれは海軍省にいた。南側にある総長官邸が燃えはじめた。前に述べたことを繰り返すことになるが、日比谷公園内の兵舎にいる東京警備隊の隊員と十台の消防車が消火にかかりきっているあいだに、空き家になっていた東京通信隊の木造建物が突然に炎を上げて燃えだした。この渦巻く炎が隣接する海軍省の赤煉瓦の窓から内に入った。

もはや、だめだとあきらめた。米内は秘書官、護衛官とともに首相官邸へ向かおうとした。坂の途中で、一団の人にぶつかった。米内の長女のふきと次男の十七歳になる尚志がいた。

ふきは三十二歳になる。夫の二反田三郎は昭和十八年八月にソロモン群島で戦死した。水雷戦隊の先任参謀だった。ふきは父親の住む三年町の家に戻り、主婦代わりとなっている。米内の妻は昭和十六年に他界していた。

「どうした」と尋ねた。「家が焼けました」とふきが答え、首相官邸は燃えていると言った。三年町は首相官邸のある永田町の丘と赤坂山王の丘のあいだの低地だ。下から見たとき、首相官邸は火に包まれているように見えたのである。

道を変えることにした。みんなでお濠端へ行った。軍務局第一課の板垣金信が一升瓶を持って逃げてきていた。

いくぶん離れたところの柳が燃えている。火の粉が上空を飛んで、お濠を越していき、燃え殻がすぐ近くを転がる。風は吹きつけてくるが、幸いに顔が焼けるかと思うような熱気は来ない。車座になって、みなは冷や酒の廻し飲みをした。お濠の向かいの森の上に大きな火の柱があがった。秘書官の麻生孝雄は大臣がじっと目を閉じているのを見た

のだった。(86)

閣議がはじまる。

内相の安倍源基《げんき》が前夜の空襲のあらましを説明した。宮城、大宮御所が全焼したことから、秩父宮、三笠宮、梨本宮、閑院宮の各邸が焼けたこと、およそ十五万戸を焼失し、罹災者は六十万人にのぼり、死傷者は五千人に達するもようだと述べたのであろう。つづいてかれは主要な被害建物を列挙した。海軍省、外務省、運輸省、大東亜省をはじめ、区役所、警察署、消防署の焼失数を挙げ、読売新聞社、東京新聞社が焼けたことから、文理科大学、慶応大学、東京農業大学が焼けたことを語り、高等学校、中学校、国民学校の焼失数を挙げ、済生会病院、東京病院、鉄道病院、増上寺、東郷神社の焼失、さらには焼失した外国公館の名を挙げたのである。

昨夜焼かれたのはまさに東京の中心部であった。三月十日の未明に東京の東部、四十平方キロが灰となり、四月十三日の夜に東京西北部、二十七平方キロが焼かれ、四月十五日の夜に東京南部と川崎、そして横浜の一部が焼かれた。あわせて三十平方キロだった。五月二十三日の夜に再び東京南部が焼かれた。十三平方キロだった。その仕上げとなったのが昨夜の空襲だった。三月十日の焼失面積より広く、四十三平方キロメートル以上が灰になった。

東京都の焼失面積の総計はおよそ百五十平方キロになる。東京三十五区の全面積の四分の一にのぼる。市街地だけを数えれば、半分以上が焼かれたことになる。

そこで質問は陸相の阿南惟幾に向かった。いったい首都の防空はどうなっているのか、軍はなにをしているのか、策はないのかと閣僚の詰問となった。言葉短く弁解して、阿南は頭を下げた。

つづいて、書記官長の迫水久常が外相に向かって、どこへ移る予定か、庁舎はどこを借りるのかと尋ね、外相がそれに答え、他の閣僚がそれぞれの予定を語った。

阿南が口をはさんだ。米内光政に向かい、この機会に陸海軍が同一個所で勤務するようにしたらどうかと言った。米内はぶっきらぼうに答えた。

「軍令部は地下防空室に、海軍省は航空本部で勤務します」

陸相の提案を海相が拒否し、そのあとに気まずい沈黙がつづいて、閣議は終わった。

阿南は国務相の安井藤治と会議室を出た。陸軍士官学校同期の二人は親しい。阿南の口からでる言葉は愚痴になる。

「もう東京には、集められるだけの防空兵器は根こそぎ持ってきている。これ以上は訓練と士気の向上に努力するぐらいしか手がない。そうも答えられぬので、善処と答えたが、実際には苦しいのだ」

阿南は繰り返し無念に思う。

昨年来の計画では、今年の三月までにロケット機、キ-200の実験は完了し、実働三十六機の戦隊、十個戦隊をまず東京周辺に配備する予定だった。秘密のうちに訓練を重ね、敵に大打撃を与える反撃作戦計画を入念につくり、敵の二千人を超える搭乗員とともにB29の二百機を撃墜する決定的な空の戦いを一時間のあいだにやることができたなら、戦局はどう大きく変わったであろう。

もちろん、むなしい夢だ。

この三月に東京の高射砲の数は三百門だった。現在、四百三十門を超す。これで精いっぱいなのだ。

景気づけの発表はともかく、昨夜、高射砲は百機近くに損傷を与えて、四十機を落としたことは間違いないだろう。[87] 四十機では、敵は攻撃を断念しない。だが、これで精いっぱいなのだ。

第24章

横浜大空襲（五月二十九日）

東神奈川に炎があがる

五月二十九日の朝だ。

蒔田《まいた》国民学校の教師、森三酉は日誌をつけている。かれは昨夜からの防空宿直だ。ラジオからの東部軍管区情報を写す。

「六時三〇分　関東地区横須賀地区甲駿地区警戒警報発令　伊豆列島ヲ北上　相模湾ヲ経テ小田原付近ヲ北進スルB29一機《ひとき》アリ」

再びブザーが鳴り、ラジオは情報を告げる。石川が記録をつける。かれも宿直だ。

「七時五三分　七時五〇分頃八丈島付近ヲ北進スル四発約四機アリ　主力ト判断セラルルモノハ八丈島付近ニアリ」

蒔田国民学校は横浜市南区花之木町二丁目にある。

「八時一五分　南方海上ニ目標　逐次本土ニ近接シツツアリ」

学校には、昨夜からの防空宿直の教師が八人いる。今朝、すでに出勤した教師が四人いる。かれらが相談して、高等科一年児童の登校停止を決める。教室に入っている者は各クラス二十人程度だ。すぐに帰宅させる。

現在、授業があって登校するのは高等科一年の児童だけだ。初等科の児童は、三年生以上は集団疎開で箱根の仙石原の旅館にいる。疎開をしていない一年生と二年生、残留組の授業は、空襲が激しくなってからおこなわれていない。高等科二年生は勤労動員だ。高等科二年生が働く各作業所は学校から近い。教師が連絡に走り、出勤している児童を帰宅させることにする。

八時に校長の長谷川雷助は市役所の東分《あずま》庁舎に行った。市の教育部は東ヶ丘の東国民学校に疎開しているので、その名がある。

ついでに言っておこう。横浜公園隣の港町一丁目にある市役所は、震災のあと、大正十四年に建てられた木造二階建ての仮建築だ。前の庁舎は地震には無傷だったが、火が入ったために、解体してしまった。四階建て、煉瓦造りの重厚な建物の面影をだれもが忘れかね、再建するからには、よっぽどのものを造らねばと思っているうちに、鉄筋も、セメントも、ガラスも手に入らなくなってしまった。昨年十一月に野毛山の鉄筋コンクリート造りの老松《おいまつ》国民学校に主要部門を疎開し、教育部は東国民学校に移すことにした。市役所に併設されていた中区役所は桜木町の興産館に疎開した。野毛山の市の図書館にも、市の一部の部局が間借りした。ところが、この三月に横浜連隊区司令部が図書館すべてを使うことになった。昭和十六年四月に図書館のすぐ近くに開設された司令部は木造なのである。図書館と市の機関は近くの戸部《とべ》国民学校に移った。

長谷川は疎開教育課、庶務課、児童室を訪ねてまわるが、女性の書記以外にはだれも来ていない。昨日、午前八時と約束したにもかかわらず、あきれたものだと怒ったが、どうにもならない。文書を置いて帰ることにする。南太田町を通り、八時二十分に学校に戻ってくる。

高等科二年の一組は市の土木局に勤労動員されている。昨日から浦舟町にある市営の十全病院の貯水池の修理作業だ。倉沢晨哉《しんや》が責任者である。敵の主力が八丈島付近にいると病院のラジオが伝えたと聞いて、児童に帰宅を命じた。かれは学校に行く。職員室に顔をだした。八時三十分である。

四組、五組の女子児童は石渡衣料と太洋布帛《ふはく》で働いているが、前からの取り決めで、空襲の危険があればただちに帰宅させることになっている。神奈川県衣料工業で働く女子児童の付添教師、岸久子が学校に戻ってくる。清水鉄工所と半田製作所で働く二組、三組の男子児童たちの付添教師の後藤と山本はまだ戻ってこない。

教師たちは手分けして、バケツに水を汲み、学校内の貯水槽の水をいっぱいにしてまわる。各教室の窓をしっかり閉めねばならない。北校舎の北側昇降口の消火栓がいざというときに水が出るかどうかを調べる。しかし、消防車ははじめからあてにしていない。水道もあてにしていない。校舎内の防火用水と中庭の池、運動場の井戸、そして正面玄関前の強制疎開の民家のあとに残っている井戸が頼りである。

空襲警報のサイレンが鳴りだす。午前九時十二分だ。岸久子は金銭出納簿、現金、貯金通帳の包みを抱え、職員室前の中庭にある地下壕に向かう。ラジオの情報を書きとめる者はもういない。九時十四分、ラジオは「編隊ノ先頭ハ目下大月付近ニアリ、東進シツツアリ」と報じている[1]。

横浜測候所は横浜の山手の丘にある。赤と白に塗り分けられた信号標柱がそびえ立つ。この柱のてっぺんに、真っ青な空に晴天を告げる旗と風向きを知らせる三角の旗がはためいた。円筒の吹き流しが鉛色の空に激しく躍って、特報、警報を知らせもした。夜空に赤い灯がまたたき、台風の接近を教えることもあった。

標柱は二十七メートルの高さがあり、海抜五十五メートルの丘に立つから、横浜の古い市街区のどこからもはるかに望むことができ、同じように遠くから眺めることのできる港の赤灯台、白灯台とともにミナト横浜の象徴だった。アメリカとの戦いがはじまってから一年目、昭和十七年の末には、旗は上がらなくなり、灯もつかなくなった。

山田直勝は一カ月前に測候所所長になったばかりだ。住まいは隣にあるから、朝早くに測候所に来ている。三階から屋上に上がる。近くの林の雀のさえずりはすでに終わっている。ずっと遠くを見る。八十五キロ離れた富士山が見えるか、四十キロさきの大山が見えるか、三十五キロの距離がある房総半島の鹿野山《かのうざん》が見えるかどうかを最初に確認する。つづいて、外防波堤の灯台を見る。手前の白灯台まで二・一キロ、向こう側の赤灯台まで二・三キロある。

そして家がびっしり埋まる低地の町々の向こうにある二キロ半ほどさきの西区の野毛山、四キロさきの清水ヶ丘、四キロ半離れた神奈川区の高島台がどの程度はっきり見えるかを確認する。つぎに空を見上げ、雲の高さ、形、量、流れ、速さを記録する。

朝七時、富士山は見えない。富士山がここから見えるのは年間七十日足らず、この時期に姿を見せることはまずない。大山も、鹿野山も見えない。六千メートルから七千メートルの高さにうっすらと巻雲《けんうん》がでている。南風、風速二・三メートルだ。

階段を下りる前にいつもどおりもう一度、すっかり目を覚まし、すでに活動を開始している横浜の町々を眺める。目の前の横浜の中心部の中区から、左手の南区、中区のさきの西区、神奈川区、ずっとさきの鶴見区まで、見えるかぎりのところに百万人の横浜市民、現在は七十万人ぐらいだろうか(2)、そのうちの三分の一以上、半分近くの人が住んでいる。

朝のざわめきがここまで聞こえてくる。慌ただしく朝飯を食べている人がいるのだろう。丘の坂道を下りていく人がいる。崖の上の赤と白のツツジはいまが盛りだ。電車の停留所に急ぐ人が見える。電車は人でいっぱいだろう。桜木町、横浜、東神奈川の駅のプラットホームには人があふれているのだろう。ドックの方角から高い断続音が聞こえてくる。大桟橋の根元の船溜まりから、白い航跡を残して小さな船がでていこうとしている。大桟橋に大きな船の姿がないのはいつもどおりだが、「大桟橋に船が見えないとき、横浜はやたら淋しい」と書いた、だれかの昔の文句がふいと浮かぶ。

　今日の一日がはじまるのだと思いながら、階段を下りる。構内の隅の卯木《うつぎ》はいっぱいの白い花を咲かせている。

　サイレンが断続的に鳴りはじめる。山田は再び屋上に上がる。すぐに気づく。B29の編隊が西の空からこちらへ向かってくる。今日は見えないが、丹沢山地の南のはずれ、大山、塔ヶ岳の方角からだ。八機の水平編隊だ。そのうしろに、さらにそのうしろにも編隊を組んだ飛行機がいくつも見える。敵はどこを空襲するつもりなのだろう。

　その上の空に小さな飛行機が見える。B29ではない。戦闘機のようだ。三機か、四機だ。味方の戦闘機なのか、敵の戦闘機なのか、わからない。

　山田は気づいていないが、かれの頭上の六千メートル上空にわがほうの海軍の迎撃機がいる。零戦だ。搭乗員はいずれも、敵の爆撃機の編隊のとうとうたる流れを見て、武者震いをしているはずだ。四百五十機から五百機にのぼるのではないか。掛川、静岡の上空から、富士山の上空で針路を大きく変え、丹沢山塊の南のヤビツ峠、大山の上空、厚木の南の上空までつづくその流れは、いま横浜の郊外まで激しい勢いで押し寄せてきている。空に入りきれないという長さだ。大井川よりも、富士川よりも、相模川よりも、多摩川よりも、はるかに長いばかりか、その幅も広い。七百メートルから一千メートルほどもある。この八機から十機の一個編隊の重量は五百トンから六百トン、積み込んだ焼夷弾は四十五トンから五十五トン、口径十二・七ミリの機銃を九十六挺から百二十挺、二十ミリ口径の機関砲を八挺から十挺を備えた巨大爆撃機の編隊が、およそ九千メートルの間隔をあけて、つぎからつぎへと押し寄せてくるのだ。

この襲いかかってくる「スーパーフォートレス」の奔流を粉みじんに打ち砕くには、いまさら繰り返すまでもないが、戦闘機と高射砲が少なすぎる。双方合わせて敵機の数の倍があれば、この漲流《ちようりゆう》をくい止めることができるのだ。

飛び立っている迎撃機は陸海軍合わせて百五十機ほどだ。もちろん、秋水は一機もない。三浦半島の海軍の高角砲は射程外にあり、有効射程にある横浜の高射砲が頼りだが、百門程度だ。双方合わせて二百五十しかない。

山田は敵の最初の編隊を見つめている。爆音が高まる。三ツ沢の上空あたりに来たときか、小さな黒褐色の煙がパッパッといくつもB29の編隊の前ではじける。弾幕射撃だ。そして、うしろではじける。高射砲火だと思った瞬間、射撃音と炸裂音が大空いっぱいにひろがり、その合間に重なり合う爆音がごうごうととどろきわたる。戦いがはじまったのだと身震いする。敵は横浜を空襲するのだ。

山田は時計を見ていないが、九時二十二分である。B29の胴体からなにかがつぎつぎと落ちるのが見える。編隊を組んだ八機が一斉に落とす。二ツ谷町だ。東神奈川の駅あたりだ。浦島丘であろうか。この山手の丘から五キロぐらいさきだ。爆弾が見えなくなったなと目をこらしたとき、パノラマの豆電球が一斉についたように思った。火炎がいくつも見えた。

山田は知らないが、敵のこの先導の編隊は、落ちてくる途中でバラバラになって飛び散る二・五キロの小さな六角形の焼夷弾を積んでいない。濡らした布団をかぶせれば消え、つかんで庭に放り投げることのできる焼夷弾を使わず、濡れ筵を持って傍に近づくことなどとてもできない、もちろん蹴飛ばすことなどとうていできない、重さ五十キロの油脂焼夷弾を積んでいる。瞬発の弾頭信管が作動して大きな爆発音とともに油脂をまき散らす。

先導の編隊はこの五十キロの油脂焼夷弾を一千発近く落とす。三月九日の未明の空襲から、四月、そして今月とずっとつづけてきた敵の戦法だ。夜だったら、敵は一機ずつつながって侵入し、この大型焼夷弾をつぎつぎと直線に落とし、進入灯の役目をさせることは前に述べた。昼間であっても、後続編隊はこの五十キロ焼夷弾による火災を目印にする。

もちろん、昼であれ夜であれ、二十分のちにはすべては煙でおおわれ、なにも見えなくなり、機上の電波兵器によって目標を捉えねばならなくなる。

高射砲弾の炸裂がつづく。B29が一機、ガクッとのめったようだ。編隊から遅れはじめている。高射砲弾が当たったのだと山田直勝は思う。

その飛行機を見ている余裕はない。つぎの編隊が大きくなる。菅田《すげた》の上空あたりかなと思っているうちに、東神奈川の上空にさしかかり、八機の編隊は爆弾を落とす。船から海にごみを放り捨てるといった感じだ。

銀色の点の群れはなおもやってくる。三番目の編隊だ。これも東神奈川か、反町《たんまち》あたりに焼夷弾を落とす。そして四番目の編隊がまたも菅田の上空に来ている。小さな飛行機がその上に見える。五番目の編隊が近づく。十一機だ。黒い煙がその編隊を囲む。横浜駅の近くで焼夷弾を落とす。山田は見ていなかったが、四番目の編隊が東神奈川駅のさきの白幡か、入江町に焼夷弾を落としたのと同じ時刻だ。九時二十五分である。高射砲弾の炸裂がつづくが、墜落するB29はない。東海道線、神中線《じんちゆう》に沿ってある平沼町の東京瓦斯のガスタンクか、隣の古河電線の工場、神中線の平沼橋駅あたりかなと思う。京浜急行の旧平沼駅から戸部駅のあたりでもあるようだ。ここから四キロほどだ。

つづいて六番目の編隊だ。

六番目の編隊は、前の五番目の編隊と同じ場所、戸部、高島町のあたりに焼夷弾を落とす。九時二十六分である。

焼夷弾を落とした敵の編隊は海を越えて、まっすぐ木更津の上空へ飛んでいく。長い主翼、大きな垂直尾翼の滑らかな曲線が印象的だ。高度は五千メートルぐらいだろうと見当をつける。垂直尾翼についた大きな菱形のマークが前後して飛ぶ十機の飛行機、いずれも同じなのに気づく。菱形のなかにあるのはなんの印なのだろう。同じ中隊の標識なのだろうか。

最初に焼夷弾が落ちた東神奈川駅の周辺には灰色、黒色の煙がいくつもあがり、赤い火が見える。

敵機の進撃軸線はだんだんこちらに近づいてくる。四月十五日の夜の空襲で鶴見区がやられた。そこで今日は神奈川区、そして西区だ、つぎは中区なのだ、北から南へ下がってきているのだと山田直勝は思う。

七番目、八番目、そして九番目の編隊は保土ヶ谷の上空あたりだ。B29の編隊の前後は黒褐色の爆煙でいっぱいだ。高射砲弾の破片がB29の胴体や翼に食い込んでいるのではないか。なんでもないのだろうか。何本か魚雷があたっても平気の平左、かまわず突進をつづける戦艦と同じなのだろうか。ぐんぐん近づいてくる。B29の機体はずっと大きくなり、横にひろがる九機の編隊は真上の空をおおう。

B29の胴体の下側の扉が開いている。観音開きだ。前とうしろに二つの爆弾倉がある。九機の胴体の扉がすべて開いているのだと気づいたとき、なにかが落ちてきた。爆弾だ。爆弾は横に積まれていたのか、横を向いたまま揺れて落ちてくる。やがて下を向く。九時二十七分だ。どこらへんだろう。尾上町か、伊勢佐木町か、羽衣町のあたりか。編隊の爆音と対空砲火の音、ひとつひとつの焼夷弾を束ねている外枠をはずし、空中で焼夷弾を散らさせるための尾部信管の破裂音、そして無数の焼夷弾が落ちてくる音、すべてが混ざりあい、空いっぱいに鳴りつづける。圧倒される脅威で、山田直勝は思わず後ずさりする。

つぎは間違いなくこのあたりだと思い、かれは階段を駆け下りる。

十番目の編隊も同じところに焼夷弾をばらまく。

関内に焼夷弾の雨

加瀬昌男は横浜一中の二年生だ。学校は西区藤棚町の丘の上にある。

四年生の全部、そして三年の四クラスは勤労動員で、日立、三菱、日本造船、安立《あんりつ》、明治の工場に行っている。三年の一クラスと二年と一年の各五クラスが授業をつづけている。

教室に入ってまもなく、午前九時より少し前、今日の授業は中止、すぐに帰宅しろと当番が教室の入口で大声をあげた。坐っていた者が立ちあがった。授業の中止は先々週の朝以来だ。

昌男は自転車で家に帰る。空襲が頻繁になってからは、自転車での通学が許されている。藤棚町の願成寺《がんじょう》の坂を下り、戸部本町を抜けて雪見橋まで来たとき、空襲警報のサイレンが鳴りだした。家まで一キロ半だ。九時二十分に家に着いた。

家は常盤町三丁目だ。関内《かんない》にある町のひとつだ。関内といえば、山下公園背後の旧外国人居留地だった山下町も加えなければならないが、旧日本人町だけに限定すれば、新港埠頭の背後にある市街、横浜の中央ビジネス地区がこれに相当する。海岸通りにはじまり、これに平行する長さ一キロほどの通りがいくつもあり、それぞれの通りに町の名がつくから、町の数は十二になる。常盤町は港のほうから数えて十番目にあたる。

港に近い海岸通り、本町通りには、海運会社、貿易商社、銀行、倉庫が並び、県庁、税関がある。西洋史の授業で、ギリシア・ローマ時代の建物の柱の形式を覚えた少年が、このいくつかの通りを歩いて、第一銀行支店、横浜正金銀行本店、日本郵船支店、三井、三菱銀行支店、イギリス領事館までの高い石柱を仰ぎ見て、コリント式の円柱がいちばん多いのを発見して得意になったのは十年前のことだった。このさきいつか、港の黄金期だったと語られることになるかもしれない時代だ。青年になったかれはどこかの前線にいるはずだが、元気なのであろうか。

港に遠い通りには、商店、問屋がつづき、料理屋、待合、飲食店が並ぶ。市役所もある。昌男の通った横浜国民学校は旧外国人居留地だった山下町の一画にある。かれのクラスの学区内から通う子には、勤め人の子はひとりもいなかった。

港に近い町、港に遠い町といったが、海岸通りから尾上町まで八百メートル離れているだけだ。

この幅一キロ、長さ八百メートルの四角形のなかにどれだけの人が住んでいるのか。昭和十年の国勢調査では、千七百三十五世帯、八千三百九十四人が住んでいた。もちろん、昼間人口はずっと多かった。だが、現在、税関や海運会社は仕事がなくなり、問屋、商店、料理屋は休業か廃業してしまっている。そしてビルの周りの木造家屋を取り壊す強制疎開があったから、人口は十年前の半分以下に減っていよう。昌男の家の隣は唐物《とうぶつ》屋だったが、とっくに店を閉めて疎開してしまい、いまはだれもいない。昌男の家は洋服仕立て業だが、数年前までは十人ほどいた職人が出征、徴用でいなくなり、いまは体の弱い中年の男がひとり通ってくるだけだ。

いくつも重なり合って聞こえるB29の爆音が大きくなる。表の道路脇の防空壕にリュックサックを入れる。逃げるときに米と鰹節、鮭罐の入ったリュックサックを背負っていくつもりで、両親とかれの三つのリュックサックを用意してあるが、背中に重い荷物を背負っては逃げることはできない、なにも持ってはいけないと新聞に載ったし、防火群長からも注意があった。

英和辞典と国語辞典も防空壕に入れた。母から手渡されて、食用油の一升瓶も入れる。大きな乾いた音が空に響きわたる。高射砲の発射音、炸裂する音が一斉に響きはじめる。

昌男も両親もまだ防空壕に入っていない。昌男は空を見上げた。八機の編隊が上空を通りすぎる。灰色の煙のかたまりがいくつもあとに残る。今日の空襲は横須賀ではないのか。横浜なのだろうか。

四月に午前八時半から九時のあいだに空襲警報がでたことが四回あった。中島と立川がねらわれた。いずれも飛行機工場だ。そして十日ほど前の土曜日の朝の空襲で授業が中止になったときは、これも立川の飛行機工場だった。今日の朝からの空襲は横須賀の軍港と海軍工廠をねらうのだとかれは思っていた。

真上に来るB29の編隊の爆音が強弱を交えて腹に響く。つづいてつぎの編隊が近づく。対空砲火の猛り狂う音が再びつづく。

そのとき、真っ黒な大きな煙のかたまりがひろがった。編隊の上で炸裂したようだ。高射砲弾が炸裂する煙の十倍はある。B29二機にまたがる大きさだ。空中爆雷[3]だ。味方の飛行機は見えない。大きな威力があるはずだが、敵機の翼は吹っ飛ばなかった。

そして、胴体から黒いものが落ちてくるのを昌男は見た。ついに来たか、横浜の空襲だ。両親に声をかけ、急いで壕に入る。

この防空壕は昌男の自慢の作品だ。すぐ上の兄が出征したあと、昨年の十月にかれひとりでつくった。借りてきたツルハシをふるい、舗装のアスファルトを壊すことからはじめた。

この下町はどこの家も庭はないから、家庭防空壕は家の前の道路につくっている。常盤町は埋立地で、大潮のときの満潮時には七十センチ掘れば水が湧いてくる。水が湧かない程度、わずかに掘っただけで、土嚢を重ねるか、木箱に土砂を詰めて側壁とし、天井に板を渡してその上に土をかぶせる。それとも、丸太を打ち込み、板囲いをして、天井に板を渡し、できあがった箱のまわりと天井板に土をかけるといったものだ。常盤町の一丁目から六丁目まで道の両側に並ぶ家庭防空壕、尾上町の通り、伊勢佐木町の通りにも、いずれも同じ、不恰好な盛り土の壕がつづいている。

昌男はそんな半地下式の壕をつくっているところを見てまわり、とても爆風や爆弾の破片を防ぐことはできないだろうと思った。

町内の鳶《とび》の親方が防水セメントを持っていて、それを壕のなかに塗ってくれることになり、これで完全地下式の防空壕ができることになった。深さ一・四メートルの壕を掘った。湧き水をかいだし、セメントを張った。長さが二・五メートル、幅が一・二メートルなのは、どこの壕ともだいたい同じである。小型焼夷弾が落ちても大丈夫という五十センチの厚さに土を盛った。

入口の扉は張り板を切り、強制疎開で壊した家の屋根のトタン板をもらってきて打ちつけた。地下壕らしい地下壕ができあがった。常盤町のはじからはじまで、隣の住吉町にも、これほど完璧な壕はない。

ところで、壕は爆弾の破片や爆風から身を守る退避壕としてだけでなく、防火収納庫の役割が強調されるようになってきている。火に囲まれる前に、消火に見切りをつけて逃げるようにと勧告があって、荷物を背負い、両手に荷物を持って逃げてはいけないと指示がでて、持って逃げるつもりだった食料品と衣類の包みを防空壕に入れなければならなくなったからだ。だが、道路にあるほかの半地下式の壕はとても防火収納車とはなるまい。

昌男はこの壕なら大丈夫だと思っている。壕の入口の扉に焼夷弾が落ちたらしようがないが、逃げるときに扉の上にしっかり土をかけておきさえすれば、周りが火の海になってもまず壕のなかまで火は入らないだろうと思っている。

壕の扉を閉める。暗闇のなかで、だれも口をきかない。ものの一分もたたないうちに、再び爆音が頭上に来る。ザーッと音がする。焼夷弾の落ちてくる音だ。

九時二十七分か、二十八分だ。敵の第九編隊か、第十編隊だ。

どのくらいじっとしていたのか。扉をあける。びっくりする。壕のなかと同じで、外も真っ暗だ。夜のようだ。町並みのすべての二階、三階から黒煙と炎を噴きだし、道路の上では飛び散った油脂が燃えている。夜の火事のようだ。

昌男は防火用水からバケツで水を汲み、頭からかぶり、もう一度水を汲んだバケツを手にして家に飛び込む。二階に上がる。屋根を突き破った焼夷弾が三階にとまって、火を噴いているようだ。階段の途中から上を覗いてみるが、焼夷弾一本だけではないようだ。どの部屋も燃えている。バケツの水をかける。水を汲みに下に降りようとしたが、二杯、三杯の水ではとても火は消せないし、わが家だけ消してもどうにもならないと思う。

母は二階にいる。慌てた様子もなく、部屋の押入れから敷布団を取りだしている。かれは母に逃げましょうと言った。

一階に下りる。父はミシンの頭を壕に運んでいる。昌男は壕の扉を閉め、積みあげてあった砂を念入りにかける。これで大丈夫だろう。

家にいるのは父と母とかれだけだ。姉は横浜国民学校の付属幼稚園の保母をしている。学校はコンクリート建てだし、一階の二つの教室を補強して、避難所がつくってあるというから、まず心配はないだろう。

姉の話では、幼稚園の木造の建物は防火上危険なので、今日取り壊すことになっているが、これでは作業は中止だろう。空襲が激しくなってから、国民学校の残留児童の授業は取りやめとなり、幼稚園児も来ていないのだという。

右を見ても左を見ても暗闇だ。どこへ逃げるか。三百メートルさきの横浜公園か、それとも、ほぼ同じ距離のところにある桜木町駅に隣り合わせた貨物専用駅の広い操車場か。どちらへ逃げるかは何度か語り合ったことがある。母の話は、途中からきまって震災のときには太田町五丁目の正金《しょうきん》銀行へ逃げたという思い出になり、花崗岩づくりの正面玄関の扉が閉まる寸前になかに入れてもらったという話になった。

　横浜公園に向かうのが安全と思った。近所の人が「逃げましょう」と言い、これも一丁目の方向に向かう。昌男と父は防空頭巾の上に鉄兜をかぶっているが、母は鉄兜がない。さっき押入れから取りだしてきた布団をかぶった。三月十日の空襲のあとの朝日新聞に、「よくぬらした布団をかむって決めて置いた避難場所へ進む」と指示がでていたが、まだ火の粉は飛んでいないから、布団を濡らす必要はないだろうと思う。

　二丁目のところまで来ると、空が見えた。防空壕からでてきた人が三丁目の方角を見ている。振り返ると三丁目、四丁目の町には黒い煙の柱が何本もあがっている。その上の空から爆音と炸裂音が聞こえてくる。

　公園内に入って、十分たったか、二十分たったか、公園の西の端の向かい側にある市役所から火柱があがり、火の粉が流れてくる。爆音と対空砲火の音とともにもうひとつ増えたのが、ものを焼き尽くす音だ。そして、猛烈な風が公園内を吹き荒れはじめ、吼《ほ》えたてる音が加わる。公園の南側、掘割をへだてた不老町、翁町、扇町が燃えはじめているのだろう。煙にはばまれてなにも見えない。公園内の人は増えていく。

　昌男が思いだすのは、震災のときにはこの公園内の樹木は降りそそぐ燃え殻でほとんどが焼けてしまったのだと母が話したことだ。黒い煙が逆巻いて流れてきて、常盤町、住吉町の方向も見えなくなる。いよいよ暗くなり、目が痛く、涙がでる。「県庁に行け、山下公園に行け」とだれかが近くで叫んでいる。警官だ。公園の北側の日本大通りは道幅が広いし、両側の建物はコンクリート造りだから、燃えてはいないだろう。山下公園なら前は海だから、煙に巻かれるようなことはないだろう。

山下公園に行くことにする。離れ離れにならないように、母をあいだに挟む。日本大通りの裁判所の前まで来たとき、ザーッと焼夷弾が落ちてくる音が聞こえてきた。正面石段横の袖壁のところまで行きたいと思ったが、どうにもならない。そのまま道路に伏せた。父も、母も、前の人たちも顔を地面につける。バーン、バーンと音がして、焼夷弾が歩道を転がり、突き刺さり、何メートルも跳ねあがる。またべつの破裂音がして、赤い火がそこらじゅうに飛び散って明るくなる。

大丈夫、よかったと言い合っているとき、前のほうにいる人が横になったまま動かないのに気づく。焼夷弾に当たったのだろうか。近寄ることができない。飛び散る油脂が道路で燃えているのを避けて、道路を横切り、商工奨励館側の歩道へ向かう。

山下公園の入口まで来る。風はさほどひどくないが、煙で目が痛い。入口に海軍の士官が立っていて、防空壕を指さし、あそこへ入れと指図する。

山下公園の黒潮部隊はもはや動けず

山下公園は海軍の第二十二戦隊が使っている。公園前の元のヨコハマ・ユナイテッド・

クラブを利用しているのが第二十二戦隊の司令部だ。

山下公園、このクラブだけではない。港の主要な建物はいずれも海軍が使用している。税関庁舎の一階には、海軍の武官府、海軍の軍需部が入っている。なお、税関は昭和十八年に廃止になり、大蔵省を離れ、運輸省の海運局に統合されてしまっている。同じ年から休業するようになった生糸検査場には、船舶警戒部の司令部が置かれた。輸送船団の護衛戦闘要員のための兵站、教育が仕事だったが、仕事らしい仕事がなくなってしまって、横浜警備部に衣替えした。陸軍からの抗議があってのことか、今年三月に横浜港湾警備部と名称をはっきりさせ、司令部は山手女学院の校舎に移っている。

警備隊は同じ山手にある共立女学校といくつかの英米人が住んでいた邸、そして港湾施設、造船所に配備されている。桜隊、橘隊の名で呼ばれているこの警備隊は、武器らしい武器を持っていない。かれらがやがて新港埠頭の煉瓦倉庫で上陸する敵軍と戦うことになるなどといった光景は、だれにも想像することができない。

いったいあの兵隊たちはなにをしているんだと言われているのは、黒潮部隊も桜隊や橘隊と同じである。

黒潮部隊の通称で呼ばれるのは、さきに挙げた第二十二戦隊である。大桟橋の根元の小さな突堤に囲まれた泊地と山下公園の前に係留されている八十トンから百五十トンの木造の鮪《まぐろ》・鰹《かつお》船だ。

前田武彦はあれが第二十二戦隊の主力だと説明されたときには、ひどく驚き、がっかりしたものだ。着任の申告を終え、瀟洒な司令部の建物をでて、監視艇隊とはなにをやるのだろうと思いながら山下公園に連れていかれたときのことだ。

前田は東大経済学部の出だ。昭和十七年九月に海軍経理学校に入学した。第九期補修学生である。昭和十八年一月に卒業した。主計科士官として、最初に派遣されたのがルオット環礁内のタロワの第七五五海軍航空隊だった。マーシャル群島のもっとも東に位置する環礁のひとつであり、敵太平洋艦隊の根拠地、真珠湾をはるかかなたに望む最前線だった。三カ月いただけだった。大艇でトラック、サイパン経由で横浜の本牧岬沖に着水した。いっしょに帰ってきた同じ九期の桜井昌也とそのまま銀座に行き、ローマイヤーで乾杯し、午後六時に店をでた。歩道の人びとが立ちどまって、見上げているのが朝日新聞社の電光ニュースだと気づいたとき、山本五十六連合艦隊司令長官戦死と流れていくのに、瞬間、息が詰まる思いとなった(4)。

前田は横須賀の海軍工廠会計部勤務となり、昨年八月に第二十二戦隊に移った。南太平洋の基地では、新鋭の戦闘機、陸上攻撃機の発着を送り迎えし、横須賀の海軍工廠では、松型改丁と呼ばれる対空兼対潜の護衛駆逐艦の建造、伊一八四や伊四四、伊五四といった潜水艦の竣工とつきあい、信濃の建造を見てきたから、焼き玉エンジンの百トン足らずの鰹船、鮪船の群れと、それらの母船だという七ノットがやっとの石炭焚きの貨物船に案内されてびっくりしたのは当然だった。

ところが、第二監視艇隊の主計長となり、母艦の神津丸に乗り込むようになって、かれの考えは変わった。凪のうなり、舷側を叩く波浪、甲板に落下する海水、嵐の夜の風と波の音のすさまじさに恐怖を抱き、船橋の囲いの端をしっかりと握り、横揺れに耐えることも覚えた。鉄梯子を上がり、船橋上部の見張り台にも立ってみた。ずっとさきのうねりが次第に速度を速め、真下までできて、艦を大きく揺らした。凪の日にはキャンバスを張った椅子に座り、海豚《いるか》が泳ぐのを見ながら、軍医長とだべりもした。そして青い水平線の真ん中に小さな一点の監視艇を見つけだした。やがて髭面の艇長に親しみを覚え、野武士集団に溶け込み、鰹・鮪船部隊に愛着を感じるようになった。

監視艇隊の任務は、侵攻する敵の機動部隊を探知することだ。もちろんのこと、全海域をカバーできる充分な数の二式大艇があり、なによりも機上に搭載できる電波探信儀があり、長い有効距離を持つ探索性能がありさえすれば、こんな旧時代の監視艇に頼る必要はない。

監視艇隊は三隊に分かれ、各隊が三十隻ずつだ。伊豆諸島と小笠原諸島の中間あたりで、東西に長く展開する。母艦は哨戒海域を巡回する。定点での哨戒期間は一週間だ。往復にそれぞれ一週間かかる。そして横浜港に戻って、整備と休養が一週間だ。

母艦の監視艇隊の司令は応召の大佐、隊の機関長は特務大尉、軍医長と主計長が大学出の短期現役、母艦の艦長、航海長、機関長はいずれも大尉、商船学校出の予備士官だ。監視艇の艇長は特務少尉か、兵曹長、その下に下士官と兵が十人ほど、そして漁船の船長と船員が軍属として乗り、全部で二十人だ。

昭和十七年四月十八日、本土に接近しようとする敵の空母二隻を発見したのが、第二監視艇隊の第二十三日東丸だった。エンタープライズとホーネットの二隻の空母と四隻の重巡、四隻の駆逐艦、タンカー一隻の機動部隊だった。ただちに無電を打つ。無電を打てば、敵に発見される。敵巡洋艦の砲撃を受け、十四人の乗員は戦死した。そのあとほかの監視艇も敵の銃爆撃にあい、三十人以上が戦死した[5]。

つけ加えるなら、敵機動部隊は日本側に発見されたと知って、さらに本土に接近することを断念し、ただちにＢ25十六機を発進させた。日本側は第二十三日東丸の無電によって、木更津基地の一式陸攻四機が索敵のために飛び立ったが、空母から飛び立ったＢ25と入れちがいになったばかりか、すでに反転後退していた敵機動部隊を捕捉することもできなかった。わがほうは敵機は空母に戻ると思っていたが、空母への着艦訓練など一度もしたことのないＢ25は、爆撃後には中国大陸に向かうことにしていたのである。

今年の二月十五日に敵機動部隊が本土を攻撃したのは、そのとき以来だった。硫黄島攻略に先立ち、関東地区の航空基地と航空機製造工場を叩くのが目的だった。昭和十七年四月のときとちがって、敵側は日本の監視艇の存在を承知していたから、索敵機は監視艇が荒れる海上のどこにいるかを捜しだしたあと、駆逐艦の偵察群を前方にだした。こちらの監視艇は二十五ミリの機銃と七・七ミリの機銃を持つだけだ。船は撃沈され、全員が戦死した。こうして、二年十カ月ぶり二度目の空母機の第一波、鹿島灘から侵入した九十機のヘルキャットとコルセアの攻撃はまったくの奇襲となった。

それから十日あと、二月二十五日のことになる。午後二時すぎ、雪のなか、神田が百七十機のB29に集中爆撃された日である。その日の朝、第二十二戦隊司令部に、第三宝松丸から、東京湾をでたところで交戦中、沈没との無電が入った。第二監視艇隊が出撃の予定であり、足の遅い監視艇がさきに出港していたのである。なにごとが起きたのかと緊張がみなぎった。午前七時三十五分、警戒警報がでて、六分あとに空襲警報がでた。前田の乗った母艦の神津丸は本牧沖の中の瀬の近くを航行しているときだった。

雪が舞う鉛色の空にいきなり敵の戦闘機の編隊が現れた。主翼が胴体の下から下がってでている。空母機のボートF4Uコルセアだとすぐにわかった。友軍機の姿はない。どうにもならない。煙と蒸気、鼻をつく臭いが充満し、物凄い音と閃光がつづく。二十五ミリの機銃にとりついていた者はすべて倒れてしまったようだ。船橋も甲板も倒れている者でいっぱいだが、助けに行くことができない。伝声管に向かって、「おもうかあじ、いっぱい、航海長」と艦長が叫ぶ。船は大きく傾き、床を空の薬莢が転がり、戦死者と重傷者が滑っていき、血潮がしぶきをたてて海水のように流れていく。

敵編隊が去ったあと、司令の中里隆治は腹部の貫通銃創で重傷、艦長の池田与四郎は戦死していた。前田はこのときになってはじめて膝ががくがくと震えた。胸を撃ち抜かれた高橋一水の遺体をテーブルの上に安置したとき、なにかが落ちた。胸のポケットに入れてあった森永キャラメルの箱だった。童顔の高橋は十七歳の志願兵だった。二十二人が戦死し、重傷者は三十四人だった[6]。

第三宝松丸の乗員ではなく、神津丸の乗員でもないが、同じ第二十二戦隊の監視艇の一員の妻のことを語っておこう。

川崎市内に住む中村東喜だ。二十六歳になる。夫の梅吉は三十一歳だ。召集されて三年になるが、船が港に入ったときには、夕方六時ごろに帰宅し、翌朝五時に家をでればよかった。これが半月足らずつづいて、船が出航すると二十日、遅くなったときでも一カ月で港に戻ってくるという繰り返しだった。夫が乗っている船は監視艇であり、港は横浜だとは知っていたが、それ以上のことは彼女はなにも聞いたことがなかった。

夫と同じころに出征して、主人がどこにいるのか知らない、なんの連絡もないという留守家族が多かったから、彼女はうらやましがられ、おめでたかと聞かれ、赤くなりながら、申し訳ないと思ったことが何度もあった。この四月に一年生になったばかりの長男のつぎに次男が生まれた。二歳になる。じつは現在も、彼女はお腹が大きい。今年の一月下旬に夫は帰ってきた。夫のつぎの出港の日は二月十一日だった。前夜、夫が彼女に向かって、「今度生まれる子が女の子だったら、お前は幸せだ」と言った。どうやら夫が望んでいることのようであった。そして夫は父母に向かって、「三月のはじめには帰って来ます」と言って家をでた。

三月になった。夕方、六時前から彼女は落ち着かなかった。玄関ばかりが気になった。物音がすると思わず立ちあがった。午後八時をすぎると、明日の夕方だと自分に言い聞かせた。なにかあったのではないかと思うと胸が痛くなるが、明日こそは帰ってくると心をこめて手を合わせてから眠りについた。

三月十日の未明、東京の空は真っ赤に焼け、恐ろしかった。そのあとも夫は戻って来なかったし、なにも消息がなかった。そして四月十五日の深夜の川崎の空襲だ。彼女は次男を背にして長男の手をひき、父と病身の母とともに逃げた。夜明け前、家があったところへ戻ったが、焼け野原に変わっていた。夫が戻ってきたのではないか、私と子供たちを見つけようとして、焼け跡を探しまわっているのではないかといった考えが突然に湧いて、胸騒ぎがおさまらなかった。

焼け跡にバラックを建てて住んでいるが、夫はまだ戻ってこない(7)。

第二十二戦隊のことに戻るが、三月になって、北方海域を哨戒していた第四監視艇隊は鹿児島への移動が命令された。空母機、やがては陸上機の南九州への襲来が見込まれてのことだ。母艦はもはや不要ということで、母艦の豊国丸は本州と北海道間の輸送艦となっている。

第四監視艇隊の基地は鹿児島航空隊に置かれた。これも短期現役の第十一期生の近藤重農夫は第四監視艇隊の庶務主任である。四月から監視艇の活動ははじまっている。「ワレ敵機ト交戦中」「ワレ敵艦ト交戦中」の電信があり、そのあと交信が途絶してそれっきりとなるか、それとも戦死者、負傷者を乗せて艇が基地に戻ってくるといったことがつづいている。(8)

横浜から出港する監視艇も被害が多くなった。浮上して砲撃してくる敵の潜水艦にやられ、艦載機による被害が増えはじめた。第二監視艇隊は三十五隻あったのが、四月末には出撃可能なものは十二隻となってしまった。この十日ほど前、第一、第二、第三の監視艇隊の母船は横須賀鎮守府の特設運送船となった。監視艇三十隻は瀬戸内海に移り、掃海、対潜哨戒をすることになり、残りの監視艇は待機ということになった。

昨年の秋には、監視艇の数は百六十隻、六千人の大部隊だったが、すでに千五百人以上の戦死者をだし、黒潮部隊の歴史も幕を下ろした。

各隊の司令と幹部たちは、山下公園前の銀杏並木の通りにある司令部と同じ並びの、これも第二十二戦隊が借りている頑丈なビルに寝泊まりするようになっている。ヨコハマ・ユナイテッド・クラブと同様、大蔵省関東財務局が接収した英国系の香港上海銀行である。前田武彦はここにいる。

今日、前田は兵士たちを指揮し、真上の爆音を気にしながら、逃げて来る人たちを公園へ誘導するのに忙しい。

昌男と父母はかまぼこ型の防空壕の一つに入る。コンクリート造りの大きな、立派な防空壕だ。海軍の兵士たちがなかに入っている。

昌男は壕のつくりが気になる。入口の扉は木製だが、しっかりとした板だ。あけるときには、内側に押しあげる。昌男のつくった壕の扉は外開きだ。外に押しあげる扉では、爆弾が近くに落ち土砂をかぶったときに扉をあけることができなくなるから、扉は内開きにするようにと市からの指示があったが、壕のなかが充分に広くなければ内開きにすることは難しいから、町にある壕はいずれも外開きだ。

壕の外にいる士官が手招きする。昌男は外へ出る。爆音のほかに焼夷弾が落ちてくる音がして、敵の編隊が頭上を飛び去り、大桟橋、そしてその向こうに焼夷弾が落ちていく。空いっぱいに張りつめた真っ黒なカーテンの前を白いリボンをひきながら何百本と流れるように落ちていく。白い布が焼夷弾の鉄の筒の尾翼の代わりだと見ていてわかる。あらかたの焼夷弾は海に落ちる。

横浜拘置所の治安維持法の被疑者たち

南区笹下《ささげ》町に横浜刑務所はある。高いコンクリート塀に囲まれた正面の門が開いた。

どうやらこの鉄の扉は金属供出にならなかったようだ。汚いバスがいま出ようとしている。

警戒警報がでていることから、いつ空襲警報になるのかと出発を遅らせていたが、朝からの空襲ならいつもどおり飛行機工場だろう、横浜には関係はないということで、八時半すぎに、行けということになった。

バスは窓に板を打ちつけ、小さな明かりとりの隙間があるだけだ。未決囚の出廷用の護送車だ。横浜刑務所には未決囚のための拘置所が付属している。県庁前、日本大通りにある横浜地方裁判所まで行く。

護送車の未決囚は二十人近くだ。全員が麻縄で結ばれ、数珠つなぎにされている。もちろん手錠もかけられている。

横浜から鎌倉に通じるこの鎌倉街道はいつからか手入れがされていない。運転手は道路の穴をよけてゆっくり進む。それでも窪みに落ち、車のサスペンションが悲鳴をあげ、未決囚の深編笠が波のように大きく揺れる。車内に座席はない。深編笠をかぶったかれらは立ったままだ。

宮元町三丁目の市電の停留所のところまで来たとき、鳴り響くサイレンがバスのなかまで聞こえてきた。

蒔田国民学校の今朝の空襲がはじまるまでのことは語ったばかりだが、この宮元町三丁目の停留所から二百メートルちょっとのところに学校はある。

看守のひとりがバスを降り、表の戸があいている商家に飛び込む。もちろん、商店の構えを残しているだけのことで、とっくに商売はやめてしまっている。東京か、横浜に来るようだという。すぐに引き返す。どうして朝からの空襲なのだろうと運転手や看守は首をかしげる。

護送車に乗せられた未決囚のなかに、予審廷にでるはずだった小野康人と青山鉞治《えつじ》がいる。

小野康人は改造社の社員だった。三十七歳になる。青山鉞治も改造社の社員だが、逮捕されたときには徴用されて海軍報道部の嘱託だった。三十二歳だ。

青い囚人服の小野と青山は治安維持法違反の容疑者だ。共産主義者の疑いである。二人は刑務所構内の南半分を占める拘置所に連れ戻される。二階建ての木造の建物が三棟並ぶ。二人は「三舎」と呼ばれる第三棟に戻る。渡り廊下を歩くあいだも、爆音が頭上で聞こえる。二人はともに一階だ。「三舎下」である。治安維持法違反の容疑者は独居房に入れられている。青山は十号、小野は十二号だ。

青山は「三下《さんした》　十室《とおしつ》」に入る。畳三畳とわずかな板の間がある。看守が鍵をかけている音を聞きながら、急いで高窓を見上げる。飛行機の姿は見えない。独房生活の青山や小野はまだB29を見たことがない。爆音の近さから今日は横浜なのだろうかと思う。ここは大丈夫なのだろうか。

この刑務所は横浜の郊外にある。広い田んぼを埋め立ててつくられた。十万平方メートル、三万坪ある。できて九年になるから、敵はここを工場と思いちがいすることはまずあるまい。周りの人家はわずかだ。畑に囲まれている。わざわざここをねらうこともないだろうと刑務所の幹部たちは思っている。

横浜刑務所の拘置所内には二百人ほどの未決囚が収容されている。このうちのおよそ四十人は治安維持法違反の容疑者だ。

いずれも共産主義を信奉し、その目的遂行のための活動をしてきたと手記を書かされ、調書をとられた人たちだ。検挙され、警察署の留置場に放り込まれ、この拘置所に収容されて今日まで、長い者で二年八カ月、短い者で一年半になる。

小野康人は記憶しているだろうか。かれの妻の貞子ははっきり承知している。横浜の寿《ことぶき》署に留置されてから今日まで二年と三日になる。青山鉞治は一年と四カ月だ。

この四十人ほどの人びとのなかには、小野と青山のように同じ職場だった人もいれば、まったく知らない人もいる。同じ研究会で顔を合わせたことのある人もいる。共通しているのは、学生時代に左翼運動に加わり、検挙されたことがあるということだ。

警察側はどうにかしてこの人たちを共産党の秘密組織のメンバーとしてひとつにつなげようとして、拘束をつづけ、殴ったり蹴ったりしてきた。

拘束されてもっとも長い二年八カ月になるのは細川嘉六《かろく》だ。

かれは五十六歳になる。四十数人のなかで最年長だ。東京帝大法科をでて、住友本社に入社したが、まもなく辞めた。大原社会問題研究所の研究員となって、十数年のあいだ岡山にいたが、昭和十一年に東京に移り住み、評論、研究の仕事をつづけてきた。紛うかたないマルクス主義者である。

ことのはじまりはかれの筆禍事件だった。

昭和十七年のことだ。月刊誌「改造」の八月号と九月号に「世界史の動向と日本」という題の長文の論文を載せた。

かれはソ連が文明の新しい時代を切り開いていると述べ、ソ連の非ロシア地域の各自治州においては、各民族は尊重され、平等と豊かさが保証されていると書き、階級のない社会主義社会なのだから当然なことだと説いた。

細川はまた、ソ連の力を借り、蔣介石の支配から離れた新疆《しんきょう》省の独裁者、盛世才《せいせいさい》をとりあげ、「反帝国主義、親ソ政策、民族平等政策、平和政策、近代的建設政策をとって」発展してきていると力を込めて称賛した。

だが、ソ連領の中央アジアのことは知らなくても、新疆省の実態なら、わかる人もいたにちがいない。実際には、独ソ戦がはじまって、ソ連の軍事力の後ろ楯を失った盛は蔣介石にお世辞を使うようになり、ソ連人を追放し、怒ったソ連は新疆に経済制裁の報復にでていた。そして盛はソ連時代と変わることなく新疆の専制独裁者であり、それ以上でも以下でもなかった。

それはともかく、細川は熱情を傾けて語った。「もし欧米勢力をアジアより駆逐したる大和民族が日清日露戦争以後の如く依然として欧米帝国主義の追随者としてアジア諸民族に対するときはアジア諸民族のうちに孤立する危険を自ら招くものである。明らかに日本によって欧米勢力を駆逐してもらったアジア諸民族の日本に渇望するものは欧米帝国主義の亜流者たる日本にはない」

陸軍報道部の平櫛《ひらぐし》孝が細川嘉六のこの論文を読み、なんだこれは共産主義の宣伝ではないかと怒った。かれは陸軍報道部長の谷萩那華雄《やはぎなかお》にこのことを報告した。

谷萩と平櫛の対談が「日本読書新聞」に載せられた。どうしてあんなものが総合雑誌に載るのだ、検閲はないのも同じだと激怒したやりとりだった。警視庁は慌てて細川を逮捕し、世田谷署に留置した。昭和十七年九月十四日のことである。

平櫛孝はマッチを擦るまでのことはした。だが、かれのしたことはそこまでだった。大火にしたのは、神奈川県の特高警察である。

第二のゾルゲ事件か、第二の五色温泉事件か、第二の松田町集団放火事件か

神奈川県の特高がやってきたことをはじめから見よう。

昭和十七年八月二十日、第一次交換船が横浜港に着いた。アメリカ、ブラジルから帰国した千四百二十一人の日本人が上陸した。すでに外事警察と特高警察、憲兵隊は、帰国する外交官、商社員、新聞記者、留学生のリストの検討を終えていた。さっそく、神奈川県特高警察はニューヨーク、サンフランシスコに駐在していた領事館員から話を聞き、日本船から脱走し、アメリカにとどまっていた船員を尋問することになった。そのうちのひとりだったのであろう、軽口を叩いた者がいた。「そんなことなら、戦争がはじまる前に大物が竜田丸で帰国していますよ」

その男とかれの妻は日本領事館が警戒していたニューヨークの日本人労働クラブに出入りしていたことが明らかとなった。茨城県の大地主の息子で、慶応の学生時代には社会主義運動に加わっていたことも判明した。昭和十六年一月に帰国し、外務省の外郭団体である世界経済調査会に入り、資料部主任となっていた。特高課員は見つけたぞと思った。

第一次交換船の浅間丸が横浜港に着いてから三週間あと、警視庁が細川嘉六を逮捕する三日前の九月十一日のことになるが、神奈川県警察部の特高課は川田寿《ひさし》と妻の定子を捕らえた。寿は三十六歳、定子は三十二歳だった。

神奈川県特高警察は、第二のゾルゲ事件の前髪をつかんだのだと思い込んだ。

この前年、昭和十六年の十月、アメリカにいたことのある者の供述からアメリカ帰りの洋画家、宮城与徳《よとく》を捕らえたことにはじまり、かれの自白からリヒャルト・ゾルゲと尾崎秀実《ほつみ》のソ連のスパイ団を一網打尽にした警視庁特高警察の大殊勲を、神奈川県特高警察は真っ先に思いだしたのである。

宮城はアメリカに十二年いた。川田はアメリカに十一年いた。宮城はアメリカ共産党の日本支部員だった。川田もそうではないのか。アメリカで労働組合に関係していたというのがくさい。ソ連諜報部の密命を帯びて日本に戻ってきたのではないのか。

だが、ゾルゲ事件のようにことは簡単に運ばなかった。ゾルゲ事件は宮城を捕らえてからは、ばたばたと片づいた。宮城は逮捕されて二日あと、すべてを自白し、それから三日あとには尾崎を捕らえ、かれはただちにすべてを自白し、その三日あとにはゾルゲを捕らえることになった。

しかし、川田夫妻をどれだけひどい目にあわせても、なにもでてこなかった。第二のゾルゲ諜報団は存在しないと神奈川県の特高は断念して、川田夫婦を釈放しなければならなくなっていた。

ところが、上部にいるだれかが、あきらめるなと言ったのであろう。

川田を捕らえて四カ月あと、昭和十八年一月、川田の兄や友人、さらに世界経済調査会の高橋善雄を捕らえた。さらに四カ月あとの五月、これも世界経済調査会の益田直彦、つづけて満鉄東京支社調査室の平館利雄と西沢富夫を捕らえた。現在、高橋は三十三歳、益田は三十七歳、平館は四十歳、西沢は三十二歳である。

西沢の家の家宅捜索で一枚の写真がでてきたことから、神奈川県特高警察のねらいは一転した。

第二のゾルゲ事件は第二の五色《ごしき》温泉事件と変わった。

その写真には、旅館の浴衣を着た七人の男が写っていた。前の四人がしゃがみ、立っているうしろの三人の中央に小柄な細川嘉六がいた。昭和十七年七月、富山県泊町《とまり》の旅館で、かれらは共産党再建の協議をしたのだ。その秘密の会合をしたという証拠の写真を手に入れたのだ。

泊町は北陸本線が止まる、海に面した人口五千の小さな町だ。五色温泉は奥羽本線板谷駅から一里弱の山あいにある昔からの湯治場だ。

大正十五年十二月、山形県の五色温泉で共産党が秘密大会を開き、第二次共産党をつくった。この情報を入手した特高警察が共産党中央委員を一斉検挙したのが、昭和三年三月十五日、いわゆる三・一五事件である。

泊町の旅館で細川嘉六といっしょに写っていたのは、満鉄東京支社の調査室に勤務していた平館利雄と西沢富夫、中央公論社出版部員の木村亨、東洋経済新報社の加藤政治、改造社の小野康人、これも改造社の相川博だった。相川は細川論文の直接の担当者ということで、編集長の大森直道とともに引責退社となっていた。

かれらは昭和十八年の同じ五月中にいずれも逮捕された。細川は釈放されるところだったが、神奈川県警察に引き渡されることになった。

ところが、第二の五色温泉事件もものになる見込みはなかった。手記を書かせ、調書をつくるために、殴る蹴るのひどい拷問をすることになった。

暴力を振るうのは特高だけのお家芸ではない。神奈川県警察部は「拷問神奈川」と言われて恐れられてきた。

たとえば松田町集団放火事件はその拷問がつくりあげた産物だった。百八十人を捕らえ、起訴した。有罪となったのは百二十人でもなければ、二十人でもない。わずか二人だった。

じつをいえば、松田町からはじまった「空前の奇怪な事件」の一部始終は、昭和十七年から現在まで神奈川の特高課がやってきていることとまことによく似ている。ここでもう少し詳しく述べておいてもいいと思える。

神奈川県足柄上郡松田町は人口六千人の町だ。御殿場線の沿線にあり、この郡では山北町につぐ町だ。十年以上も前のことになるが、この町の警察署長は県警察部の幹部から、足柄上郡には火災が異常に多い、不審な火災がつづく、警戒を強めよと何回も訓示を受けた。繭の値が暴落し、深刻な農村の不況がはじまった昭和五年から、管内の火災はたしかに多かった。

昭和九年の初夏のことだった。松田町の警察は微罪で捕らえた保険外交員を手荒く扱い、かれの供述から、数人の保険外交員を捕らえることになった。さらに痛い目にあわせたのであろう。自分たちが放火した、被保険者と共謀しての放火もあれば、保険加入に応じない家に火をつけたこともあるという自供を得た。警察署長の三浦章はやったぞと思った。その年の七月、五十人以上を捕らえた。

警察はこの事件の報道を禁止した。町や村に憶測がひろがり、流言が飛んだ。一週間から二十日のち、多くの被疑者が釈放となった。保険契約をしただろう、火をつけただろう、だれに火をつけるように頼んだのだと自白を迫られ、苛酷な拷問を受けたという事実が明らかとなった。こんな捜査があるか、こんな取り調べがあるかと足柄上郡の町村長会で町長と村長が怒った。松田町の東にある人口九百人の山田村でも、ひどい目にあった者が何人かいたことから、村長の藤沢政雄がみなに説き、松田町警察署長の三浦章にあまり無茶をやらないでくれと訴えでた。三浦は相手にしなかった。お前たち、口がすぎるぞ、ごちゃごちゃ言っているとふんじばるぞという態度だった。町村長は憤慨した。町村長会の名で、「管内良民ノ思想ト生活ヲ益々不安ニ陥ラシム　依テ本会ハ三浦氏ヲ絶対ニ信任セズ」[9]の決議書を県知事にだそうとした。そんな不穏なものをだすなという圧力がどこからかかかった。

町長と村長たちは不満だったが、この事件もこれで収拾に向かうだろう、裁判ですべては明らかになるだろうと思って、断念した。

とんでもなかった。この事件はまだとば口だった。県警察部刑事課と横浜地裁検事局が乗りだした。提出することなく終わったその決議書から一年以上がたった昭和十年十一月、さみだれ式の逮捕がはじまった。

逮捕と取り調べ、拷問をつづけて、さらなる逮捕がつづき、松田町を中心に、三保《みほ》村、寄《やどりき》村、その他の町村から小田原町までに逮捕者はひろがった。昭和十年十二月に新聞報道の差し止めは解除になった。

百人を超す人が捕らえられ、集団放火という不可解な展開となり、警察は無辜《むこ》の人を捕らえ、殴ったり首を絞め、あらぬことを言わせているのだという恐怖と、あの火災は放火だった、この村にも放火魔がいるのだというもうひとつの恐怖がないまぜになり、町でも、村でも、だれもが底知れない恐怖に怯えるようになった。

町長や村長はあらためて決議書をだす勇気を失っていたが、一家の大黒柱が留置場にずっと留め置かれていることから、一家離散といった悲劇が起きているのを見かねて、町村長は連名で検事局に上申書を提出し、松田町の町会議員や助役は県庁に陳情書をだし、審理の促進を求めた。

翌十一年になっても、警官と検事たちは逮捕をつづけ、いよいよ怪奇な様相を深めていった。

逮捕をつづけている理由はただひとつだった。かれらは、捕らえた連中は放火などしていない、放火を人に頼んだりもしていない、「放火団長」などといった言葉は取調室の拷問がつくりあげた絵空事だ、自分たちはとんでもないことをしているのだと思ったことが何十回となくあったはずだ。そう考えて不安にさいなまれるたびに、かれらは被疑者にさらに拷問を加え、検挙者をさらに増やしていくことになったのである。

恐ろしい循環だった。県警察部長はこれをとめようとしなかった。昭和十一年四月に七回目の大検挙がおこなわれたときには、被疑者は足柄上郡と下郡の十一の町村にひろがり、その総数は百八十人を超すことになった。かれらはすべて起訴された。

かれらは笹下の横浜拘置所に移され、予審訊問がはじまった。拷問されたのだ、無理やりに調書に捺印させられたのだとだれもが言った。当然ながら、予審判事のなかには正気の者がいた。九十人が免訴になった。

歩行できぬ者、指が曲がってしまった者、傷害の生々しい跡が残る者が家に戻ってきて、ひどい拷問の実態はさらに明らかとなった。人びとの怒りは爆発した。被害者が検事局に訴えた。国会と県議会で、議員がこの人権蹂躪の問題をとりあげ、検挙と取り調べにいかに無理があったか、暗黒であったかと警察を非難し、一日も早い事件の終結を司法大臣、県知事に要望した。

最初に「空前の怪奇な事件」といったが、これは以前に山田村の村長、そのあと県会議員になっていた藤沢政雄が県会で警察を激しく非難する質問のなかで語った言葉だ。

警察と検事局には、昭和十年から十一年にかけての瘧《おこり》のような熱気は完全に消え失せていたが、八十五人はなおも拘置所にいた。それぞれの「放火ブロック」の公判は昭和十四年十一月(10)から断続的にはじまった。「スピード審理」がつづき、片端から無罪となった。そのひとつを記そう。

昭和十五年四月二十六日、横浜地方裁判所の最終審判で、裁判長が三十七人の被告に対して犯罪の事実なしと言い、被告人一同無罪と言い渡した。そのあと裁判長が「審理中に死亡した四人の被告に無罪の喜びを聞かせることができなかったのはまことに残念である」とつけ加えて退廷したとき、被告人たちの嗚咽と傍聴席のかれらの親戚と友人たちのすすり泣きの声が高い天井の法廷内を包むことになった。(11)

無罪になった人たちは検事局に神奈川県警察部の刑事課長以下三十四人の警官を告訴した。だが、証拠不十分で不起訴となった。(12) これが松田町集団放火事件のあらましである。

ところで、このあとの昭和十七年、十八年の知事、警察部長、特高課長、刑事課長はこの事件を承知していたのか。昨年まで在任した知事は、かれの前任者と前の警察部長が県議会で、「拷問神奈川」の汚名返上に努めると約束し、警察は「県民の公僕」だと答弁した議事録など手にとることはなかったであろうが、いまここに述べたようなことは委細承知していたはずだ。県警察の幹部たちであれば、捕らえられた百八十余人のうちの多くの者が横浜市内の各警察署に分散留置されて取り調べを受けていたのだから、この事件のすべてを知り、当然のことながら刑事課長以下五人が退職した事実も承知していたのである。

だが、特高課の幹部はこうしたことに関心がなかったのであろう。われわれはこそ泥や火付けを相手にしている刑事警察とはわけが違うと胸を張っていたのだし、松田町集団放火事件のことなどなんの関心もあるはずがなく、昭和十六年には四十人以上の増員があって、意気盛んだった。

特高課員はどうでもいい。

県知事と県警察部長は、アメリカ帰りの夫婦を逮捕することにはじまり、部下たちが拷問を重ねることで、ずるずると検挙者を増やしつづけていくのを見て、松田町の事件の繰り返しではないかと胸騒ぎがしたことはなかったのであろうか。昨年まで在任した知事に眠れない夜はなかったのか。

警察部長のことは知らない。知事に眠れない夜があったかどうかは、このさきで述べることになろう。

さて、第二のゾルゲ事件、つづいての第二の五色温泉事件なるものも、神奈川県特高のまったくの空想の産物だった。

細川は東洋経済新報社から「植民史」という著書をだし、その印税が入ったことで、親しくしていた出版社の編集員をかれの故郷の泊に招いただけのことだった。

社員に逮捕者をだした中央公論社社長の嶋中雄作や改造社社長の山本実彦《さねひこ》、さらに事件のあらましを知った人びとは、内務省首脳の大きな企みが背後にあるのだと想像するようになった。

海野《うんの》普吉《しんきち》もそんな具合に考えた。なかなか骨のある弁護士だ。出版法違反で起訴された河合栄次郎の弁護にたった。河合は昨年二月に亡くなった。海野はまた、人民戦線事件で起訴された山川均の弁護をしたし、勝間田清一、稲葉秀三らの企画院事件、尾崎行雄の不敬事件の弁護もしてきた。細川嘉六をはじめ、この横浜事件の被告人の友人からそれぞれ頼まれ、いつか全員の弁護をするようになっている。現在、六十歳になる。

嶋中雄作や海野普吉は、風見章が細川嘉六の留守宅に千円届けたということを神奈川県の特高がつかみ、小躍りしたのだという噂を聞き、さらに昭和十八年九月に、昭和塾で講師の細川のもとに集まっていた者を捕らえたことから、内務次官の唐沢俊樹が前首相の近衛文麿をやっつけようとしてこんな無茶な逮捕をしているのだと推測した。

風見章は第一次近衛内閣の書記官長だった。昭和塾は昭和十六年十一月に解散してしまったが、近衛と親しい後藤隆之助が主宰していた。風見を脅し、後藤を叩いて、近衛に圧力をかけようと内務省の幹部は意図しているのだ。嶋中、山本、海野はこんな具合に想像した。

東条とかれの部下たちにしてみれば、たしかに近衛に圧力をかける必要はあった。昭和十八年に入って、近衛が宇垣一成や皇道派の退役将軍、あるいは退役提督小林躋造《せいぞう》と協議をし、東条を代えねばといった動きをしてきていることに、内務省と陸軍省の幹部は神経をとがらせていた。

だが、共産主義者にでっちあげた男の留守家族に風見章が生活資金をだしたことをとりあげてみたり、昭和塾で学んだ者を捕らえたりすることで、近衛文麿を慄えあがらせ、かれの政治活動を抑えることができると、内務次官の唐沢俊樹は本気で思ったのであろうか。

唐沢はちょっとのあいだそんなことを思ったのかもしれない。しかし、そんな具合にことは運ばないとすぐに気づいたはずだった。肝心なことを言うなら、近衛文麿がこうしたことをまったく気にしていなかったのである。

近衛は昭和十五年十一月に「大転向」をして、革新勢力、左傾分子と手を切っていた。まったくそうとは言い切れないところがあるものの、かれはアメリカとの関係是正を決意したとき、いわゆる「新体制」を望む人たちと絶縁した。

だからこそ、ゾルゲ事件は近衛にとって大きな打撃とはならなかったのだし、同じように、神奈川県の特高がやっていたことは、かれを脅すことにはならなかったのである。

かれが横浜で起きていることに心配をしていたのなら、つねに顔を合わせていた側近の細川護貞《もりさだ》に話し、この大量逮捕を背後で指揮しているのはだれなのかを調べてくれと言ったはずである。そして護貞は富田健治のところに飛んでいったにちがいない。富田は内務省育ち、警保局長、長野県知事、そして第二次、第三次近衛内閣の書記官長、依然としていまなお近衛の第一の部下である。そして護貞は富田が聞きだしてきた内容を日記につけたはずである。(13)

内務省の幹部は近衛に照準を合わせたことはなかった。だが、神奈川県の特高警察官は課長からはっぱをかけられ、国策に雑音を入れようとする超大物をめざしているのだと吹き込まれていたのかもしれない。そんなことがあったとしても、それはあくまで下級警官のレベルでの話だったのではなかったか。

そこで肝心なことは、神奈川県の特高がやっていたことは、内務省の幹部の指図に従ってのことではなかったということだ。逆に内務次官や警保局長はひきずられていたのではなかったか。

ひきずったのはだれか。

第二のゾルゲ事件の端緒をつかんだと思い、しゃにむに突き進んだのは神奈川県特高警察である。その夢が破れてからは、第二の五色温泉事件を追ったのは、これまた神奈川県特高警察である。

神奈川県特高警察を動かしたのはだれであろう。

「火の玉知事」がやったこと

長い話になるだろうが、ここで近藤壌太郎について語らねばなるまい。

近藤は昭和十七年一月から昨年の八月まで神奈川県知事だった。

かれは毀誉褒貶に囲まれてきた。ある人びとはかれを尊敬してきた。べつの人びとはかれをひどく嫌った。かれ自身はといえば、自分には三千人の味方がいて、三千人の敵がいることをひそかに楽しんできたようなところがあった。

かれは昨年八月はじめに神奈川県知事を免官となってから、ずっと浪人の身である。だが、郷土長野の大先輩、内務省の大先輩でもある、現在七十五歳になる枢密顧問官の伊沢多喜男がかれの後見人である。伊沢については前に述べたことがあるが、ここで繰り返そう。昭和十六年十月、首相の近衛文麿と陸軍大臣の東条英機が中国撤兵問題をめぐって争い、閣内不統一から近衛が総辞職しようとしたとき、退くな、陸軍大臣を事務管理にしろと、そのときにもっとも正しい助言をしたただひとりの人物が伊沢だった。

神奈川県知事をやめた近藤のことに戻れば、伊沢が口をきいてくれ、つぎの機会には内務省の上級ポストに坐ることにもなると思っているのかもしれない。

それはともかく、現在、五十歳のかれはこのまま神奈川県知事が最後の公職となったとしても、いつの日か、かれの死のあと、かれを慕う者がかれのために追悼録を編むことになるかもしれない。重ねて言うが、かれに敬意を払う者はいまなおいる。

かれは東京帝大をでて、希望の職場、これこそ権力の中枢である内務省に勤務することになり、有資格の事務官として、各県で課長、部長をやることになった。

昭和十三年四月にかれは大阪府経済部長になった。その年の六月、政府は純綿の国内向け供給を停止し、綿と綿製品の売却禁止という非常措置をとった。東京、とりわけ大阪の織物問屋は手持ち品を政府に安く買いあげられるのを嫌って隠匿し、ひそかにデパート、小売店に横流しした。近藤はこのような店を片端から摘発した。こうしてかれは「鬼の近藤壌太郎」と恐れられ、「内務省きっての苛烈な官僚」と言われるようになった。

そこで昭和十五年四月にかれが滋賀県知事となったときには、慄えあがった人たちがいた。大阪の綿問屋は滋賀県の出身者が多く、二年前の大阪府経済部長時代のかれの雷名は滋賀県にも鳴り響いていたからである。

そして、かれは昭和十七年一月に神奈川県知事に栄転した。神奈川県知事となってからは「雷知事」「火の玉知事」「小型東条」と呼ばれるようになった。

かれは一日中、部下たちに雷を落とし、かれらから始末書をとった。

たとえばこんな具合だ。国民学校の児童が空き地に麦を播いた。そこは県有地だった。来春には資材置場にする予定だったから、麦が大きく伸びてからでは面倒なことになると県側は考え、芽がでたかでないかというときに地ならしをしてしまった。新聞記者からこれを聞いた近藤は土木部と警察の関係者を知事室に呼びだし、怒鳴りあげた。こういうことをする奴をおれは憎むと声をふりしぼったとき、かれの手は小刻みに震え、眼鏡の下には涙があふれていた。

あるいはまた、こんな具合だった。昭和十八年四月はじめのことだった。日本郵船横浜支店長の藤野千萬樹《ちまき》は県知事からの電話だと部下が告げるのになにごとかと驚き、電話口の叱責の声に飛び上がった。すべての学校が運動場を畑にしようとしているいまこのとき、お前のところはなにをやっているのだ。運動場づくりはただちにやめさせよ。こういう命令だった。日本郵船はその数日前に山下町に普通海員養成所を開設したばかりだった。体操、手旗信号をする場所がないことから、四百人の少年たちが空き地の土をならし、ローラーを引いていた。知事はこれを見とがめたのだった(14)。

相手が自分より上級者であれば、近藤は喧嘩をした。

若いときから、自分の主張を押し通そうとして喧嘩をつづけてきたのだが、かれもいつまでも書生気質の正義漢ではなかった。喧嘩好きは変わりなかったが、なかなか上手に喧嘩をするようになり、支持者を喜ばせ、パトロンを満足させる、したたかな権力追求者となっていた。

滋賀県の知事になったときの話をしよう。滋賀県で知事になれば、近江政界の重鎮であり、実業家でもある堤康次郎に挨拶に赴くのが慣例だった。

近藤はこのしきたりを踏まなかった。県知事たるものが、どうして一県民に頭を下げに行かねばならないのだと広言したから、堤がかんかんに怒った。金権政治家を歯牙にもかけない、今度の知事は骨があるということで、かれが視察に向かう村々の青年団員は歓声をあげた。

近藤が神奈川県知事に転じたとき、堤康次郎は伊沢多喜男を訪ね、近藤に会わせてくれと頼んだ。近藤知事が滋賀県に残した業績のすばらしさをいまさらながらに知った、一県民としてお礼を言いたいと語った。(15)

ほんとうの理由はべつにあったのであろう。堤は箱根土地の社長であり、強羅《ごうら》から元箱根までに広大な別荘地を抱え、箱根全山を結ぶ自動車道路をつくっていた。戦争が終わったあとになれば、いつかは文字どおり宝の山となるはずだった。

ところが、すべての分野で統合・合併が進められているときだった。地方銀行は一県一行、地方新聞は一県一紙、港湾運送業者は一港一社となっていた。神奈川県知事がこのときとばかり、堤の箱根土地に不利な裁定をくだすかもしれなかった。機を見るに敏なこの政商は神奈川県知事とのあいだに、百年の知己といった関係を一日も早くつくらねばならなくなっていたのである。

伊沢多喜男が絡んだもうひとつの話をしよう。

大阪の住友本社に神奈川県知事から手紙がきた。住友通信工業の社長をクビにしろという破天荒な内容だった。

慌てて住友通信工業社長の梶井剛が県庁知事室を訪ねた。きみの工場にこのまま行ったが、総務部長なる者がでてきて、軍需工場だからお見せできませんと言った、知事にたいして非礼きわまりないではないかと近藤がまくしたてた。

梶井は深々と頭を下げ、工場を全部ご覧に入れると言った。そして伊沢多喜男翁から近藤知事の令名をかねがね耳にしていると語り、じつは私は親類のはしくれだとつけ加えたのであろう。

さらにかれは伊沢翁の三女が住友本社の人事部長、河井昇三郎に嫁いでいることを近藤に思いださせるようにしたのではないか。

それから一週間足らずあとのことだ。近藤は玉川向製造所を訪ね、同じその日に二万人分のアイスクリームを届けさせ、従業員に食べてもらいたいと言った。従業員の過半数はこのときはじめてほんもののアイスクリームを食べたのであろうし、アイスクリームの名前をしっかり覚えた少女もいたにちがいない。そして近藤がこのあと梶井と仲良くなったことはいうまでもない。

つけ加えるなら、近藤が門前払いをくったのは、頭の回転の速さが自慢のかれのいつもながらの早呑み込みで、住友通信工業の玉川向製造所とかれが思い込んだ工場は、同じ府中街道沿いながら、玉川向から四キロ離れた、北見方《きたみがた》にある日本通信工業だった。[16]さらにつけ加えるなら、住友通信工業は昭和十八年二月に改称するまでの会社名は日本電気だったのである。

もちろん、近藤がやってきたのは、絶え間のない叱責と喧嘩だけではなかった。かれはなかなかのアイディアマンだった。周囲の反対を抑え、それをやり抜く力を持っていた。

神奈川県では、「適時適配」を説き、米以外の食糧物資を少しずつ配給から削減し、貯蔵した。激しい非難攻撃を浴びたが、かれはびくともしなかった。この砂糖や豆を使って、疎開学童や高齢者に贈る菓子をつくり、壮行会でふるまう汁粉となった。玉川向製造所の従業員が舐めたアイスクリームも、この砂糖と卵を使ったのである。

かれが前任地の滋賀でやったいちばんのことは、琵琶湖周辺にある内湖の干拓であろう。昭和のはじめからの懸案であったが、予算をつけたのがかれだった。工事がはじまったのは昭和十七年からである。[17]もっとも、労働力と資材の不足から、現在も工事ははかどっていない。

BCGの予防注射を試みさせたのもかれの決断だった。

神奈川でやった最大のことは相模川発電所を予定より一年早く竣工させたことであろう。

中央公論社と改造社がつぶされた

ところで、神奈川県でかれがやったもうひとつ大きなことがあったのではなかったか。かれは県の特高を督励して大規模な共産主義者狩りをさせたのではなかったか。だが、現在、そしてこのさきも、かれが、かれの部下がこの事実を口にすることはないであろう。

しかし、かれの名前がこの共産主義者狩りの被害者の耳にまったく入らなかったわけではない。

昭和十八年のことだと思うが、何月のことか、「中央公論」の編集長の黒田秀俊は朝日新聞横浜支局の坂田源三から、「近藤知事自身がかなり積極的にうごいているようだから気をつけたほうがいい」と言われた(18)。

黒田はつぎのようなことを知っていたのであろうか。県庁詰めの坂田源三はなにがきっかけか近藤に気に入られ、木戸御免で知事室に出入りでき、知事に自分が仕入れてきた情報を伝えるようになっていた(19)。前に述べたことだが、子供たちが麦播きをした畑を県の土木課が地ならしをしてしまったと知事に告げたのはかれだったにちがいない。

坂田は神奈川県の特高警察が取り組んでいる共産党再建事件の捜査に知事が直接に指示を与えているのを見聞きしていたのであろう。知事の信頼の厚い坂田は支局長の門田勲や警察担当の和田四郎次には黙っていたのかもしれないが、黒田にはそれとなく注意したのであろう。

中央公論社長の嶋中雄作は黒田からこの話を聞き、近藤壌太郎の名前を胸に刻んだ。そして、嶋中はつぎのように想像したのである。

内務大臣の安藤紀三郎はお飾りの陸軍将官だ。全権を握ってきたのは次官だ。前の次官の湯沢三千男は近藤の手腕力量を高く評価していたのだという。そこで湯沢が近藤を三等県から一等県の知事にもってきたのだろう。湯沢のあとを継いだ次官は唐沢俊樹だ。唐沢は長野の出身だ。近藤も長野出身だという。近藤は湯沢、唐沢の指揮で動いてきたのではないか。

嶋中はこんな具合に考え、前に述べたように、近衛勢力に圧力をかけようとする中央の政治陰謀があるのだと思っていたのである。

嶋中はその近藤を間近で見ることになる。

昭和十八年八月二十四日のことだ。午前九時から、大磯南本町の地福寺で島崎藤村の葬儀があった。二十六日の青山斎場での本葬の前のことだ。

本堂内は東京から来た会葬者であふれ、廊下、境内まで人でいっぱいだった。嶋中は近藤の顔を知らなかったが、つぎからつぎと挨拶を受けている小柄な男が知事だとすぐに気づいた。会葬者の焼香がはじまり、文部大臣代理、帝国芸術院長代理につづいて、三番目が知事だった。挨拶をしなければと思ったが、身動きできなかった。あとにしようと嶋中は考えたのであろう。

じつは改造社の社長の山本実彦も県知事の傍らにいたのだが、紹介してくれる者がいなくて挨拶をしそびれた。

焼香が終わって、柩は本堂に向かって左側の梅の老木の前に運ばれた。すでに深い穴が掘られてあった。柩が下ろされ、柩の上に菊の花と「東方の門」の第二章の抜き刷りが載せられた。一週間あとに刊行される「中央公論」九月号に掲載予定のものだった。つけ加えるなら、ほとんど書きあがっていた第三章はつぎの十月号に載せられた。昭和十年に完結した「夜明け前」の記述の繰り返しがつづき、いよいよ明治三十年代を新たに描こうというところで藤村の筆はとまったのだった。

読経につづいて、弟子のひとりが「夜明け前」の「木曾路はすべて山の中である。あるところは岨《そば》づたいに行く崖の道であり、あるところは、……」とつづく冒頭の一節を朗読した。未亡人の静子、長男の楠雄、次男の鶏二、ほかの子供たちが土を投げ入れた。そして近藤知事がかれらに押されて、穴の横に立ち、土を入れた。つづいては作業員がまたたくまに大きく土を盛りあげた。

嶋中はどうして知事が近親者の扱いを受けるのかと疑問を抱いたにちがいない。嶋中はもう一度、いまが知事に挨拶するときだと思ったはずだが、またもしそびれてしまった。

挨拶をしそびれたのは山本も同じだった。

そのとき嶋中と山本が知らなかったことがあった。

地福寺の境内の梅林に眠りたいというのは、生前に藤村が願っていたことだった。かれは住職にこのことを頼んでいた。ところが、八月二十二日の未明に藤村が死んで、寺側が困ることになった。境内は大蔵省の財産で、住職の一存で墓地にすることができなかったからである。静子は県知事に訴えた。

近藤は神奈川県知事となってから、大磯町東小磯に住む藤村を訪ね、交誼を得ていた。知事になったときに郷里の人からもらった「千曲川旅情の歌」の第一連の扁額《へんがく》を藤村に見せた。偽筆だと藤村が言い、あらたに筆をとってくれた。そして近藤は機会があれば、生活物資を大磯に届けさせていた。

近藤は静子の陳情を聞いて、大磯の警察署長と町長を呼び、墓所の地割りの取り決めをさせた。自分は自分で一日のうちに一切を処理して、墓地譲渡の許可をとり、この二十四日の埋葬式をとどこおりなくすませることができ[20]、たいそう得意だったのである。

嶋中と山本は、島崎家のために県知事が骨を折ったことを耳にしていて、かれの性格をしっかり承知し、今回の事件の発展が内務省中央の命じていることだと思い込むことがなかったのであれば、寺の外の知事の乗用車の横で待つことにしてでも、近藤知事に丁重に挨拶をし、身内の不始末についても、監督の不行き届きを深く詫びたはずであった。

県知事のほうはどうかといえば、中央公論社社長の嶋中雄作、改造社社長の山本実彦は俺のところに挨拶にも来なかった、なんとも無礼な奴だと怒り、よし、中央公論社、改造社と徹底的に喧嘩をしてやる、叩きのめしてやると考えたとしても、[21]さほど不思議はない。

堤康次郎との喧嘩のくだりで触れたように、すべての分野で統廃合がおこなわれ、出版界でも統合と廃業がおこなわれようとしていた。四千近くある出版社を二百社に「整備」する計画があることを近藤は承知していたのであろう。中央公論社と改造社を締めあげるのはそれほど難しいことではなかった。

県知事に眠れない夜があったであろうかと前に記した。かれが松田町集団放火事件を思いおこし、部下たちが同じ過ちを繰り返しているのではないかと考えて、朝まで寝返りをうつことになった夜はどうやらなかったのかもしれない。

近藤はもともと内務省では警察畑を歩いてきた。昭和八年から二年間、警保局保安課からハルピンに派遣されたこともあった。ソ連とコミンテルンの情報収集が仕事だった。滋賀県知事時代には、特別高等課長の浅利春次との接触を欠かさなかった。中央の情勢、県庁の各部課とかかわりのある情報を特高課長から得ていたのである。[22]

神奈川県に移ってから、妻と子供たちを浦和の私宅に置いていた近藤は、横浜市内の西区紅葉ヶ丘の広い官邸に一人で暮らしていた。かれは女中を使いにだし、道路をへだてたさきの官舎に住む特別高等課長の平城国義を呼び、かれから軍首脳や上級政治家の動きを聞き、特高課が逮捕したばかりのニューヨーク帰りの労働運動家の経歴についての説明を受けたはずであった。

そこで特高課長の平城とかれの部下、第一係長の松下英太郎がこれこそ第二のゾルゲ事件と小躍りしたとき、つぎには考えを変えて、第二の五色温泉事件だとあらためて功名心に燃えたとき、二度が二度とも、まちがいなくその背後に日本通信工業の工場を住友通信工業の工場と早呑み込みした人物の督励があったにちがいなかった。

第二のゾルゲ事件の立件が打ち切られ、第二の五色温泉事件の立証も難しくなれば、細川一味の共産主義宣伝の線でいくようにと指示したのは、ほかのだれでもなく、「内務省きっての苛烈な官僚」と恐れられたことのある人物だったのではないか。そして次官の唐沢俊樹が神奈川県知事を督励したのではなく、この地方長官が、やらせてくれ、これは必ずものになると次官に説いて、餌ばかりか釣り糸も錘をも中央政府に呑ませてしまうことになったのではないか。

朝日新聞横浜支局の坂田源三が中央公論社の黒田秀俊に向かって、近藤知事自身がかなり積極的に動いていると告げたというのは前に述べたことだが、あるいはこのように教えたのは、もしかしたら藤村の葬儀のあとのことだったのかもしれない。

藤村の葬儀から二週間あと、九月九日、神奈川特高は昭和塾出身者十数人を捕らえた。細川嘉六の研究会に参加した人たちである。そして藤村の葬儀から一カ月ほどあと、十月はじめに、神奈川特高の一隊は泊に出張し、料理屋の女将から芸者、釣り舟の船頭までを徹底的に尋問した。

だが、これといった証言が得られるはずもなかった。やむをえず、泊に行った者、細川の講義を受けた者たちを締めあげ、かれらに自分は共産主義者だといった手記を書かせることになった。

昨年の一月には、中央公論社からさらに五人、改造社からさらに四人を逮捕した。そして昨年五月、六月には、特高課長が嶋中、山本を何回も呼びだし、尋問のあと、「社長を辞めてもらいたい」と繰り返し強要した。(23) 同じときに月刊誌「改造」と「中央公論」を廃刊せよと説いたのは言わずもがなのことだった。

山本実彦は徳富蘇峰に宛てて、六月十三日につぎのような手紙を書いた。

「謹啓　今回私不徳の結果、改造を廃刊し、改造社長を退任せなくてはならぬことになりました。誠に済まぬことです。これは私が部下の或事件に対し、道義的責任を取ったのだと御承知下さい。……

事件の真相は皆目私も不明なのです。それで責任をとったのです。全く狐につままれたような御報告です。御笑下さい。御高誼を永らく受けて此始末であります。御賢室様にも宜しく御伝え下さい[24]」

昨年の同じ六月のことだ。高島米峰《べいほう》が近藤に面会した。高島は以前に出版社を経営したことがあり、評論家で、社会福祉の運動をしてきた。七十歳になる。息子の雄三郎は中央公論社に勤務している。並んだ机の先輩、同僚がつぎつぎと拘引され、かれらのことを気づかう息子のことが心配だった[25]。

米峰は近藤を知っていることから、横浜に知事を訪ねたのである。

「こんどの事件は容易ならざる事件だから、先生は口をお出しにならないほうがよろしいでしょう」と近藤はにべもなかった[26]。

そして七月十日、政府は中央公論と改造の二つの出版社に自発的廃業を命じることになった。

内務大臣、次官、警保局長、保安課長、情報局総裁、次長、第二部長、そして総理大臣、だれひとり、はっきりこのような決意を決めていたわけではなかったはずである。中央公論社と改造社の問題は社長の交代でいいはずだった。情報局が社長を選んだらどうかと首相が口をはさんでもよかったのである。

だが、東条首相とかれの助言者は、連合艦隊の空母飛行隊の壊滅、その十八日あとの七月七日にサイパン島の地上戦闘が終わるという容易ならざる事態に直面するなかで、政府にたいする批判と疑問の声が日ごとに大きくなっていき、窮地に追いつめられつつあることをひしひしと感じるようになっていた。ふらふらと足が揺れ動いていないのだというところを首相は政敵の近衛文麿や岡田啓介に見せようとした。蠟山政道が清沢洌に向かって、「中央公論、改造の背後に三十万の知識階級――政府のオポジションがある[27]」と語ったのは、両社の廃業を聞いたときのことだった。東条は手が震えていないというところを三十万の知識階級に見せようとしたのでもある。

　というよりは、けっして臆してはいない、断固として行動するのだといったところを、首相はかれの部下たち、要するに、内務省や情報局の中堅幹部、言論報国会を牛耳る強硬派のグループ、市谷台の部課長たちに、そしてかれのことを悪く言いはじめた海軍と軍令部の幹部たちに見せようとしたのだ。

　だれが二つの出版社を廃業させるべきだと首相を説得したのかはわからないながら、このような乱暴な処置を中央政府の幹部にとらせることになったのは、第二のゾルゲ事件をものにできず、第二の五色温泉事件も空中楼閣に終わり、共産主義の啓蒙、宣伝をしていたといった罪状をつくりあげることの指揮をとっていた神奈川の一地方長官だったのであろう。犬を振りまわしたのは尻尾だった。

　中央公論社と改造社が廃業して八日あと、東条内閣は瓦解した。東京都長官から新たに内務大臣となった大達《おおだち》茂雄はただちに知事の任免をおこなった。八月一日、九人の地方長官を免職にした。

岡山県の橋本清之助、広島県の横山助成、熊本県の横溝清輝、和歌山県の広瀬永造といった顔ぶれである。そう、近藤壌太郎も入っていた。

新聞はなにも解説、批評をしなかったが、中央、地方の役人たちは「親軍官僚を一掃したな」と思った。前東条政権に積極的に協力した知事たちを切ったのだと理解した。大達は最初に四人の名前を挙げ、これだけはクビにすると言ったという噂が永田町に流れ、首相の東条に向いてのスタンドプレー、ごますりのひどすぎた者が免官となったのだと語られ、つづいては陸軍が大達のやった人事にひどく怒っているとの噂も語られた㉘。

思いもかけず中央公論社と改造社をつぶしてしまった。内閣は代わった。火の玉知事もいまはいない。神奈川特高は編集者の逮捕をやめたのか。

とんでもない。

昨年十一月二十七日には、前に日本評論社にいた三人と岩波書店にいた一人を捕らえた。この四月十日には、日本評論社の社員二人をさらに逮捕した。そして今月の九日には、岩波書店の小林勇を捕らえた。編集部の課長だ。四十二歳になる。

どういうことであろう。唐沢俊樹のあとの内務次官の山崎巌、町村金五のあとの警保局長、古井喜実は、神奈川県警察部に向かって、もういい加減に店じまいにしろと言わなかったのか。

言わない。昨年七月に小磯内閣が登場してから、ソ連との関係を改善しよう、特使を派遣しようということになった。前に述べたことを(29)もう一度繰り返すことになるが、こうしたときに、内務省はいつもながらの対応をする。日本がソ連に接近しようとすれば、左派、親ソ派、共産主義者は蠢動《しゅんどう》をはじめるにちがいない。さらに徹底した警戒が必要だ。そこで次官あたりが全国の特高部に注意を怠るなと命令することになったのであろう。

もっとも、川田寿はこの三月に保釈となった。痩せほそり、歩けないようになり、拘置所で死なれると面倒だと思ったからであろう。

すでに拘置所では、この事件の関係者が何人も死んでいる。世界経済調査会の高橋善雄が死んだ。昨年の五月に死んだ。三十二歳だった。同じ五月、東京航空計器の工員だった田中政雄も死んだ。細川と泊旅行に行った加藤政治とつながりがあったことで逮捕されたのだった。田中は留置場から拘置所に送られてきた翌日に死んだ。三十歳だった。

中央公論社の浅石晴世は昨年十一月に死んだ。二十八歳だった。中央公論の社員の和田喜太郎は昨年末に懲役二年の判決がでて、拘置所から刑務所に移され、この二月に獄死した。二十八歳だった。

いずれの死も留置場時代の拷問による衰弱と食事のひどさが原因であろう。

新たに捕らえられたひとりに渡辺潔がいる。留置場暮らしがはじまって七週間になる。かれは日本評論社でだしている「法律時報」の編集長である。三十八歳だ。

かれが逮捕されたのも、ばかばかしい理由からだ。ずっと以前になにやらの集まりにでていた出版社の編集者を捕らえ、かれらの知り合いの編集者をつぎに捕らえる、なんでもいいからやってみようということだった。

渡辺が留置されているのは中区本牧町一丁目にある山手警察署だ。

本牧一丁目、二丁目、三丁目に最初の焼夷弾が落とされたのは、九時二十九分だ。東神奈川に最初に投弾したのが九時二十二分だから、空襲がはじまって七分がたっただけだ。

だが、このわずかな時間のあいだに、横浜は一変しようとしている。神奈川区の東神奈川、二ツ谷町、平川町、鳥越、その他の町々は火に包まれ、雲といっていいような煙が高くたち、西区の岡野町と平沼町、いくつもの町に煙の柱が何十本とあがっている。そして中区の関内と伊勢佐木町とその周辺の町々に火の手があがっている。そして今度は本牧だ。

留置場には五十人ほどの留置人がいる。

いよいよ警察署があぶなくなれば、留置人は釈放し、翌日の昼までには警察署に戻るように命じることにしている。

山手署でもそうするつもりだ。だが、思想犯は釈放しない。四人いる。二人ずつ手錠がかけられた。渡辺潔は若い朝鮮人とつながれた。

渡辺は窓を見上げる。手の届かないところに小さな窓があり、鉄棒がはまり、金網が張ってある。坐っていたのでは見えないが、床に頬をこすりつけるようにして仰ぎ見ると空が見える。

あるときは青空がかれに囁きかけ、慰めを与え、あるときは鉛色の空がかれの心を暗くさせた。そして窓のすぐ近くに木が植えてあるらしく、枝が一本見える。それが桐の枝と知る。芽が少しずつ大きくなり、薄赤い葉となる。自分の周りでただひとつ美しいものだと渡辺は思ってきた。

あの桐も焼かれてしまうのだろうかと思い、うかうかしていたら自分もこの男といっしょに焼け死ぬかもしれないと思う。

そのとき、空気を切る異様な摩擦音がして、監房が激しく揺れた。夢中で床に顔を伏せる。煙が入ってきた。

「焼き殺すのか」

「出せ」

いつも看守にペコペコしていた留置人が口々に叫びだす。

「出せ。命令がでたぞ」と看守の声がする。

看守が扉をあけてまわる。朝鮮人にひきずられるようにして渡辺は外へでる。
「手錠の者はこっちへ来い」と看守が叫ぶ。警察の裏手の崖にある横穴防空壕へ向かう。木造の警察署の二階の窓から黒い煙があがり、炎が壁板をなめている。(30)

池田克己《かつみ》は中区小港《こみなと》にある日本鋼管の本牧《ほんもく》機械製作所で働いている。勤労動員だ。かれは本牧国民学校の高等科二年生だ。

機械工場が二棟、ほかに木型、鍛冶、製図工場があり、同じ日本鋼管系列の鶴見造船所で建造している輸送船のウインチをつくっている。働いているのは、動員の少年たちを含めて二百人ほどだ。

克己がつくっているのは大きな歯車である。ウインチの減速ギアだ。ホッピング・マシンを使って歯車の歯を切っていく。

空襲警報が鳴り響いた。七百メートルほど離れた本牧国民学校の屋上のサイレンだ。七百メートルといえば、山手警察署がこの本牧機械製作所から西に七百メートルほどだ。ラジオは「後続目標」があると言っているという。大空襲の知らせだ。いよいよ横浜かなと話し合っているとき、物凄い音が鳴り響き、鳴りやもうとしない。何十、何百と高射砲弾が炸裂しているのだ。

ホッピングのスイッチを切り、入口を出て、壕に走る。耳になじんだうねりのあるB

29の爆音も聞こえてくる。海際の埋立地にあるこの工場には広い空き地が残っていて、防空壕がいくつも掘られている。ここの壕も盛り上げ式だ。

Ｂ29の爆音と対空砲火が重なり合って聞こえる。近くの本牧緑ヶ丘の高射砲も撃っているようだ。真っ暗な防空壕の天井から砂がぼろぼろと落ちてくる。敵の編隊は西から東に向かっているようだ。

爆音が小さくなったので、外へでる。北の方角に黒い煙がいくつも立ちあがっている。大桟橋、新港埠頭のずっとさきだ。青木橋か神奈川本町ではないかと克己は思う。伊勢佐木町のあたりはどうなのだろうと思うが、目の前の山手の丘が邪魔をしてわからない。振り返ると、家のある本牧元町の方向には煙はあがっていない。

爆音が頭上に近づいてくる。克己は壕に入る。暗闇のなかで、壕を揺るがす音を聞いているのは不安だ。入口の近くにいる克己は扉を持ちあげ、外を覗く。煙が入ってくる。どこが燃えているのだろうと思い、外へでる。薄暗い。つぎの爆音が近づいてくるので壕に戻る。

壕のなかに煙が入ってきて、息苦しい。爆音はしないぞ、でようとだれかが言い、克己がいちばんに外へでる。煙でいっぱいだ。いよいよ暗い。気味の悪い音がいたるところから聞こえてくる。黒煙のあいだから赤い炎、黄色い炎が見える。

すぐ近くの本牧一丁目、本牧十二天の町が燃えている。その向こうの本牧宮原、本牧原も燃えている。そのさきの本牧元町は燃えているのかどうかはわからない。逆の方向、丘の向こう側は真っ黒だ。北方町、本牧二丁目、上野町、麦田町まで、すべて燃えているにちがいない。

B29の重苦しいうなり声がまたも真上を通りすぎる。機体は見えない。煙の上なのだ。このとき、爆音と炸裂音にまじって、ザーという音とともに、真っ黒な空のなかを白い尾をひいたものが数限りなく落ちてきた。焼夷弾だ。落ちていくさきは、すぐ前の丘の向こう側の北方町か本郷町のあたりにちがいない。敵は同じところに何回も何回も焼夷弾を落としている。家という家、すべての家を焼いてしまおうという魂胆なのだ。

煙はいよいよひどくなり、風がでてきた。灰色のなかに閉ざされてしまい、方向感覚を失う。目がひりひりし、涙がとまらない。喉が痛い。煙から逃れようとするのだが、苦しくて走ることができない。いまにも窒息しそうだ。防空訓練で、目と肺を保護しなければならない、身をかがめよ、顔を地面につけよと教えられたことを思いだし、膝をつき、両腕を地面につける。どうやら酸素があるようだ。肩からさげた弁当の入った木綿の鞄を背中にまわし、地面を嘗めるようにして進む。息をとめて何度か頭をあげる。煙が切れたあいだから、コンクリートの壁が見えた。防潮堤だ。

もう大丈夫と思い、立ちあがって駆けだす。防潮堤の外側に犬走りがある。そこに降りれば、煙に直接ぶつかることはあるまい。勢いよく飛び下りたら、海にころげ落ちる。

コンクリートのふちに手をかけ、ぶら下がり、手を離す。うまく犬走りにとまった。

同じように犬走りに下りている人がさきのほうに何人もいるが、クラスの者はいない。どこへ逃げたのだろう。さきほど黒い煙の柱が何本も立っていた神奈川の町の方角は煙におおわれ、なにも見えない。

風の向きが変わったのではないかとかれは思う。海から陸に向かって風が吹きだしている。このとき、すさまじい金属音が耳を打つ。海を大きな棒で叩くような音がして、水柱が直線につづいて、いくつも上がる。編隊の飛行機が飛び去る。P51の機銃掃射だと気づく。どうして海をねらったのだろう。

克己は犬走りを歩き、千代崎川の河口のところまで行く。河口のさきの小港《こみなと》の干潟に大勢の人がいる。色とりどりの荷物は布団のようだ。火と煙に追われ、石垣を下り、潮のひいた遠浅の干潟に逃げたのだろう。倒れている人はいないようだ。あの人たちがねらわれなくてよかったと克己は思う。

横浜の焼き討ち、敵の戦術

山手の横浜測候所の山田直勝が屋上から地下室に降りる前に最後に数えた敵編隊は、七番目、八番目、九番目までだった。

十番目、十一番目、十二番目の編隊も、九番目の編隊と同様に関内、伊勢佐木町、その周辺の町に焼夷弾を投下した。九時二十八分、二十九分、三十分までのあいだだったのであろう。関内の常盤町に住む加瀬昌男と両親が横浜公園に逃げたのは、この直後のことではなかったか。

十三番目、十四番目の編隊は保土ヶ谷の権太坂から井土ヶ谷の上空を直進し、本牧一丁目と本牧二丁目の住宅地をねらった。山手の測候所から七百メートル南だ。これもまた九時二十九分から三十分のことだったのであろう。渡辺潔が留置されている山手警察署を五十キロの油脂焼夷弾が直撃したのは、このときであろう。

つぎの十五番目と十六番目の二つの編隊は、最初に述べた蒔田国民学校の周辺の町に焼夷弾を投下した。九時三十分から三十二分までのことだ。

敵は、横浜の市街地、軒を接する家並みがつづく人口緻密な町に五つの照準点を定めている。第一が東神奈川駅、第二が横浜駅の西にある平沼橋だ。つぎが市役所の隣の港橋だ。四番目が山手警察署に近い大鳥国民学校、そして第五が蒔田国民学校のすぐ近くの吉野橋だ[31]。

吉野橋は、山田直勝が測候所の屋上から眺める港から関内のビジネス街、つづく伊勢佐木町とその周辺の繁華街の奥にある。敵が定めた第三目標、港橋からまっすぐ西に二キロのところにある。屋上からは、測候所から西につづく山手の丘の背のつながりが邪魔になって、吉野橋の界隈は見えない。

最初に焼夷弾を投下した九時二十二分から九時三十二分までの十分のあいだに、十六の編隊、総計百機を超すB29による五つの照準点を目指しての爆撃は終わった。

一分おいて九時三十三分、第二波の攻撃がはじまる。第一の照準点に戻る。再び東神奈川駅周辺の町だ。一分間隔で四つの編隊が焼夷弾を投下する。つづいては第二照準点の平沼橋界隈の町々だ。これまた最初と同じだ。一分間隔で四つの編隊が襲った。つぎに第三照準点だ。港橋を中心にした町々だ。再び四編隊だ。

そして四番目の大鳥国民学校だ。二編隊だ。九時四十分から四十一分のあいだのことであったにちがいない。壕をでた池田克己が白い尾を引いた焼夷弾が真っ黒な空を背景に数限りなく落ちていくのを見たのが、このときだったのであろう。

そのあとの二編隊が吉野橋だ。

吉野橋周辺の爆撃が終わって、第一波と同じように、これまた百機ほどのB29、十六編隊による五つの照準点を目指した第二波の攻撃は終わった。

この大編隊の攻撃をわがほうの高射砲は阻止できない。一機を撃墜した。測候所の屋上の山田直勝はその瞬間を見損なったが、これは防空戦闘機の体当たりだ。高射砲弾の破片は敵機の胴体と翼にいくつも大きな穴をあけているはずだ。しかし、頑丈な造りのB29はびくともしない。煙が空をおおい、敵機が見えなくなってしまったら、いよいよ敵機を落とすことはできない。敵の電波妨害作戦に手も足もでない。迎撃戦闘機は敵の百機のP51に阻まれ、B29を攻撃することができない。空中爆雷の爆発を加瀬昌男が見たことは前に述べた。投下する空中爆雷は敵B29の操縦士や爆撃手を脅かしはするが、その数はあまりに少なすぎ、不正確にすぎる。第二波の攻撃が終わるまでに空中爆雷を何発落としたのであろう。三発だったのではないか。

横浜の町々を焼き尽くそうとする敵爆撃機編隊の奔流はまだ終わるどころではない。御前崎の沖合の上空から、静岡県、そして神奈川県の上空を横断し、流れつづけている。二十編隊以上、二百機ほどが、まだこの長い流れのなかにいる。

第一波、第二波の攻撃のあとは、順番どおりには攻撃しない。第一波、第二波の爆撃機の編隊群が順番どおりに爆撃したのは、煙が充満する前に、すべての照準点を目視によってはっきり見定めて焼夷弾を投下しようとしてのことだった。第二波の攻撃が終わったころには、地上は煙でなにも見えなくなる。爆撃照準用の電波兵器に頼ることになる。爆撃の順番については、もううるさいことは言わない。どうでもいい。第三照準点のつぎに第一照準点をねらう編隊が並び、第一照準点のあとに第四照準点をねらう編隊がつづいてもいっこうにかまわない。

もう少し説明しよう。前に触れたとおり、敵はサイパン、グアム、テニアンに四つの航空団を置くようになっている。

ひとつの航空団の定数が百八十機であることも前に述べた。現在、この四つの航空団は、それぞれが百七十機から百五十機、百二十機を保有するようになっているから、四つの航空団のすべてが出撃すれば五百機を超すことになる。

四つの航空団の攻撃は五月十四日の朝の名古屋北部の市街地の焼き討ちが最初だった。損傷、故障で発進できなかった飛行機あり、目標を爆撃できなかった飛行機ありで、定められた目標を爆撃したのは四百六十六機だった。つづいて五月十七日の未明、名古屋南部の市街地を襲った。四百五十七機だった。五月十九日の午前十一時に立川の航空機工場を爆撃したのは四つの航空団だったが、機数は三百機だった。五月二十三日の深夜、東京南部の市街地を焼き討ちしたのが五百二十機、そして五月二十五日の深夜、これも東京の中心部を襲ったのが四百六十四機だった。

四つの航空団の出撃は今日が六回目、四百五十機を超す出撃は今日が五回目なのである。

つけ加えれば、日本側の発表は、敵の空襲が夜のときは必ず来襲機数を半分にしている。やって来る敵機はたいした数ではないと国民に思わせようとしているのだ。三月十日未明には、二百七十九機が襲来したにもかかわらず、「百三十機」と発表した。四月十三日の夜は三百二十八機の来襲があったにもかかわらず、「百七十機」だと言った。四月十五日の夜はいちばん実数に近かった。三百三機を「二百機」だと言った。そして五月二十三日の夜は「約二百五十機」、五月二十五日の夜も「約二百五十機」だと大本営は発表した。

もう少し多いのではないかと疑問をはさんだら、陸軍の責任者は、夜だからしっかり数えることができないのだと言いつくろうことになろうが、もちろん、この情けない弁解は嘘である。前に述べたように、ドイツの空軍武官のグロナウは、二十五日夜の二時間半、ひとりで夜空を見上げていただけで、B29の来襲を四百五十機と数えているのだ。その夜、東京を襲った敵機の正確な数はさきに述べたように四百六十四機だった[32]。今日は朝からの空襲だから、二百五十機の襲来とは大本営も発表できない。

さて、いつの爆撃でも同じだが、四つの航空団のひとつひとつが、それぞれの照準点を受け持っている。

今日の爆撃を詳しく説明しよう。

敵の編隊は富士山の上空で向きを東に変え、まっすぐに横浜に進撃軸線をとっていることは前に述べた。正確にいえば、富士山頂の剣ヶ峰の北一・二キロのところで向きを変えている。

大磯や鎌倉で空を仰ぐ人たちはB29の編隊がつぎからつぎへと同じ直線上を飛んで横浜に向かっていると思うだろう。だが、敵の四つの航空団の進撃軸線はそれぞれわずかながら異なる。山手の測候所の屋上で見ていた山田直勝が気づいたとおりだ。

富士山の上空で向きを変え、真北から九十度、真東に針路を取れば、本牧、杉田よりずっと南、富岡の上空を抜け、東京湾にでてしまう。本牧の大島国民学校をねらうには、真北から八十四度二十分に進撃軸線を取らねばならない。この航空団は百四十機を持つが、半分の七十機が割り当てられている。大島国民学校よりわずかに北にある港橋をねらう百二十機の航空団は八十四度の進撃軸線を取る。べつの航空団、百四十機がねらう平沼橋は八十三度、東神奈川駅をねらう八十機たらずの航空団は八十一度三十分だ。[33]吉野橋は大島国民学校をねらう進撃軸線の上にある。大島をねらう航空団の残り七十機が吉野橋周辺を爆撃する。

ところで、照準点、目標と言ってきたが、塹壕陣地にたてこもる敵の歩兵中隊を撃滅するために、百五十五ミリ砲弾をこの目標に撃ち込むのとはわけがちがう。

第一照準点の東神奈川駅はすでに焼かれてしまったが、第二照準点の帷子《かたびら》川に架かる平沼橋、第三照準点の市役所脇の大岡川の運河にかかる港橋はいずれも残っているし、第四照準点の本牧の大島国民学校も焼け残るだろう。五十キロの大型焼夷弾が校舎に八発、運動場に三発落ちてきたが、教職員と教室のいくつかを借りている海軍の兵士たちが消火にがんばっている。[34]第五照準点の中村川に架かる吉野橋も焼けはしないだろう。これらの照準点は目印という意味にすぎない。

敵の計画は、人口密集地域を殲滅してしまおうとして、市街地の真ん中にはっきり目印となる目標を定め、そこを中心として半径一・二キロ、面積四・五平方キロの円のな

かに、ひとつの航空団が投下する焼夷弾の少なくとも半分を必ず落とそうということなのである。(35)

五カ所の円の総計はほぼ二十二平方キロになる。すでに四月十五日の深夜、市内の鶴見区を中心に五平方キロを灰にしていたから、合わせて二十七平方キロの横浜の市街地を焼こうという算段である。

いまさら言うまでもないが、敵は港湾設備、海岸沿いにある造船所、自動車工場、アルミナ製造工場、精油工場を爆撃することなどまったく考えていない。そんな工場のリストがあり、工場位置の番号をふった地図をつくったものの、そんな作業はやってみせているというだけのことで、人道主義に訴える用意のためのアリバイづくり以上の意味はない。

山手の楢橋渡の邸も焼かれる

最初の東神奈川の空襲からどのくらいの時間がたったのだろう。山手の横浜測候所の真上に敵編隊の爆音が近づく。空は煙におおわれ、敵機は見えない。山田直勝と部下たちは半地下の地震計室へ駆け下りる。

敵機の爆音が去る。測候所の建物は鉄筋コンクリート造りだが、床は板張り、階段、手すりも木製だから、飛び込んだ焼夷弾の始末は寸刻を争う。玄関ホールに駆け上がる。

二階に上がる。さらに三階に向かう。どこも燃えていない。

芝生に落ちただけだ。青い火、赤い炎がいくつも立っている。ほうっておく。黒い煙が流れてくる。煙は測候所の南隣にある横浜税関宿舎の屋根からあがっている。梯子を担いで隣家に走り、みなのバケツ・リレーで砂をかけ、水をかける。消し終えたまではよかったが、山田は梯子から下りるときに足を滑らせて右肩から落ち、右腕を傷めた。

腕の痛みをこらえながら、かれは自分の官舎に戻る。茶の間の屋根に大穴をあけ、畳に食い込んでいるのは、焼夷弾を束ねた外枠だった。よかったと思う。風がひどくなり、さらに暗くなる(36)。

もはやなにも見えない。遠い神奈川区の町や丘はもちろんのこと、野毛の山も、霞ヶ丘も、生糸検査場も、税関も、県庁も、開港記念会館も、下の元町もまったく見えない。深い霧のなかにいるようだ。そして、ものを焼き尽くす不気味な音が霧のなかから烈しい風の唸り声とともに耳を圧する。相変わらず爆音は響いているが、高射砲の炸裂音は減ったようだ。

測候所の玄関は西を向いている。夕立直前のように暗いなか、人が前の道を通る。土地の人が宮脇坂と呼んでいる坂道が下の元町までつづいている。火を逃れた人たちがこの坂道を上がってきているのだ。

だが、丘の上も燃えている。測候所の前の道をはさんで向こう側は外人墓地だ。崖の傾斜面にある墓所は下までつづく。その向こうの丘の上の洋館が燃えている。早く流れていく煙の切れ間からときどき赤い火が見える。

煙が切れ、山手聖公会の塔屋の脇から炎があがっているのも見える。測候所からは南に二百メートルさきだ。教会堂が燃えているのだろう。現在は海軍病院が倉庫に使っている。教会堂の少しさきにあるブラフ・ホスピタルと呼ばれていた山手病院は横須賀の楠ヶ浦にある横須賀海軍病院の横浜分院となっている。

測候所の南の空全体も頭の上まで煙で覆われ、なにも見えない。麦田町も、千代崎町も、本郷町も、北方町も、本牧も、すべてが焼けているのだろう。

すぐ近くでも煙があがっている。測候所の東南、百メートルほど離れた木立ちのなかの邸が何軒か燃えている。

燃えている一軒は楢橋渡の別邸だ。

楢橋渡は四十三歳になる。かれはまことに変わった経歴の持ち主だ。炭鉱夫から、十九歳で弁護士試験に合格し、一躍有名人になり、青少年向けの人生雑誌の主人公になった。記憶力がいいだけではなかった。大正十二年の大震災の直後には、かれは「法律早分かり」といったパンフレットをつくり、焼けてしまった家の地上権、焼けてしまった保険証書や借金の証文はどうなるかを説き、これを焼け跡で売らせ、買った人には無料で相談に応じると叫ばせたのだった。

翌十三年に銀行の取付け騒ぎが起きたときには、かれは預金者の代表になり、銀行を再開させるのに成功し、多額の報酬を得た。ところが、たちまちすっからかんになり、つぎにはフランスに留学した。

フランスにいるあいだに、かれは東京市仏貨《ふつか》公債事件といった国際訴訟の東京市の代表になった。かれは十年の長期訴訟をつづけ、各地の裁判所、大審院で争い、最後には政治交渉に持ち込み、勝利を収め、昭和十四年に帰国することになった。

楢橋は八月にノルマンディ号で大西洋を渡った。余計な話をすれば、かれはフランスご自慢のその豪華客船に乗り、みごとなインテリアに感嘆した最後の客のひとりとなった。ヨーロッパの戦いが翌九月にはじまり、ノルマンディ号はニューヨークの埠頭に係留されることになり、そののちアメリカが参戦して、接収したノルマンディ号を兵員輸送船に改造したからである。

楢橋はカリフォルニアの各地で日系一世の金持ちを集めて講演をしてまわった。

じつはかれはパリにいるあいだに、かれの訴訟相手のバンク・ド・ペイバの首脳から、華北第一のホテルである北京飯店を売りたがっているという情報を得ていた。持ち主はバンク・ド・ペイバを取引銀行とするフランスの富豪だった。

ドルで買い、アメリカで決済することができれば安値で買いたたけると楢橋は読んだ。すばらしいアイディアが浮かんだ。そこでかれは凱旋帰国を先延ばしにして、大西洋を経由してカリフォルニアに立ち寄ることにしたのである。

　行き来もままならなくなった北京から資本を回収し、安全なアメリカに移したいと願うフランス人資産家と、片やアメリカにおける前途に不安を抱き、北京に資本を移すのはいい考えだと思う日系一世の資産家たちの仲立ちをしようとしたのである。

　かれは日系一世の資金十五万四千ドルで北京飯店を買った[37]。屋上の三色旗に代わって日章旗が翻ったときには、北京のだれもが驚いた。かれは契約代理人だったのだが、新会社の社長になった。そして日米関係が急激に悪化するなかで、カリフォルニアにいる日系一世の新株主がなにもできないでいたときに、楢橋はオーナー社長のようにふるまうことになった。

　かれは大いに儲けたから、つぎつぎと不動産を買った。日本から引き揚げる英国人の邸を買った。これが最初に述べた山手の家だ。

　この英国人はロンドンに本店のある会社の横浜駐在の代表で、マンレーといった。英国のいくつもの船会社、保険会社、サルベージ会社の仲立ちをやり、神戸にも支店を置き、けっこう繁昌していた。横浜一の外国人富豪だったと楢橋は語っている。

　このマンレーの邸だが、昭和三年に建てられたのではないか[38]。玄関からつづく広間にはパイプオルガンが置かれ、床はチーク材、寝室の衣裳戸棚から大きなベッドはすべて胡桃《くるみ》の木、窓にはステンドグラスがはまり、食堂の天井の照明器具、食器やグラス、カトラリー、リネン、栗色の壁紙までがことごとく英国製で、広い庭の端には英国種のバラの花壇があった。

マンレー夫妻は昭和十五年に帰国した。部下の五人の英国人も家族とともに横浜を離れた。

楢橋はほかに同じように故国に引き揚げる英米人の山手の邸宅を二軒買い、ドイツ人に貸した。軽井沢の土地、野尻湖の別荘を買いもした。

かれが政治家になったこともつけ加えておかねばなるまい。昭和十七年の選挙で郷里の福岡第三区からかれは出馬して、縁の太い黒眼鏡と顎髭の特異な容貌をたちまちのうちに選挙民に覚えられ、翼賛会の推薦を受けることなく最高点で当選した。もちろん、選挙にでたのははじめてである。

そして、かれは日本に戻ってから、幣原喜重郎と親しくしている。パリ時代に知り合った沢田廉三に紹介してもらってのことだ。幣原と沢田は親類だ。二人はともに三菱の女婿である。ついでに言えば、沢田は昨年十月から今月の十三日まで外務次官だった。

ところで、楢橋が幣原喜重郎と親しくなったのはいつごろからであろう。楢橋が軽井沢に土地を買おうとしたとき、わざわざ松岡洋右の別荘の隣を選んだ。そのときには松岡と親しくなろうと考えてのことであり、事実、親しくなった。

だが楢橋は、松岡に信頼されるようになり、同時に幣原の信任もかち得ようと思っていたわけではあるまい。松岡と幣原の考えはちがいすぎる。松岡は在野時代からずっと幣原外交にたいする軽蔑を口にしていたし、幣原は公然とは言わなかったが、昔からの友人に向かっては、松岡の外交を厳しく批判し、「児戯に類する無軌道外交[39]」と非難していたのである。

戦局が悪化してから、楢橋は松岡とは疎遠になり、幣原になにかと便宜を図ってきたのであろう。幣原がこのさきに再登場する日が必ず来ると考えてのことである。

さて、かれの麻布永坂の本邸は四月十五日の夜の空襲で焼かれた。一家は横浜に移ってきたのであろうか。長女の和子は聖心女学院に入学したばかりだ。長男の進は暁星の初等部だ。集団疎開に加わっているのではないか。その下の二人の子はまだ小さい。

楢橋夫婦は庭の端の防空壕の入口に立ち、日が暮れたように暗くなったなかで、邸が燃えているのを見ている。屋根を貫いた焼夷弾が二階で炎をまき散らし、水をかけたり濡れ筵をかけたりしているうちに、二階のほかの部屋の天井が燃えはじめていることに気づいた。べつの焼夷弾が屋根裏に止まっていたのだ。どうにもならず庭に逃げたのである。

昨日の昼間、楢橋と妻の文子は友人をこの別邸に招待した。多田駿《はやし》、山本為三郎、加藤正人、岸本彦衛といった顔ぶれだ。

多田は楢橋が北京飯店を買収したときに北支那方面軍司令官だった。現在は予備役となっている。陸軍士官学校は十五期の出身で、梅津美治郎と同期だ。六十三歳になる。昭和十二年、十三年に閑院宮《かんいんのみや》総長のもとで、かれが参謀次長だったときに、支那事変の収拾を一貫して主張したにもかかわらず、(40)ついに統帥部の望むようにはならなかったことは、楢橋や山本も知っていたにちがいない。

多田次長が正しかったのだと、いまになればかれらは思い、昭和十三年十二月、かれを辞任に追い込んだ戦争継続派の陸軍次官、東条英機が間違っていたのだとうなずき、その翌年、昭和十四年八月、いかなる情勢の変化からか、陸軍首脳はかれを陸軍大臣に推すことになるのだが、天皇が反対して、結局は畑俊六が陸軍大臣になったということも聞き知っていたのではないか。どのような事情があったのだろうといまになれば疑問がふくらみ、かれに尋ねた者もいたのかもしれない。だが、かれは楢橋や山本が満足する回答をしなかったにちがいない。

これについてはこのさきいつか述べる機会があろう。

大日本麦酒の重役の山本為三郎は三日前に焼けだされたばかりであることは前に述べた。加藤正人は大和紡績の社長である。五十八歳だ。岸本彦衛は岸本商店の副社長だ。大阪の豪商であり、父の代から鉄の輸入と販売をしてきた。五十歳になる。

楢橋は幣原喜重郎をも招待したかったにちがいない。幣原の千駄ヶ谷の邸は四月二十五日の夜に焼かれ、かれと妻は代々木初台の次男の重雄の家に仮住まいしている。幣原は横浜まで行くのはとてもと断ったのではないか。

いつ空襲があるかわからないというときに人を招待するのは、たしかに無謀な企てだった。なによりも無謀だったのは、招いた客に見せようと、軽井沢の別荘からわざわざ山手の家にかれのコレクションの絵画を運んできたことだ。ピカソからドラン、ブラマンク、キスリングの絵だ[41]。

横浜の山手は安全と思っていたのは大きな間違いだったと楢橋は後悔している。二階の軒下から炎があがり、大量の火花が強い風に乗ってこちらにも流れ、二階の天井や壁の焼ける音がつづいている。にもかかわらず、一階の端の部屋の窓のカーテンは動く気配もない。あの窓から部屋に入れば、まだ絵の一枚、二枚は持ちだせるのではないかと二度目の思案をしたとき、カーテンの色が変わり、つぎの瞬間、カーテンが舞いあがり、オレンジ色の火に変わった。

再び真上に迫ってくるＢ29の爆音が胸を圧迫する。高射砲の炸裂音と焼夷弾の落ちてくる音に楢橋と文子は顔を見合わせ、膝の上の幼児を抱きしめる。防空壕のなかで、いよいよとなったら外人墓地へ行こう、それとも元町公園に行こうと話し合う。外人墓地と丘ひとつへだてた谷間に元町公園がある。測候所にいる山田直勝とかれの部下と家族たちは構内の防空壕にいる。ここが燃えだしたら、前の外人墓地に逃げようと話している。

元町と山下町から火に追われて逃げてきた人びとが外人墓地の下の裏門から入ってきている。ざーっと屋根のトタン板に雹《ひょう》が落ちてくるような音がして、だれもがその場に伏せる。爆音が遠ざかって、人びとは立ち上がる。煙と火の粉が渦を巻いて飛び交い、爆音が再び近づくなか、子供を背負った母親や老人が段々畑のような墓地内をあてどもなく上がり下がりして、大きな四角い石柱の陰にかがみこみ、欠けた円柱の墓石の背後に座り込む。

山手の尾根の反対側、いま火柱をあげている楢橋の邸のある坂道を上がってきた人たちも外人墓地の表門から入ってくる。

そんな坂のひとつを上がって、カーキ色の作業衣の海軍下士官と水兵の四人が入ってきた。小銃を持っている。かれらのなかにまじって、頭ひとつ高い男が二人いる。外国人だ。ひとりは英国人、もうひとりはオーストラリア人だ。捕虜なのである。

かれらは、楢橋の邸に近い、これも戦いのはじまる前には、アメリカ人か、英国人が住んでいた邸に寝泊まりしている。ここが横浜の俘虜収容所の分室である。

オーストラリア人のほうはニューギニアで捕虜になった陸軍中尉だ。ジョン・ギブソンといい、英国人のほうはルイス・ブッシュといい、変わった経歴の持ち主だ。山形高等学校の英語講師の職を辞めて、日本人の妻のかねとともに、横浜を離れたのが昭和十五年四月だった。山形でも、前任地の弘前でも、だれからも好かれ、かれもまただれをも愛してきた。かれは英国海軍に志願するために帰国したのだが、水雷艇の副長となって、派遣されたのは香港だった。妻も香港まで来た。ところが、そこで捕虜になってしまい、日本に送られてきたのが昭和十八年だった。かねも帰国した。やっとのことで連絡がとれ、毛糸の靴下、下着、わかもと一瓶、自家製のチーズとジャムを送ってきた。だが、妻と会うことはできない。

海軍が横浜に捕虜の収容施設を設けたのは、ウェーク島の捕虜二十人を山下町のライジングサン石油の社屋に収容したのが最初だ。つづいて陸軍の俘虜収容所に送るまでの捕虜を一時的に留置する施設を大船につくった。横浜から行って駅の右手に見える観音像のさきの山あいにある。情報の収集が目的だったが、空襲が激しくなって、陸軍が捕虜を引き取らなくなり、大船の仮収容所には現在、百人を超える捕虜がいる。ところで、アラビア語の独習に懸命な年若いオーストラリア人と前に日本で学校の教師だった英国人の二人の捕虜を陸軍の俘虜収容所から引き取り、山手に住まわせ、五人もの兵士をつけておくのはなぜなのかは、兵士たちのだれも知らない。

大船のことや、ブッシュについては、このさきで述べる機会があろうが、ひとつ挿話を語っておこう。元旦にブッシュとギブソンは伊勢山皇大神宮に初詣でに行った。二人だけを残しておくわけにはいかないから、いっしょに行ってもらうと、この小さな収容所長の軍曹に言われたのである。昨年のことになるが、通訳といっしょに日本橋の丸善まで行ったのが、ブッシュにとっていちばん楽しかったことだったが、外出できるなら、どこでも大歓迎だ。軍曹と四人の水兵とともに山手女学院横の石段をおりた。市電で行った。丘の坂道をのぼった。二人は鳥居の前で待っていると言い、港にあがる朝日を眺めた。初参りに石段を上がってくる人たちが、着古した軍服の二人を見て、どこの軍人と思ったのかはわからないが、憎しみの目で見られないのが、二人にとって嬉しかった。飾り物の繭玉を売る露店がでていた。軍曹は二人に繭玉を買ってくれた。

今日の墓地内のことになる。すべてを包み込んだ煙の外から、あらゆる音が押し寄せてくるなかで、軍曹はまだまだ焼夷弾は落ちてくるのだと気づいた。これだけの人手がありながら、庭の木の火を消しただけで、家は燃えてもいないのに、なにを慌てて、役にも立たない銃を後生大事に持って逃げてきたのだろうと舌打ちをしたのである。銃は四四式銃だ。折りたたみ式の銃剣がとりつけてある。ブッシュとギブソンにここにいるようにと言い、水兵たちが持ってきた四挺の小銃をかれらに預け、ポケットから煙草をとりだし、これもブッシュに渡し、戻るぞ、急ぐぞと言った。

ブッシュは煙草を一本とりだす。マッチはないが、ツツジや紫陽花が風にあおられるごとに炎をあげている。墓地内に焼夷弾が何本も落ちたのだ。大きな花崗岩の石碑の陰に母親と小さな子が二人、三人といるし、つづいての石の十字架のもとに布団をかぶった老夫婦がいる。そのさきの低い斜面の陰に強風を避けて、ここにも老人がいて、咳がとまらない様子だ。

煙草に火をつけて元のところに戻ってきて、墓石に彫り込まれた銘文を読もうとしていると、うしろで声がする。中年の女性がしゃがみこみ、一服だけでいいから吸わせてくれと言う。煙草を一本渡す。

右隣にいる中年の日本人が火を貸してくれと言い、国はどこかと聞く。いっしょにいるのは、ヨーロッパ系の婦人と、毛布をかぶった母親似の二人の子供だ。女性はフランス人のようだとブッシュは思う。

男は煙草を吸いながら、ブッシュに言う。「あんた方はもうすぐ自由になれますよ。日本はこれでおしまいです。戦争なんかこれ以上できるものですか」

爆音と燃えさかる轟音、風の怒号がつづくなか、かれの名を呼ぶ声が聞こえる。ここだとブッシュが声を張りあげる。煙のなかから水兵が現れる。「銃をまとめてください。家に帰ります」と言う。

ブッシュとギブソンは銃を二挺ずつ抱え、小柄な水兵が先に立ち、墓地の正門に向かう。[42]

西戸部町、火を逃れて

寺田透《とおる》は西区西戸部町に住む。母親といっしょだ。父親は昨年に他界した。寺田は三十歳になる。

かれは東京帝大仏文科の出身だ。大学に通っていたときに、第一高等学校時代の一年上の杉浦明平《みんぺい》、同期の立原道造《たちはらみちぞう》らと同人雑誌をだしたことがある。仏文科の先輩の水野成夫《しげお》が再生製紙会社をつくることになり、このできたばかりの会社にかれは入社した。工場建設のために北海道に行った。昭和十六年の八月、ソ連との戦いのための大動員のときに召集されたが、胸部疾患のため奉天から大連、小倉、宇都宮と軍の病院を順次後送されて、昭和十八年に召集解除となり、復職した。昨年の五月、父親が亡くなった翌月のことだったが、召集令状がきた。胸が悪いという診断がでて、「即日帰郷」となり、ほっとした。

かれはずっと西戸部町に住んできた。西戸部町一丁目だ。西戸部町は歴史の浅い横浜のなかでは古い町だ。高台の上に牡蠣《かき》のようにとりついた家々と寺田は形容したことがある。人びとに馴染みのないこの言い方は、かれがバルザックの「人間喜劇」を読んで覚えた言葉であろう。

昭和十年の調査で、一丁目の世帯数は七百二十八、人口数は三千二百六十三人だった。崖の上、崖の下、空き地はまだまだあったから、昭和十五年、十六年まで、家の数は増え、人口も増えつづけたのではないか。だが、昨年末から疎開する人が増え、現在、世帯数と人口は昭和十年よりも減っているのであろう。

かれの家から尾根伝いにつづくのが水道山だ。野毛山というのが昔からの名称である。相模川の上流からの上水道の貯水池がこの山にある。大震災のあと、この水道給水場と隣りあう二つの大庭園を加えて野毛山公園ができた。現在、横浜の中心部を見下ろすこの野毛山公園の一角に高射砲陣地がある。山手の横浜測候所の山田直勝が毎朝目をこらす目印のひとつが、この丘であることは前に記した。

家から近いところに高射砲陣地のあることが気にかかるが、それでもこんな丘に敵が焼夷弾を落とすことはあるまいと寺田と隣組の人たちは思ってきた。

敵編隊の爆音、高射砲が砲弾を撃ちだす音がとどろきわたり、一分、二分とつづく。物凄い音が真上でする。ここがやられるのだとこのとき思った。玄関にでようとしたとき、地震が起きたかのように家が大きく揺れた。白熱光をあげているものがかれの背後で仏壇をかすめ、畳に突き刺さったようだ。それだけではない。そこらじゅうに焼夷弾は落ちたようだ。母は火を消すつもりのようだ。大声で母を呼んだ。玄関に見たことのない小さな子が二人いる。君たち、逃げようと言った。兄と思える男の子が、お母さんがここへ逃げなさいと言ったという。炎は見えないが、奥の部屋が照り返しで明るい。

隣組のすぐ近くの人びとが道にでてきている。逃げましょうと言った。ところが、またも頭上に敵の編隊が来る。爆音の響きのなかから再びさっきと同じような不快な音が迫ってくる。どうしたらいいのだろう、どこかに隠れなければならないと思うが、逃げる余裕はない。膝をつき、顔を地面につけた。目の前になにかが落ちてきた。焼夷弾が道路のそこらじゅうに突き刺さり、黒煙をあげ、青い炎がほとばしり散る。助かったと寺田は思い、立ちあがって振り返る。防空頭巾の顔がそろってこちらを向いている。だれも欠けていない。

　寺田が先頭に立ち、高射砲陣地のある公園に向かうことにする。みんなに声をかけるが、高射砲の発射音にかき消されて、自分の耳にも聞こえない。懸命に手を振る。裏門まで行く。歩哨がいる。子供のようなその兵士は、入ってはだめだと手をひろげ、火薬が爆発する恐れがあると言った。

　なんだ、陸軍は国民を守ろうとしないのかと寺田は腹をたてるが、やむをえない、道を戻り、崖の下の家庭菜園に逃げ込む。どこも火だ。上にも行けないし、下にも行けない。ここにいるほかない。じゃが芋の葉と茎を踏みつぶす。畑の奥に二十人ほどの人がしゃがみこんでいる。向こうの高台が燃えている。炎のさきに透かし絵のように家々が見える。かれの家も燃えている。

　三十分もたったろうか。家は焼け落ちてしまった。今度は下から物凄い風と煙が吹きつけてくる。あたりは真っ暗となり、火の粉を交えた熱風はうなり、煙は顔にまともにぶつかり、灰と畑の土埃が顔にあたって目をあけていられない。息苦しいし、咳がとまらない。目が痛いし、針を刺すように顔が痛い。だれもが体をちぢめている。顔を地面にくっつけるようにとみなに言う。やっと息をすることができる。ときどき頭をあげ、前の人の背中、自分の腕に取りつこうとする火の粉を手拭いでたたき落とす。

体を小さく丸めているのだが、それでも風に吹き飛ばされそうだ。なにかあったらつかんでいたいと思うが、あるのは細いじゃが芋の茎だけだ。こんなひどい風は知らないと寺田は思う。少なくとも屋外で経験したことはない。丘の下の広い平坦地、大岡川と中村川のあいだの下町がいま燃えているのだ。そして低地の周辺の丘陵に連なる家々をも焼いているのだ。寺田は隣組の人たちとともにじゃが芋畑に顔を伏せながら、この物凄い熱風は木造建物が密集した市街地を燃やしていきながら起きる旋風なのだと思う。[43]

横浜測候所では観測をつづけている。午前十一時に南東の風十六・七メートル、瞬間風速は二十二メートルに達した。

寺田が想像するとおり、大岡川と中村川のあいだの下町はいま燃えに燃えている。

大岡川と大岡川から分かれた中村川は「人」の字をつくって、それぞれ新港埠頭の端と山下公園の端に流れでる。この二つの川に挟まれたあいだに港があり、前に述べた関内があり、この中央ビジネス地域につづいて、横浜一の繁華街がある。あったと言うべき[44]であろう。その中心街の伊勢佐木町には、昭和十五年の正月三が日には五十万の人がでて、半ダースほどの映画館と劇場の観客は十万人にのぼった。[45]

この繁華街には、飲食店街があり、三業地があり、料理屋からカフェーまで一千軒の店があった。そして、「人」の字の上部には問屋と小工場、家内工場が星の数ほどあり、住宅がその周辺をぎっしり埋めていた。

この「人」の字の内と外の低地に、丁目をひとつひとつと数えた町の数は二百十二ある。これも昭和十年の国勢調査の数字になるが十六万五千人が住んでいた。昭和十五年、十六年には二十万人ほどになったはずだが、現在、十万人を切るのであろう。

さて、横浜市内でもっとも人口密度の高いこの市街地に、前にも述べたとおり、敵は二つの照準点を定めた。市役所脇の港橋であり、もうひとつが吉野橋である。港橋は「人」の字の開口部にあり、吉野橋は「人」の字の付け根のところにある。二キロの間隔を置いている。

敵のひとつの航空団は、半径一・二キロの円のなかに投下する焼夷弾の少なくとも半分を落とそうとしていることは、これも前に述べた。吉野橋と港橋を中心にそれぞれ一・二キロの円を描けば、円と円はわずかに重なり、あわせて九平方キロの面積となる。

寺田透の西戸部の家はこの二つの円のなかに入るし、加瀬昌男の常盤町三丁目の家も入る。前に言った関内の十一町、丁目をひとつひとつ数えて六十に近い町々のあらかたが入る。当然であろう。一キロと八百メートルの四角形のなかにある十一の町は敵が完全に灰にしようとする九平方キロの九分の一にも満たない。敵は大岡川と中村川の内と外にある二百余の町のすべてを焼くつもりだ。

この二つの円の九平方キロのなかに、敵は百二十機の一つの航空団、そして百四十機のべつの航空団の半分の七十機、計百九十機が積み込んだ二十五万本以上の小型焼夷弾[46]を投下し、投下しようとしている。すべての焼夷弾がこの九平方キロのなかに落ちれば六メートル四方に一本だ。

出火場所は数えきれないほどになる。大震災のときとちがって建物が倒壊していないから、充分な空気の供給があり、燃焼が早い。一度にすべての町が燃えて、想像を超える大火となり、火災旋風を引き起こし、烈風が火炎を運び、火流となる。関東大震災のときに火に追われて丘陵地へ逃げようとした人びとが体験したことだが、この火流は平坦地よりも、斜面でさらに延びる。火から逃れ、丘に向かい、坂道を逃げようとする人びとがこの火流に足をすくわれ、坂道の途中で折り重なって倒れ、焼け死んでいく。

蒔田国民学校、火に囲まれる

蒔田国民学校はどうなっているか。

学校が花之木町二丁目にあることは前に語った。一ブロック離れて大岡川がある。その少し下流で、大岡川は二つに分かれる。分流が中村川だということは述べたばかりだ。中村川に架かる吉野橋のことも何度も語った。学校から吉野橋までは六百メートルほどだ。

この地域はとりわけ人口が多い。以前には大岡川と中村川に沿ったこの界隈には、輸出用の絹ハンカチと、その寸法を大きくした輸出用のスカーフの染色工場が何軒もあった。そして学区内には、スケッチ屋と呼ばれるデザイナーがいて、木版摺師《すりし》、彫師《ほりし》がいて、ハンカチ、スカーフの縁かがりを内職にする家が数多くあった。

大正の末までは、芝山漆器と呼ばれる漆器の木地職、漆職、蒔絵《まきえ》師が住んでいたし、戦争がはじまるまでは、蒔田焼とも呼ばれた横浜人形をつくる木地屋、窯屋がこの学区内にあり、[47]三畳間を仕事場にして、この人形に彩色する家が軒を並べていた。大きさは十二センチほど、素朴だが、風情のある人形は、ずいぶんと輸出されたこともあったが、残念ながら土産物屋に置かれる安物だった。真鍮の板を槌で叩いて茶筒や茶托をつくる家内工場、豆電球をつくる町工場もあった。

蒔田国民学校の学区内の花之木町、蒔田町、宿町《しゅくちょう》、宮本町、共進町、榎町をあわせて、これも昭和十年の調査だが、三千世帯、一万三千四百人が住んでいた。蒔田国民学校を取り囲む町々は、小さな家が路地を挟んで立ち並ぶ、下町のなかの下町なのである。

蒔田国民学校のことに戻るが、昭和四年の創立である。

蒔田小学校が建てられたのは、「復興計画」事業のひとつだった。大震災を経験した市民なら、東京の下町の市民と同じように、「復興計画」という言葉に愛着がある。「復興計画」の言葉を耳にすれば、だれもが、それぞれ自分が加わったある情景を思い浮かべることになり、懐かしさが胸を突くことになる。

昭和三年から四、五年にかけて、「復興計画」によって、東京と同じく横浜でも数多くの建物が完成した。ある勤め人は新しくできた横浜駅の開場の日を思いだすだろう。開業したばかりの中央市場にはじめて行った日を記憶する魚屋がいよう。新築された平沼町の第一高女の校舎の最初の授業の日を思いだす主婦がいれば、新たに竣工した市立十全病院の開業の日を思いだす医師や患者がいる。開園したばかりの山下公園に行った日のことを思いだす老人がいるし、横浜公園のできたばかりの野球場で最初におこなわれた早慶戦を覚えている人もいよう。

もちろん、思い出を持つのがいちばん多いのは、復興小学校と呼ばれた、新築した小学校でのはじめての始業式、授業にでたことを思いだす人たちだ。

大震災の前の小学校はいずれも木造だった。市内に公立小学校は三十六校あった。横浜、老松をはじめ十八校が全焼し、本牧、磯子のほか三校が全壊し、八校が大破した。一部倒壊が一本松のほか二校、いちばん被害の少ない「破損」の判定を受けたのは青木と稲荷台のたった二校だった。

この小学校の再建、増設が市の「復興計画」の柱のひとつとなった。だが、国の資金が不足していたから、大破した八校のうち五校は大がかりな修繕をすることにし、残る大破三校、全焼十八校、全壊五校の合わせて二十六校を新築することにした。校地はさらにいい土地を求めて移転することにし、もとの場所に建て直す場合も校地を拡張することにした。町はどこも焼け野原となっていたから無理がきいたのである。

この機会に新たに創設を認められたのは五校だったが、そのうちのひとつが蒔田小学校である。

バラック教室、天幕教室、よその木造学校の教室とおさらばして、鉄筋コンクリート三階建ての立派な建物が自分たちの学校となった。正面玄関が立派なのに子供の親たちは驚いた。鉄骨の平屋の雨天体操場の広いのに子供たちはびっくりした。鉄製の窓枠に触るのははじめての経験だった。三階にある自分の教室にはじめて入った朝の思い出、部屋の三方に窓がある明るい唱歌室、頑丈な作業台の並んだ手工室、金網が張られた屋上の運動場から見えた自分の家の屋根の上の物干し台をいまもはっきりと思いだす兵士が、満洲にもラバウルにもいよう。

なによりもスロープが珍しかった。スロープを算盤《そろばん》に乗って滑り降りして算盤を壊してしまったことを思い浮かべる兵士もいるだろう。(48)

スロープの説明をしておいたほうがいいだろう。一校に階段は三つが決まりだ。そのうちのひとつ、正面玄関から入ったところにある中央の二階、そして三階に上がる通路が緩やかな斜面になっていて、蹴上げがない。地震、火災のときに、階段に子供たちが殺到して、つまずき倒れ、折り重なって怪我が起きるのを防ごうとしてのことだ。

爆音と高射砲弾の破裂音がコンクリートの廊下に反響する。倉沢晨哉は南校舎の階段を上がり、屋上にでる。

蒔田国民学校の校舎は校地の東側にあり、校庭は校地の西側にある。校舎はコの字の形をつくっている。大震災のあとに建てられた鉄筋コンクリートの校舎はコの字型が多い。横浜小学校、吉田小学校、本町小学校、大岡小学校、みな同じだ。そして、どこも三階建てだ。

蒔田のコの字型校舎は、字画の順でいえば、北校舎、東校舎、南校舎となる。校庭のある西側が開口部であり、ここに講堂兼用の雨天体操場がある。新校舎は南校舎のさきにある。鉄材、セメントが不足するようになって建てられたから木造だ。

倉沢は南校舎の屋上の出口にでて、北の空を仰ぐ。神奈川の上空あたりに敵の編隊が見える。爆弾を落とす。またつぎの編隊が来る。爆弾を落とす。つぎからつぎへと編隊が来るのを見上げ、いよいよ今日、横浜は灰になるのかと思う。

敵の編隊は真上に近づいてくる。永田町の方角から頭上に来た敵の編隊が唐沢、石川町の空へ飛び去った。頭上から少しはずれたなと思う。いたるところに見上げるほどに高い黒煙が立つ。周囲の空はたちまち真っ黒になったが、まだ真上の空は見える。編隊がまっすぐこちらに向かってくる。今度こそ、このあたりだと思う。慌てて屋上から三階に駆け下りたとき、大きな音がして建物が揺れた。爆弾が直撃したなと倉沢は思った。

かれは時計を見る余裕はなかったが、九時三十六分ではなかったか。

気がついたときには、かれは三階の階段を下りたところにある便所の前の廊下に腹這いになっていた。すぐさきの廊下に炎がいくつも立っている。便所の前に水槽はあるが、バケツが見あたらない。二階に駆け下り、バケツを持って三階に駆け上がる。一杯の水で消えた。ところが、その廊下の前の教室内の黒板、腰掛け、掃除用具箱、いたるところに大きな炎、小さな炎があがっている。水槽と教室とのあいだを十回、十一回と往復して、やっとのことで全部消し終えた。もう走らなくてもよいと思ったとき、声にならない声をあげて坐りこんだ。

五十キロの油脂焼夷弾が屋上の南の端に落ち、三階の教室の天井に五十センチほどの穴をあけ、本体は外に落ちたのである。

校長と教員たちは中庭にいくつもある防空壕にわかれて入っている。編隊の爆音と高射砲弾が炸裂する音がつづくなか、なにかが落ちてくる音がして壕の壁が揺れ、土埃でいっぱいになり、だれもがひどくむせる。壕の外にでた。

手分けをして、東校舎、南校舎の二階、三階の廊下を走ってまわる。石川は講堂の北側の入口の鍵をはずしてなかに入る。焼夷弾は落ちていない。南側の入口の鍵もはずしておく。東校舎、南校舎の三階を見てまわっていた鈴木恵は、火を消しおえたばかりの倉沢と鉢合わせする。

学校内に落とされたのは南校舎の一発だけだった。窓から外を覗けば、学校の南東にある宿町二丁目の角の店、高橋炭店に大きな火柱があがり、黒煙を吹きあげている。小さな焼夷弾ではない、五十キロの大型焼夷爆弾だと話し合う。南校舎と道路をへだてである文寿堂《ぶんじゆどう》も炎をあげている。

文寿堂は横浜でいちばん大きい印刷会社だ。明治の末に開業したときには関内の相生《あいおい》町にあり、文具店を経営し、つくった帳簿と広告用の手帳は関西の銀行や会社にまで買われたものだった。現在は海軍の管理工場だ。百人以上が働いている。

もうひとつ、文寿堂の工場は根岸にある。根岸の競馬場のスタンドの下が工場となっている。スタンドの正式名は馬見所《ばけんじょ》という。一等、二等馬見所はいずれも地下一階、地上七階、大きな建物だ。昭和九年に完成した。ここで競馬がおこなわれたのは昭和十七年九月と十月の秋季競馬が最後となった。競馬場のスタンドから入江のさきの追浜《おっぱま》、金沢、田浦、横須賀の海軍の基地、飛行場を探知でき、防諜上好ましくないと海軍が主張し、昭和十八年六月に海軍は競馬場の土地と建物のすべてを日本競馬会から買収してしまった。そのとき文寿堂が競馬場の施設の一部を買った。もちろん、文寿堂と海軍省経理部は手を握っていたのである。

ここには横浜山手女学院の女学生が勤労動員されている。横浜山手女学院は以前のフェリス和英女学校だ。改称したのは、昭和十六年の三月にアメリカ人の宣教師、教師が帰国したときだった。三年生の一クラスがここで働いている。現在は四十八人だ。今日は四十一人が出勤している。欠席はわずか七人だけだ[49]。

以前は海図と地図の印刷で忙しかったのが、いま印刷しているのは、五桁の数字とそれに対応する文字の羅列だ。文字はローマ字が並んでいて見当もつかないが、そのローマ字のあとに、彼女たちにもわかる参謀、参謀長、部隊といった文字がつくこともある。出来上がりは電話帳の大きさで、真っ赤な表紙だ。

全海軍の半ダース以上にものぼる暗号書をすべてここで印刷、製作していて、機密の保持が朝礼のときの決まり文句だ[50]。彼女たちに話しかけることがある海軍の士官たちは軍令部第四部第十課の課員である。軍令部の疎開ということで、暗号書と乱数表の編纂製造にかかわる課員のすべてがここに移っている。

暗い地下室でじっとして、B29の爆音と高射砲の炸裂音、発射音を聞いている女生徒たちは、ここは大丈夫と思っている。坐っている彼女たちの背後には紙の山がつづく。敵が丘の上にある競馬場をねらうことはまずあるまいと見込んで、海軍省総務部はここを紙の倉庫にしている。十二万連、一億二千万枚あるのだと海軍士官が彼女たちに語った。

蒔田国民学校の隣の文寿堂はいまや猛烈な勢いで燃えている。無数の火の粉が南校舎とそのさきの木造校舎に飛んでくる。中山紀正はほかの教師とともにバケツを持ち、南校舎に向かう。南校舎と新校舎のあいだの鉄扉を閉ざす。木造の新校舎は、それこそポンプ車が水をかけつづけていないかぎり発火を防ぐことはできない。

南校舎の教室内の火のつきそうなものを廊下に移す。神山寛子と相原定子は窓ガラスと窓の鉄枠が触れないほど熱くなっているのに驚く。教具室に入り、オルガン、地図、掛け図を廊下側へ引き寄せる。

べつの教師は職員室に置いてある履歴書、学校沿革史といった書類を中庭にある地下壕に持っていく。出納簿や現金をすでに壕に入れたことは前に述べた。風呂敷に包んだ自分たちの衣類も入れる。多くの教員は家族を疎開させてひとり住まいとなり、宿直は一日おきだから、学校にいるのがいちばん長いことになり、だれもが必要なシャツや下着を学校に持ってきている。

中庭は校舎と講堂に取り囲まれているが、風はどのようにまわってくるのか、火の粉が弾丸のように飛んでくる。熱風が吹きつける。気が気ではない。校長の長谷川雷助が中山と石川にもうこのくらいにしようと言う。蓋をして、土をかける。すでに木造の新校舎から火柱があがっている。

中庭の杉皮葺きの炊事場の屋根に火がつく。豚のいない豚小屋も燃えだす。爆音は頭上ではない。井上高三とほかの教師が消そうと言う。二人は一生懸命に中庭の池の水をすくってはかけるのだが、火は消えない。熱風が吹き、熱い灰が飛び、顔と手袋をしていない手が焼けそうだ。校長が二人に教員室に引き揚げるようにと言う。

気がつけば、東校舎一階の礼法室と呼ばれている礼儀作法室と小使室からも煙がでている。

東校舎の中央に正面玄関があり、入って真正面に二階に上がるスロープがあり、右側に応接室、礼法室、小使室とあり、スロープの左側に職員室がある。

高橋スエと守屋富司が礼法室に入って、バケツの水をかける。煙が充満していて息苦しく、体が動かない。

スロープから煙が下りてくる。上がってみると、礼法室の上の教室から煙が流れでている。この教室には軍に供出する布団が積まれている。朝から市の係員が二人来て、荷馬車に積み込む作業をはじめていたが、空襲警報がでて、かれらは帰ってしまった。破れている窓ガラスから火の粉が入り、布団の山に火がついたらしい。

職員室も煙でいっぱいになり、喉が痛いし、目がひりひりし、涙がとまらない。鈴木恵は自慢のガスマスクをかぶる。息苦しく、かぶっていられない。すぐにはずす。

どこへ逃げるか。煙の少ないところは北校舎のようだ。北校舎の教室のひとつは南太田国民学校の職員室になっている。南太田の教員たちが北校舎の防火を受け持っている。

北昇降口に避難するようにと校長が叫ぶ。いつのまにか夜になったように暗い。爆音と炸裂音はつづく。煙が流れる廊下は真っ暗だ。廊下の突き当たりの北昇降口が見えない。学校に逃げてきて、職員室の前の廊下にいた女性と幼児たち十数人もいっしょに逃げる。片手にバケツを持ち、もう一方の手で壁をさわりながら北昇降口に向かう。

北昇降口にも煙が押し寄せてくる。爆音がつづき、外へでることができない。みんな床に伏せ、口と鼻に濡れた手拭いを当てている。喉が痛い。校長が人員点呼をはじめる。学年と組を呼んでいく。煙を吸って声をだすのが苦しい。師範学校に受講に行っている二人はいない。欠勤者は十一人。学校に来ているのは十六人のはずだが一人足りない。倉沢がいない。

「倉沢先生」と叫んで、せきこむ。いよいよ煙はたちこめる。目が痛い。息苦しい。だれもが咳をする。ときどきバケツの水をすくって、口に当てていた手拭いを湿らし、目に当てる。涙がとまらず、胸が苦しい。校長の長谷川が中山紀正にどこへ逃げたものだろうかと問う。周りはすべて火と黒煙だろう。どこへ逃げたらよいのか。

校長が正門前の防空壕へ逃げようと言う。大きな壕が二つある。思い切って昇降口の扉を少しあける。物凄い熱風とともに刺激臭と燃えさしが飛び込んでくる。爆音は真上ではないようだ。水槽の水をバケツで汲み、防空頭巾の上から互いにかけあう。神山寛子は赤ん坊を背負った母親の手をひく。鈴木権治はべつの母親の手から身悶えする幼児を受け取り、抱きかかえる。外へでる。外が明るいのは、火明かりのためだ。そして火の粉が帯のように流れ、大きな燃え殻が走っていく。風と火の粉が顔に突き刺さる。「早く」と倉沢の声がする。葉が燃えだしている灌木の茂みの脇から、バケツを手にした倉沢が顔をだす。だれもが駆ける。校舎をまわって、真っ赤な燃えさしが足元にまとわりつくのを避け、必死に駆け、正門近くの壕まで身をかがめて走る。壕のなかに入る。昇降口とちがって息苦しいことはない。煙は入ってくるが、酸素はある。壕のなかはいっぱいになり、互いに肩を重ね、足を伸ばすこともできない。

周辺の町の人たちは学校へ来ないで、どこへ逃げたのだろうと、だれもがふっと考える。南へ向かい、蒔田町の崖にいくつもある横穴式の防空壕に逃げたのだろうか。

学校の周囲は炎々と燃えている。すべてが真っ黒ななか、火の海だ。風と火がごうごうと吼えたて、煙が走り、火の粉が流れ、これこそ地獄の光景である。だが、学校の正面入口の家々が建物疎開で取り壊され、空き地になっているので心強い(51)。

内大臣を代えなければ

この日、もちろん五月二十九日のことだが、内大臣の木戸幸一が御文庫に出仕したのは午前八時二十分だった。空襲警報が十時四十五分に解除になって、宮内省庁舎へ戻る途中、焼けてしまった宮殿跡へ向かう。空は暗く、瓦礫と灰の黒ずんだ焼け跡はなお暗い。朝は南の方角に高くあがった白い煙を見たのだが、現在は黒い巨大な雲と変わり、空をおおってしまっている。横浜はいま壊滅しつつあるのだと思う。はじめての昼間の焼夷弾攻撃である。いや、五月十四日の名古屋空襲につづいて二度目の白昼攻撃である。かれは焼け跡を歩く。広大な宮殿は跡形もない。あのあたりが豊明殿だと思う。分厚く残る灰のあいだを注意深く歩き、豊明殿の焼け跡で足をとめる。

花模様で飾られた高い格天井《ごう》の下の大広間で催されたこの十数年のあいだの祝宴が脈絡なく浮かぶ。胸が締めつけられる思いだ。

半世紀昔にこの宮殿が造営されたとき、宮内省に勤めていたかれの父は、余った材木の払い下げを受けた。それを使ったのが赤坂新坂町につくった木曾の檜造りの立派な邸である。五百坪もあった(52)。かれの代になって、いっとき流行り言葉となった「文化住宅」を邸内に造ったが、四月十三日の夜に百発を超す焼夷弾が落ちて、すべて焼けてしまった。近くの乃木坂の弟の和田小六の持ち家に移ったが、これも四日前に焼かれてしまい、かれは和田の邸に同居している。麹町三番町の内大臣官邸はまっさきに、三月十日の未明に焼かれてしまっていた。

木戸は正殿の廃墟をぐるりと大きくまわって、御学問所の跡に立つ。お上の言葉がかれの耳に聞こえてきたにちがいない。

あれはいつのことだったのかと木戸は思ったのではないか。なにを思いだしたのか。

連合艦隊司令長官の山本五十六が戦死する直前のことだったろうか、お上がはじめて戦況が思わしくないと話した。ソロモンと東部ニューギニアでじりじりと押されている、

どうにかして敵に大損害を与え、戦いを終結に持っていきたいと言ったのだった。(53)

あれから二年がたつ。敵に大損害を与えて、戦いを終わりにできるような機会はなく、敵に大損害を与えたという発表は事実から遠く、そのような繰り返しがつづいて今日に至る。

どうしたわけか、御学問所の前庭にあったはずのフリードリヒ大王の小さな像が見えない。台座が残るだけだ。焼けてしまったのか、そして兵士か警官が片づけてしまったのであろうか。

暗い、陰気な天と地だ。墨色の空からなにかが舞い落ちてくる。紙片だ。横浜から飛んできたのであろうか。風が焼け跡の灰を舞いあげる。宮内省庁舎へ戻る木戸の足どりは重い。

ところで、いまこのとき、木戸を内大臣の椅子からひきずりおろそうとする動きがある。

前に何回も語ったことの繰り返しになるが、一年前、木戸排撃の声が一挙に高まろうとしたことがあった。サイパン島へ上陸した敵軍を海へ突き落とすことができないとわかったときであり、ミッドウェー以来二度目の大海戦に再び敗れてしまったときだった。だれもが胃に大きな異物を抱えているような気持ちとなり、肺に空気が入らない息苦しさを覚えた。

首相兼参謀総長にたいする責任追及の声が起き、あふれださんばかりの勢いとなった。東条と二人三脚の木戸にたいする非難の声がそれにつづいた。東条を倒そうとする近衛文麿を中心とする人びとは、木戸を脅し、東条からかれを切り離そうとする戦術にでた。これが成功した。木戸は東条を見捨て、かれを首相の椅子から逐《お》った。

だが、木戸にたいする批判の声が収まったのはわずかのあいだだった。戦局は悪化するばかりだから、再び木戸を非難する声が大きくなった。近衛文麿の周辺の人びとが説いてまわった。木戸は天皇の周りに障壁をつくっていると非難し、かれは誤りを重ね、いぜん誤りを繰り返しているとこきおろした。

東条英機を叩きだし、うしろめたさと不安を隠し、得意然としていたのも束の間、木戸は再び自分があれこれ陰で批判されるようになっていることに神経をとがらせるようになった。

原田熊雄は学習院、京大の学生時代から木戸といっしょである。かつて木戸を内大臣に推した筆頭が原田だ。それが二人の仲はいまや冷えきっている。たまに原田が木戸に電話をかけ、「貴様、なにをしているのか」と喧嘩口調になるのは、なんといっても学習院中等科からの遊び仲間だったからだが、病床の原田は見舞客に向かって、木戸の悪口をあけすけに語った。

「お家柄で内大臣に坐っているが、平民だったら局長どまりだよ。官僚で大局が見えない。弟の和田小六の方がよっぽど偉い」

和田小六については前に述べたことがある。木戸のひとつ年下の弟で、木戸孝允《たかよし》の実家の和田の姓を継いでいる。学習院中等科へ進んだとき、幸一は中耳炎で休学して、小六と同級になった。木戸は学習院高等科から京大へ進んだが、小六は一高から東大造船科で学んだ。小六は幸一より頭が鋭く、きかぬ気性だと語るのは、学習院で同級の長与善郎《よしろう》である。小六が東大航空研究所の所長だった昭和十三年に、富塚清らと製作した飛行機が周回長距離飛行で世界記録をつくったことがある。技術院次長をやり、昨年の十二月に東京工業大学の学長に就任している。

近衛とかれのグループが皇族や重臣に説いてまわり、国策の転換のためには、陸軍上層部の更迭が必要だと説き、内大臣はなにもしないと批判をつづけていた。そして木戸をひどく慌てさせることが起きた。皇太后が天皇に向かって、この戦争をやめることができないのかと問い、近衛文麿公、牧野伸顕伯といった重臣たちの意見を尋ねたらどうかと説いた。

この戦争を終わらせなければならないと考える人びと、たとえば重臣の近衛文麿、元外交官の吉田茂、海軍大臣の米内光政、外務大臣の東郷茂徳、あるいは評論家の清沢洌がやってきたことについてはこれまでに何回も記した。だが、皇太后が戦いを終わらせなければと考え、やったことについて、このさきで記すことをここで述べておかねばならない。

そこで木戸のことに戻るが、かれは重臣たちが天皇へ意見を上奏できるようにとりはからい、内大臣が天皇の周りに垣根をつくっているとの非難をかわし、さらにかれらの口を封じ、なによりも皇太后のさらなる動きをとめようとした。

すべてはかれの思いどおりにいった。前に述べたことだが、平沼騏一郎も、若槻礼次郎も、岡田啓介も、このさきどうしたらいいか、いかにすべきかを天皇に言上できなかった。自分の家の客間では勝手なことを言ったところで、実際には手軽な解決策などありはしないことを重臣たちにはっきり思い知らせ、皇太后の自分にたいする非難も阻止できたと木戸は思ったにちがいない。

しかも、もっとも面倒な問題も片づけてしまった。近衛がずっと説いてきたこと、蔣介石政権との戦いにかかわったことのない、アメリカとの戦いにもなんの責任もない皇道派の将軍に陸軍を任せてこそ戦いを終わりにすることができると説く計画が、かれの長い執拗な努力にもかかわらず、かれひとりの我執でしかないことを明らかにしてしまったからである。

平沼騏一郎も、若槻礼次郎も、岡田啓介も、近衛とかれの部下からかれの構想の説明を何回か受け、支持を求められていたにもかかわらず、だれひとり、現陸軍首脳を更迭し、真崎甚三郎、小《お》畑《ばた》敏《とし》四《し》郎《ろう》を起用することが望ましいとお上に言上しなかった。

近衛は、平沼、若槻、岡田が天皇になにを申し上げたのか、お上の反応はどうであったかを気にしていたのだが、上奏のあとにだれもなにも言ってこないことから、かれらが陸軍首脳更迭の構想をお上に言上しなかったと知った。木戸を脅してつくったせっかくの機会をかれらは無にしてしまった。かれは平沼や若槻に腹を立てた。とりわけ、現陸軍指導部内の危険分子に警戒を強めなければならないと近衛が説くことに同意を表明して「全然、ご同感」と叫んだこともある平沼が[54]、陸軍指導部の一新こそ緊急におこなわなければならないことだと言上しなかったことに憤慨したのだが、あとの祭りだった。

つづいて木戸は小磯内閣を潰してしまった。これまた前に述べたことを繰り返すことになるが、首相小磯国昭が、繆斌《ミョウヒン》を利用しての対重慶工作に木戸が口出しをして、反対したことに怒り、木戸を更迭すべきだと天皇に言上した。木戸は逆に策略をめぐらし、小磯を叩きだした。木戸はこれを巧みにやってのけたから、大多数の人びとは小磯内閣の瓦解がかれの仕業だとは気づきもしなかった。

小磯内閣が倒れ、鈴木内閣が発足して一カ月ほどたった五月四日のことになる。衆議院書記官長の大木操の執務室に朝日新聞政治部の大塚鬼平がやって来た。木戸が近く辞めることになるかもしれないと大塚は大木に告げ、牧野伸顕伯と吉田茂が木戸を内府のポストから逐おうとしているのだと語った[55]。政治部の記者たちはそこここのお得意をまわって歩き、記事にできない情報を聞きだし、仕入れてきたニュースをお得意に伝えるのが毎日の仕事である。そんなわけで、政治部記者は話し手から、だれにも信じてもらいたいと願う話を聞かされることになり、話し手自身が信じたがっている話を聞かされ、それを持ってまわることにもなる。

当然ながら政治部の記者はつくり話の運び手にもなる。陸軍軍務局員から聞いたと思える、大塚が大木に語った話がそうだった。

吉田茂が牧野伸顕に向かって、内大臣を更迭せねばならぬと説き、お上に申し上げて頂きたいと述べたのは、ほんとうのことであったにちがいない。だが、牧野がうなずかなかったのも間違いのないところであった。しかも、それは二カ月も前、重臣の一員として牧野の上奏があった二月十九日、それより前の話のはずであった。

それはそれとして、永田町や市谷台内部の仕組みに精通し、数多くのニュース・ソースを握っているはずの大塚鬼平が、二十日以上も前に起きた吉田茂の逮捕をまったく知らなかったというのはおかしなことであった。永田町で起きていることはすべて承知していると思っている衆議院書記官長の大木操がこのニュースを知らないというのも間の抜けた話であった。

吉田茂逮捕の噂を聞いて

今日、五月二十九日、木戸幸一を内大臣の椅子から逐おうとする動きがあるのだと最初に述べたが、もうしばらく脇道に入ろう。

吉田茂は逮捕される前に麴町の邸にはいなかった。

かれの永田町一丁目の住まいについては前に述べたことがある(56)。

かれは大磯町西小磯の別荘へ疎開していた。明治十七年に父の健三が建てた別荘である。その建物は大震災で倒壊してしまい、そのあと建てたのは、十畳二間と八畳の離れがあるだけの小さな家である。電話も水道もないが、贅を尽くしたであろうその昔の別荘の面影をわずかにとどめるのは、数百本の松の大木がある広い庭である。

この三月のことであったか、海に近いこの庭に目をつけた男がいた。第二相模野海軍航空隊主計長の北脇信夫である。

北脇は海軍主計大尉である。短期現役、いわゆる短現の五期生だ。昭和十五年に海軍経理学校で四カ月の訓練を終えたあと、鳥海、りおでじゃねろ丸、筑紫《つくし》に乗り組んだ。つづいて鹿屋《かのや》、豊橋航空隊の主計長をやり、昨年九月末には台南航空隊に転任となった。到着の夜、かれは市内の料亭に連れて行かれた。フィリピン二〇一航空隊に転じる隊員の送別会だった。北脇がその青年の名前と横顔をはっきり記憶することになるのは、それから一カ月足らずのちのことだった。

十月二十五日、神風特別攻撃隊が敵の空母に体当たりし撃沈させたとのニュースを聞いた。特別攻撃の最初の戦果だった。敵空母に突入した敷島隊四機の指揮官機が関行雄大尉だった。台南の送別会の主賓がかれだった。

関行雄の特別攻撃成功のニュースを聞く以前から、北脇の台南での毎日毎夜は興奮と悲哀が交錯する日々だった。

かれが台南に着任して半月のち、十月十日に敵艦載機が沖縄、奄美大島を襲い、十一日にルソン島を襲ったのにつづいて、延べ一千三百機の艦載機が台湾に襲来した。レイテ島上陸をねらって、まず背後の空軍基地を叩こうとする敵のお定まりの戦法だった。十二日、台南基地では迎撃に飛び立った零戦十七機が戻らなかった。北脇の隣室の飛行隊長も帰らなかった。まだ馴染みは薄かったが、兵学校出身の大尉で、村田という姓の青年だった。海兵五十五期、それとも五十六期だったのかもしれない。尺八の調べが流れてきて、北脇の眼差しはしばらく遠くに遊ぶのが毎夜のことであったが、それっきり千鳥の曲を聞くことはできなくなった。

台湾沖に接近している敵機動部隊にたいし、九州鹿屋の爆撃隊と雷撃隊が攻撃をかけ敵空母のあらかたを撃滅したという発表が、北脇とかれの仲間はもちろんのこと、海軍中央、国民のすべてを喜ばせたのがこのときだった。

十一月に入って内地から続々と特攻機が飛んできた。大村、元山、筑波の教育航空隊で実用機教程を終えたばかりの年若い士官が台南で最後の整備をし、フィリピンの基地へと向かった。

十二月下旬のことだった。宿舎がどこもいっぱいで、北脇の私室にひとりの特攻隊員が割り当てられた。その日に台南基地を飛び立ったが、燃料の補助タンクを落としてしまい、引き返してきたのだった。部屋は狭く、二段ベッドだったから、客人には上段に寝てもらうことにした。

夕刻、その青年がやって来た。ひどくしょげていて、言葉数が少なかった。北脇は市内の水交社で酒を飲もうと誘った。水交社といったところで、町中にある小さな飲屋だった。二度、三度勧めたが、かれは、「同僚が今日突っ込んでいるのに、私は酒を飲む気持ちになれません」と断った。フィリピンの基地に進出すれば、その翌日にも出撃することがあるのは北脇も承知していた。かれの気持ちを尊重して、薄暗い部屋のなかでぽつりぽつりと家庭のこと学校のことを話し合った。翌日、他の特攻隊に編入されて、かれは飛び立った。

台南航空隊のなかにも特攻隊が編成されていた。隊員のなかにかれの母校、松江高校の後輩がいることを知った。ある日、偶然その青年と行きあった。数十名の同僚とともに訓練のためどこかへ行く途中だった。歩きながら、声をかけた。北脇はなんの話をしようかと迷った。二人が知る松江高校の先生のことを話した。ほんの二、三分だった。かれとはそれっきり二度と会わなかった。岡田の姓を手がかりに名簿を探したのはあとになってのことだった。岡田敏男といい、松江高校を昭和十五年に出て、東大法学部政治科を昭和十八年に卒業していた。

北脇はこの二月に第二相模野航空隊へ転任してきた。自給自足のために生産分隊を編成し、味噌、醤油をつくり、炭を焼き、豚や鶏を飼っている。漁撈班を組織して、大磯町の網元から地曳網を借り、アジやミズカマスをとることにもなった。

網を曳くのは朝早かったから、海岸に小屋を建て、隊員を寝泊まりさせることを考えた。網を曳く浜の真向かいにある吉田という家の庭がよかろうということで、北脇は網元の梱橋に相談した。魚屋を兼業し、吉田家に出入りしているというかれは、「自分は吉田さんに可愛がられている。この交渉は自分に任せてほしい」と言った。

梱橋に任せた交渉はうまくいかなかった。裏の空き地には女中部屋を建てる計画があるというのだ。そこで、吉田の隣の邸に頼むことにした。三井八郎右衛門の別荘である。八郎右衛門は三井六本家の首領である総領家、三井北家の当主が襲名する名前である。北家第十一代は四十九歳になる三井高公《たかきみ》である。

三井六本家と五連家の首を絞めかねない相続税への対応にはじまって、そのあいだには山西《さんせい》事件が勃発し、四年にわたるごたごたがつづき、昨年三月にやっと設立したのが三井本社である。三井同族のうちでただひとり重役に就任したのが三井高公だ。赤坂今井町のかれの本邸は、海軍省軍需局の要請で、秋水《しゅうすい》計画の特薬部に貸与したことは前に述べたが、五月二十五日の夜にこの建坪一千坪の広大な邸も焼かれてしまった。

三井別邸の庭先を借り、バラックを建て、ここに寝泊まりすることになった隊員たちは、このご時勢に女中部屋を建てるなどと嘘っぱちを言い、海軍の頼みを断った隣家の主人が、前に大使として英国にいたことがあり、英国に心酔している怪しからぬ男と知り、まさにそのとおり、愛国心を欠いた我利我利亡者だと憤慨した。そして若い女を連れて砂浜を散歩しているのがその男だとわかって、あの不埒な小男を海岸でつかまえ、海へ放り込んでやろうと下士官連中の相談がまとまった。北脇はこれをやめさせようと、酒一升を手に入れてきて、かれらをなだめすかすことになった(57)。

吉田と女中の二人は、朝の散歩がてら、波打ち際に打ちあげられた海藻を拾っていたのだ。春のあいだ、富士おろしの強い西風が吹くと海藻が海岸に寄る。カジメを拾い、ホンダワラにまじっているワカメを拾った。ほかにも海藻を拾いにきている人が何人もいた。太い茎のさきに葉がひろがっている海藻をだれもが拾った。アラメである。

生アラメを刻んで、炊きたてのご飯に入れて食べる習慣のある漁村があるし、干して粉にしてふりかけにするところもある。醤油と砂糖で煮含めたり、吸い物、あえ物にもする。ヨード、ビタミンBが含まれていることから、大阪の商家では毎月日を決めて使用人に食べさせるという習慣も以前にはあった。そうしたことに気づいていたからであろう、戦国時代には、大名の城は封鎖に備え、大量の干しアラメを城中に貯えていた。

吉田の家ではどんな具合にして食べるのだろうか。小麦粉に混ぜていたのであろうか。

拾ったアラメとワカメをぶらさげて吉田の前を歩くその娘が、陸軍省調査部の別動隊、防諜が任務の軍事資料部に使われている情報員であることは、北脇はもちろんのこと吉田も気づいていなかった。

それからまもなくのこと、四月十五日の朝早く、ひとりの男が吉田邸に入り、茂みの陰に隠れている男たちに合図をして玄関に立った。

東京九段下の憲兵隊司令部に吉田が連行されたというニュースは、ただちに近衛文麿と牧野伸顕の耳に入った。牧野は娘婿の逮捕の理由を杉山元に尋ねたことは前に記した。陸相を辞めた杉山は第一総軍の司令官になったばかりだった。

牧野と杉山はずっと親しい。渋谷神山町の牧野の邸にしょっちゅう通っている医師の武見太郎が、牧野の孫娘を妻にしていることは前に語った。武見は牧野から軍事情勢を聞くことがあったが、そうした秘密情報を牧野は杉山から得ているのだとかれは察していた。

ついでに言えば、杉山が陸軍のトップに立つことができたのは、昭和十一年二月の反乱事件にたいする迅速な厳しい対応を宮廷高官に認められたからだが、それだけではなかった。議会指導者をはじめ、重臣、皇族たちにたいする杉山の如才のなさ、腰の低さが、教育総監を前後二回、陸相をこれまた二回、そして参謀総長一回と軍の最高の椅子をつねに温めてくることができた理由だった。

近衛は吉田の逮捕が自分の二月の上奏に関係があることを、自宅で憲兵の訊問を受けた原田熊雄から聞くや、ただちに木戸の家を訪ねた。五月五日夜のことだった。位階勲等いっさいを拝辞する決心だと怒りをぶちまけ、阿南にことの理否を問うつもりだと語り、木戸になだめられることになった。近衛が憤激したのは当然だったが、このように大いに気色ばんでみせ、木戸がこの事件にかかわっているのかどうかをさぐり、陸軍の動向を知ろうとしたのである。

ところで近衛が吉田の逮捕を周囲のだれかれに語らず、牧野も口を閉ざし、木戸も黙っていたとき、陸軍側もまたこれを外に洩らさなかった。

もちろんのこと、陸相阿南と次官柴山は吉田茂の逮捕を承知していた。憲兵司令官の大城戸三治が逮捕すべしと主張し、二人は吉田の検挙を承認したのである。

当然ながら、市谷台の幹部たちは吉田がやっていたことのあらましを承知していた。軍務局の軍務課長や兵務局の防衛課長は毎日届けられる錠前付きの憲兵特別情報と軍事調査部から提出された調書を読んでいるから、吉田や近衛のとりまきの岩淵辰雄や殖田《うえだ》俊吉の動きを知っていたし、世田谷北沢に住む小畑敏四郎、これも世田谷在住の真崎甚三郎の行動を把握し、かれらが統制派や皇道派といった亡霊を持ちだし、現在の陸軍首脳陣をアカ呼ばわりしていることも承知していた。諜者が吉田の家にあった近衛の上奏文の写しを写真に撮っていたから、かれらはその内容も知っていた(58)。

かれらは眉を吊りあげ、近衛がこんなでたらめを上奏したのはけしからんと言い、小畑や真崎の動機たるや党派的な憎悪心だけだと怒ることになったのであろう。

なにはさておき、これは軍民離間の陰謀だとかれらは言ったにちがいない。この言葉こそ、この十年にわたって軍人たち、そして愛国主義を売り物にする右翼勢力が、異議を唱える人びとに振りあげつづけてきた太い棍棒である。

軍民離間の脅し文句について触れておこう。

この言葉をはじめて使ったのは東条英機だと言ったのが、皇道派贔屓、統制派嫌い、東条嫌いの岩淵辰雄である。昭和十五年に東条が陸相に就任したとき、岩淵はつぎのように雑誌に書いた。斎藤実《まこと》の内閣時代、政党幹部が遊説をして、軍部を攻撃した。そのとき軍事調査委員長だった東条が、「軍民離間」の言葉を使って反撃にでた。東条のそのポストは新聞班と調査班を管轄下に置いていた。この脅しが政党の軍部批判を屏息《へいそく》させ、「政党の政治に対する力というものも、衰滅していった」のだと岩淵は述べ、はっきりとは言わないながら、新陸相東条にたいする警戒を説いたのだった。

こうして新聞記者出身の評論家だった岩淵は陸軍に睨まれ、いつしか執筆できないようになり、貧乏暮らしに耐えながら、近衛や鳩山一郎に向かって陸軍首脳の更迭、皇道派の起用による統制派の粛清を説いてきたのである。

軍務課と兵務課の課員たちは、いまこそ軍民離間をたくらんだ連中を逮捕すべきだと主張した。吉田を中心とする大磯居住の原田熊雄、樺山愛輔、そして酒井鎬次《こうじ》、小畑敏四郎、真崎甚三郎といった近衛と親しい将軍たち、かれらの党首的存在である近衛文麿、計十七、八人を一網打尽にすべきだと上申した。

それは危険だという反対意見が当然ながらでたのであろう。真崎や小畑を逮捕したりすれば、わずかな信奉者を相手に憂さをはらしているだけの退役将軍をもっと多くの人びとの偶像とすることの手助けともなりかねない。

ましてや近衛を逮捕したりすれば、秘密にしておくことはとうていできず、噂はたちまち政界上層部からすべての階層の人びとにひろがり、近衛公がどうして捕らえられたのかを語り合うことになってしまい、戦いはもはやどうにもならない、どうやって戦いを終わりにしたらよいのかといったことが公然と論じられる端緒となってしまう。

こうして逮捕者は最小限にしぼられることになった。資料部がヨハンセンのコード・ネームで呼んでいた吉田とイワンの名の岩淵、そしてもうひとりは、ウラソフの名で呼ばれていたのかもしれない殖田俊吉の三人とした。

ところでこの三人の逮捕が、近衛の上奏文の写しを入手、検討のあとの二月末におこなわれることなく、三月もすぎ、四月十五日になったのはなぜだったのか。

その起案書は、次官か軍務局長の机にとまっていたのであろう。杉山陸相が牧野伸顕の女婿の逮捕に反対したことはすでに述べた[59]。

無理に逮捕したとしても、牧野からせっつかれれば、早く釈放せよと陸相が言いだすことは目に見えていた。すでに杉山を陸相の椅子から逐おうとする計画の段取りはすすんでいた。陸相が代わったあとに吉田を逮捕することに決め、捜査のすべてを統括する憲兵司令官の大城戸三治の了解も得ていたのであろう。

それにしても陸軍が吉田の逮捕を秘密にし、箝口令をしいていたのは、陸軍幹部の気弱さを示したものであろう。そして牧野、近衛も沈黙を守っていたから、吉田の逮捕はしばらく人の口にのぼらなかった。吉田が逮捕されたようだ、原田熊雄が憲兵の尋問を受けたらしいといった噂がぱっとひろまり、人の口から口へと伝えられるようになったのは五月半ばになってのことだ。

鎌倉に住む大佛次郎がこの逮捕のニュースを早く知った。五月六日の日記に「憲兵隊が和平論を口にせしものを検挙。原田熊雄　前駐英大使吉田しげるなども厄にあい　熊雄はすぐあやまったが　吉田は自分が正しいと思うと主張しおる由(60)」と書いた。

その日、大佛の家に来た門田勲から聞いたのであろう。門田は朝日新聞の横浜支局長である。鎌倉に住んでいる。門田はこの話を東京本社のだれからか聞いたのではなく、親しくしている横浜地区憲兵隊の隊長から聞いたのではないか。東京の本社には話してはいけないと念を押されたにちがいない。そこで門田は、内証にしてくださいと言って、大佛に話したのであろう。

つけ加えるなら、中区山下町にある横浜地区憲兵隊は神奈川県全域を管轄下に置いている。もちろん、今日、焼けてしまった。

北軽井沢に住む野上彌生子が吉田茂の逮捕を知ったのは五月十一日だった。唐松の林をへだてて隣に住む平塚広義からそれを聞いた。平塚の妻の茂子と彌生子は学校友達である。同じ明治十八年生まれの二人は明治女学校の高等科でいっしょだった。平塚が隣に別荘を建てたのも、彌生子が茂子に勧めてのことだった。

平塚広義は六十九歳、東京府知事、台湾総督府の総務長官をやって、現在は貴族院勅選議員である。あんな地位にいながら、あんな呑気なことを考えているのかと、ときに彌生子は呆れもするが、彼女の夫の豊一郎が得る情報は大学の教師仲間の茶話だけだから、なによりも情報好きの彼女にとって隣の平塚家は貴重な情報源となっている。

「吉田茂が和平論の舌禍であげられているという。平塚広義さんのニュースだから本当にちがいない。健一さんの結婚の日、ストーヴのまえでにこにこしながら、日伊の防共協定がむすばれた直後、イギリスの外務省に行くと、イーデンから、『おお、イタリアン・ニュー・フレンド』と呼びかけられた話などしたのが思いだされた(61)」

もちろん、吉田逮捕の情報を早くから知っている者もいる。軽井沢で清沢洌が鳩山一郎からそのニュースを聞いたのは四月二十八日だった。岩淵の妻は夫が親しくしている軽井沢の鳩山にだれよりも先に夫と吉田が捕まったことを知らせたのである。

元蔵相、貴族院勅選議員の賀屋《かや》興宣《おきのり》はこの情報をいつ耳にし、どう思ったことであろう。前に記したことだが、今年の一月末、内田信也の招待で近衛文麿、岡田啓介、吉田茂、賀屋興宣が顔をそろえたとき、内田が賀屋に向かって、戦争が終わったら、あなたは捕まるぞとからかった。品の悪い軽口だった。笑いとばして話題を変えることのできなかった賀屋がさらに趣味の悪い口舌を重ねることになった。私は捕らえられるかもしれないが、その前に敵軍が本土に上陸することになれば、まず和平論者の吉田さんが殺されますよと言ったのだった[62]。

朝日の政治部記者の大塚鬼平が衆議院書記官長の大木操を訪ね、木戸が近く辞めることになるかもしれないと語り、牧野伸顕伯と吉田茂が木戸を内府のポストから逐おうとしているのだと言ったのは五月四日であったことは前に述べた。大塚が大木に、吉田茂が憲兵隊に捕らえられたと知らせたのはそれから十日あと、五月十四日のことだった。なるほどそういうことだったのかと大木がうなずけば、大塚もうなずきかえし、大塚と大木は木戸が陸軍の手を借りて吉田をやっつけたのだなと推測し、内大臣と陸軍の同盟は依然として強固だと理解することにもなったのである。

こうして大塚を回路にして情報を流した連中の欺瞞工作は功を奏した。市谷台の軍務課のなかの狡い男が仕組んだ策略だったのであろう。このさき吉田逮捕の黒幕は内大臣なのだ、木戸が陸軍に頼んでやらせたのだと、したり顔で語る人が絶えないことになろう。

木戸自身はどう思っているのか。

大島豊と斎藤貢は木戸グループの外延にいる。大島は善隣高等商業の校長であり、五十七歳になる。斎藤は朝鮮でいくつかの企業の役員をしている。四十六歳だ。ときどき二人は木戸を訪問する。木戸に向かって、吉田茂が捕らえられたようだがとこの二人が尋ねたのが五月十六日だった。「吉田君も軽率ですよ」と木戸がはっきり吉田にたいする不快感を示したことを斎藤貢は忘れてはいない。

なにも知らない斎藤には理解できないことであったが、木戸が吉田茂を「軽率」だと言ったのは、前に述べたことだが、木戸は駐英大使時代の吉田を杜撰《ずさん》で思いつきをやるだけの男と見ていたから[63]、相変わらずだ、真崎甚三郎を参謀総長にすれば戦いを終わりにすることができるなどと幼稚なことを言ってまわってと腹を立ててのことだったのである。

松平恒雄の内大臣更迭計画

さて、この五月末、木戸を内大臣の椅子から逐おうとする計画があると最初に述べたが、この計画には吉田茂は加わっていない。

吉田はまだ獄中にいる。

最初にかれは九段の憲兵隊の留置場にいた。ノミとシラミに悩まされた。二週間のちに代々木の陸軍刑務所に移された。刑務所は清潔で、差し入れも自由だったからかれは喜んだが、五月二十五日の夜には恐ろしい目にあった。

小伝馬町牢を移したという角柱の格子の監獄はたちまち燃えあがった。看守に導かれ野菜置場の穴蔵に入ったが、そこも熱くなった。外へ連れて行かれ、明治神宮に逃げた。翌日、かれは目黒の国民学校に一時的に収容されたが、近くほかに移される予定である。

吉田が木戸を辞めさせる計画のあることを知るはずもないが、なんでも知っているはずの近衛もこのことを知らない。そして憲兵隊も知らない。内大臣更迭の計画を知っているのは宮内大臣の松平恒雄ひとりである。当然のことだ。かれがやろうとすることなのだ。

松平恒雄は明治十年の生まれ、六十八歳になる。かれのことについては前に詳しく述べたが[64]、繰り返し語ろう。

もともとは外交官だ。駐米大使、駐英大使を歴任した。かれがワシントンにいたあいだには日米間の摩擦となる大きな紛争は起きなかった。駐英大使のときには、かれはロンドン軍縮会議の全権となったが、首相若槻礼次郎と海相財部《たからべ》彪《たかし》も全権だった。この条約に反対の声が沸きたち帰国した若槻と財部の二人は激しい非難の声を浴びせられたが、松平にたいする非難とはならなかった。

内大臣斎藤実が昭和十一年二月のクーデターで殺害されたあと、元老の西園寺公望《きんもち》はその後任に松平を指名した。松平はその前年にロンドンから帰国していた。流血の惨事を生んだ国内の大きな裂け目を修復しなければならず、内大臣の任務は重大だった。だが、西園寺はそれだけを考えていたわけではなかった。

英国とドイツはそれぞれ日本を自国の側に引っ張り込もうとしていた。英国は日本との関係是正を望み、満洲市場に関心を抱き、満洲国の承認をも考慮に入れていた。ところが、陸軍と外務省内の革新勢力は英国との妥協に絶対反対だった。かれらはドイツと手を握ろうとしていた。英国を敵にまわし、ドイツへ接近することに西園寺は反対だった。そこで駐英大使だった松平を内大臣の地位に据えようとしたのである。

ところが松平は「自分は内政に全く門外漢なので、内大臣の職務を果たす自信がない」と辞退した。結局、宮内大臣の湯浅倉平が内大臣に転じ、松平がそのあとを継ぐことになった。就任してしばらくのあいだは、松平は宮廷外交に腕を揮った。かれは日本の孤立を救おうとして、英国とのあいだの溝を埋める努力をつづけた。昭和十二年四月、ジョージ六世の戴冠式に出席した六十三カ国の代表のなかで、秩父宮夫妻の席次が筆頭だった。英国側が日本との関係改善にどれだけ熱心であるかを示したものだった。つけ加えるなら、秩父宮妃の勢津子は松平の長女である。

まもなく華北の戦いが拡大し、ドイツとの提携を望む勢力は、国民に向かって英国にたいする敵意を煽りたてるようになった。松平の努力は破綻した。かれは牧野伸顕とともに、宮廷を親英色に染めあげた旧勢力の巨頭と目され、怪文書で攻撃され、斬奸状《ざんかん》にはかれの名前も載せられるようになった。かれは宮内省に閉じこもり、自分の言動に細心の注意を払うようになった。

昭和十五年から十六年、英国、アメリカとの関係が悪化するようになって、かれは外務省からの情勢報告を読み、対米交渉の経緯についてはかつての部下から話を聞いていたが、かれはなにも意見をさしはさまなかった。とはいっても、かれは親しくしていた米内光政と密かに会い、アメリカとの戦いを回避するためになにか手だてはないかと相談したことがあったにちがいない。

そしてアメリカとの戦いになり、昭和十八年の秋、それこそ木戸幸一が不眠症に悩まされたときのことだが、すでに外務大臣を辞めていた東郷茂徳が近衛、牧野、岡田啓介を説いてまわり、東条を退陣させねばならぬと主張したことがあった。だれもが当惑し、自分の意見を述べなかった。東郷は松平を訪ねた。東郷は松平が駐米大使だったときに一等書記官として仕え、その手腕と炯眼《けいがん》を認められていた。欧米局長の東郷を、公使、次官をさしおいていきなり駐独大使に抜擢したのが松平だった。

東郷は「大使」と呼びかけた。松平は外務省の後輩にこの称号で呼ばれている。力を貸してほしいと説く東郷にたいして、府中の問題には介入できないと首を横に振った。

敗戦ともなれば当然宮中の問題になる、平時とは異なる心構えが必要だと東郷はねばった。だが松平は沈黙を守ったままだった。

戦いがさらに危急を告げるようになると、松平であれば英国とのあいだの交渉の糸口をひきだせるのではないかと考える人びとが、かれを口説くようになった。かれは意見を述べるのを拒み、私の仕事は三太夫にすぎないのだと答えたのだった。

そこで今日、五月二十九日のことになる。木戸幸一が明治宮殿の焼け跡を見てまわったことは前に述べた。

同じ時刻、松平恒雄は海軍大臣米内光政に使いをだしたのではないか。

松平の秘書は海軍省西門の受付から入って、暗い灰色の空を背景に赤煉瓦の壁の骨組みだけが残っているのを仰ぎ、息を呑んだことであろう。三階建ての本館の残骸だ。四十五尺ほどもあろうか。十四メートルの高さである。これこそ大海軍の今日の姿そのものだと思ったにちがいない。

このあと、かれは正面玄関前の広場にあった大きな銅像がなくなっていることに気づいたのかもしれない。三メートルほどの高さの台座が残っているだけだ。ほかの二つの銅像はと見まわせば、いずれもなくなっている。

かつて虎ノ門から桜田門に向かう市電に乗った人なら、霞ヶ関にさしかかり、海軍省と軍令部の赤煉瓦の建物を囲む石牆《せきしょう》の南の角にある川村純義《すみよし》の銅像、つづいて石牆内の赤煉瓦の建物の前に立つ西郷従道の銅像、そして北の角の仁礼景範《にれかげのり》の銅像、この三人の像を街路樹のトチノキの茂みのあいだから仰ぎ見たとき、かれらが海軍のために、日本のためになにをしたのかは知らないながら、だれもが誇りと安らぎに満ちた満足感を味わったものだ。

三人の老提督の青銅製の銅像は昭和十八年五月に金属供出のために撤去されていた。

松平恒雄の使いは大きく息をして、海軍航空本部に向かったのであろう。焼け跡のいちばん奥にある、窓の小さい耐火構造の五階建てのビルだ。火は入らなかった。大臣、軍務局をはじめ、主な部局はここに移っている。

使いは米内に松平の親書を手渡したのである。

ご相談しなければならない火急の用件があるとの尋常でない文面を読んで、私が午後に松濤《しょうとう》をお訪ねすると米内が使いの者に伝言したのであろう。

米内は秘書官にひとこと言い残し、警護員ひとりだけを連れ、自分の専用車ではなくほかの車を出させ、松平の邸を訪ねることになったのではないか。

松平恒雄と米内光政が親しいことは前に述べた。二人はウラジオストークでウオツカを酌み交わして以来の仲である。大正七年から八年にかけてのことであり、ロシアで国内戦がつづいていた最中だった。松平は浦塩《ウラジオ》派遣軍の政務部長、米内は海軍からの連絡官であり、松平は前に言ったように明治十年の生まれ、米内は明治十三年の生まれ、ともに三十代の後半だった。酒の飲みっぷりのよさで仲好くなった二人であったが、松平は三歳年下の米内の清廉さと聡明さを買った。そして二人の外交地図の見方が一致したことから、それと気づかずいつしか政治的盟友となった。

予備役前の最後のポストと決まっている鎮海要港部司令官の米内が第三艦隊の司令長官になったのは、駐英大使の松平がかれをつねづね称賛し、元老、重臣、海軍長老までがかれの名前を記憶することになったからにちがいないとは前に記したことだ(65)。

米内が横須賀鎮守府司令長官、連合艦隊司令長官へと昇進し、つづいて海軍大臣、総理の政治的ポストに坐ることになったのは、これまた最初に松平の積極的な支持があってのことだったのは間違いのないところであろう。それこそ府中の出来事には無縁だと念を押す宮中の最高位者が、機会あるごとに海軍に米内ありと称賛したからにちがいなかった。

米内が大臣となってからも、二人はよくいっしょに酒を飲んだ。といっても米内が最初に海軍大臣になったときのことだ。松平の顔をなめるのが酔った米内の癖だった。宮相官邸玄関前の小砂利の上に米内は大の字になり、「おい、酒を持ってこい」と駄々をこね、松平の妻の信子をおろおろさせたこともあった。

そして米内が首相となったとき、対米英関係を立て直すためには、松平に宮内大臣を辞任してもらい、特使となって英国、アメリカに行ってもらおうと考えたであろうことは前に記した。浅間丸事件、つづいてドイツ軍が西ヨーロッパ諸国を席捲してしまったことが、かれの計画を粉砕してしまったことも前に述べた(66)。

さて、今日、米内が訪ねるのは、宮相官邸ではないことはすでに触れた。麴町三番町の宮相官邸は三月九日夜の空襲で焼かれた。その夜、松平は宮内省に詰めていた。妻の信子は浄書をつづけていた般若心経の写経二、三巻を手にしただけで逃げたのだった。つけ加えるなら、この夫婦のあいだの長男の一郎は横浜正金銀行に勤めている。開戦のときにはアメリカにいて、交換船で帰国し、現在は昭南《シンガポール》勤務である。三十七歳だ。

官邸を失って、松平夫妻は松濤の焼け残った私邸に移り住んでいる。松濤町は渋谷の道玄坂の登り坂の右側につづく高台の丘陵地である。かつて松濤町のあらかたは佐賀鍋島藩の所有地であり、鍋島の当主の広大な邸があった。明治はじめには、その十五万坪の丘陵地に茶の木を植え、煉瓦造りの製茶工場を建て、渋谷茶の名で売りだしたこともあった。番町の大身《たいしん》の旗本の屋敷跡が茶畠になったのと同じときのことだ。輸出しようとしたのである。緑の縞の茶畠はいつしか雑木林に戻っていたが、その丘陵を貸し住宅地としたのは昭和に入ってのことであり、松平恒雄がその一画に木造二階建ての住まいを新築したのは、ロンドンから帰った昭和十年のことだった。恒雄の妻の信子は鍋島直《なお》大《ひろ》の五女なのである。

松平は松濤のその自宅に米内を招いたのではないか。午後二時か三時だったのかもしれない。

私があなたを訪ねるより、松濤に来てもらったほうが秘密が保てると思ってと、まず松平が言い、横浜は全滅したようだといった話にはじまり、帽子から外套まですべてを焼いてしまったよと松平が笑いながら語り、米内もすべてを焼いてしまったと語り、つぎに体の具合はどうかと松平が米内に尋ねたにちがいない。

相変わらず血圧が高いと言い、あなたはどうかと聞きかえしたのではないか。じつは松平も血圧が高い。血圧の高いことが二人の共通の懸念であり、それ以上にかれらの周囲の者たちを心配させてきている。

海軍省医務局長の保利信明から、「大臣の健康にはくれぐれも気をつけるように」と秘書官室に注意が来ていた[67]。秘書官の勧めで、米内は何回か銀座の武見太郎の診療所に通ったことがある。お供をした秘書官の山本啓志郎がアネロイド型の血圧計を覗きこんだ。驚いたことに、指針は二百七十を超えていた。つぎの目盛りは最後の三百であり、二百八十ぐらいと山本は見当をつけたのだった。

山本は心配でたまらず、こっそり武見に尋ねた。「心臓が背骨にくっつくくらいに肥大している。常人であればとてももたないが、米内さんは元来が頑丈な体であるのでももっている。いままでもっているのだから、今すぐどうということもあるまいが、充分注意するように」と言われた[68]。

米内は松平を心配させまいとして、血圧が二百八十だという事実を口にしなかったにちがいない。

松平は、わたしの血圧も相変わらずだと言って太い眉をあげ、つぎのように口を切ったのであろう。

「内府にもお上にも申し上げていないが、私は宮殿焼失の責任をとって辞任する考えです。いずれ内大臣から引き留めの相談を持ちかけられると思うが、耳を貸さないでほしい」

陸相阿南惟幾の辞任騒ぎが終わったばかりなのは、松平が知り、米内も承知していることだ。

昨日のこと、五月二十八日の朝、阿南は首相鈴木に辞表を提出した。御所焼失の責任をとると述べた。首相は辞めないようにと説得に努めたが、阿南は辞めると言い張った。鈴木は参謀総長梅津と連絡をとり、かれの意見を尋ねた。梅津も辞任に反対した。午前十時半、首相は木戸の執務室を訪ね、陸相が辞表を出すが、慰留していただくように天皇に言上してほしいと頼んだ。木戸は同意した。午後三時半、天皇は首相に阿南の辞表を撤回させたのだった。

陸軍大臣が辞めなかったのだから、御所炎上の責任をとって宮内大臣が辞めるにはあたらない。米内はこう言おうとしたのではなかったか。米内が口を開こうとするのを松平は制し、つぎのようにつづけたのではないか。

だれもがドイツはどれほど長く生命をつなぐ見込みがあるのかと心配し、ドイツはどうなってしまうのだろうと不安を抱いていたとき、木戸内府や重光前外相、さらに重臣たちのあいだではだれもはっきり口にはしなかったにせよ、その片言や曖昧な応答を通じて暗黙のうちにひとつの合意ができていた。

ドイツがまだ頑張っているあいだになにかやろうとすれば陸軍は単独不講和の義務を大義名分として持ちだし、同盟国との約束を破るわけにはいかないと息巻くことになろう。そこでドイツが脱落した直後、ソ連が手出しをする前に転換を図らねばならない。こういう合意だった。

ところが、ドイツが降伏したいま、だれもがずるずると日を過ごし、例によって例のごとくのらりくらり、手をつかねてなにもしようとしない。

海軍大臣のあなたがなにを言っても、陸相や参謀総長はうなずくまい。陸軍の連中に一大転換を言わせようとするのは、どだい無理な注文であろう。そして首相は徹底抗戦を説くばかりだ。

だれよりも重い責任を負わねばならぬもうひとりの人物がいる。内大臣である。内府は国の舵をとる無形の力を持ち、国の存亡がかかる重大な方向を定めようとするときには影の決定者となる。だが、内府は自己が負うべき責任を自分の肩にのせようとしない。

松平はこのように語ったあと、つぎのように言ったのではないか。

「わたしは辞任します。後任に木戸侯を推す考えです。木戸侯には内大臣を辞めてもらう所存です。この人事への同意と協力をお願いしたい」

背筋を伸ばし、耳をかたむけていた米内は、意外な話の展開にびっくりしたにちがいない。

会津の国主《こくしゅ》は内大臣を辞めさせようと考えているのだ。

宮内大臣が自ら辞任することで内大臣をひきずりおろすといった考えは、思ってもみない機略である。宮内大臣の選任は、首相と宮廷に近い重臣たちの意見、そして内大臣、侍従長、さらには天皇の意向が求められるが、なんといっても辞任する宮内大臣の発言が大きな力を持っている。

米内は驚きながらも、うなずいたのであろう。もちろん、木戸は辞めさせなければならない。ところで、内大臣木戸幸一の後任にはだれを推すのか。

米内光政のこの問いに松平恒雄ははじめてにっこり笑ったのではないか。

「あなたとわたしが信頼している人物です。あなたの力添えをお願いします」

今度は米内がにっこりしたのであろう。石渡翰長《いしわたかんちょう》ですかと言い、松平がうなずいたのであろう。昭和十五年の米内内閣の翰長、つまり内閣書記官長が石渡荘太郎だった。

内大臣に石渡荘太郎を

米内が石渡を信頼するようになったのは、その前年の昭和十四年前半に、海軍大臣だったかれがドイツとの同盟に反対して、ドイツとの同盟を望む陸軍と対決したとき、宮内大臣の松平がひそかに米内を支持し、そのとき大蔵大臣だった石渡も米内の側に立ったからである。

念のためにつけ加えるなら、昭和十四年八月に陸軍がノモンハンでソ連軍に大敗し、ドイツがソ連と手を握ってしまうことが重なって、陸軍幹部は色を失ったばかりか、面目丸つぶれとなった。ドイツとの同盟に反対していた米内側の勝利となった。

ところが、翌十五年五月からドイツ軍の大攻勢がはじまり、七月にはフランスが降伏してしまって、ドイツとの同盟を求める陸軍の幹部は一挙に勢いを盛り返した。そのときには米内が首相であり、内閣書記官長が石渡だった。陸軍側は倒閣にでた。陸軍大臣の畑俊六が辞表を提出した。首相の米内が畑に後任陸相の推薦を求めたのにたいし、「後任者得難し」と答え、閣内不統一の事実を突きつけ、退陣に追い込んだ。第二次近衛内閣の登場となった。

石渡荘太郎について語っておこう。明治二十四年の生まれ、五十四歳になる。

祖父は幕府の御《お》船手《ふなて》組《ぐみ》にいた。長崎で航海術を学んだことから、明治になって汽船会社を創立した。かれの父の敏一《びんいち》は司法畑を歩き、西園寺内閣の書記官長をやったことがある。敏一は近衛の父の篤麿《あつまろ》とドイツ留学時代から親しく、篤麿が学習院院長になったときには、かれは息子の荘太郎をわざわざ学習院へ転校させた。荘太郎は文麿と同クラスになり、一高でも二人はいっしょだった。父親たちと同様、息子同士も仲が好かった。文麿が荘太郎に向かって、どうしたらいっしょになれるだろうかと電車のなかで見初めた十六歳の少女のことを語って、箱根の宿で朝まで語り明かしたこともあった。紫の矢《や》筈《はず》模様のお召しに緋色に近い海老《えび》茶の袴の美しい娘はのちに文麿の妻となる毛利千代子だった。

もっとも、二人は政治に足を突っ込むようになってからは、手を握ったことはなかった。石渡は近衛の協力者とはならなかった。一高、東大法学部、そして大蔵省入りをした石渡は、大蔵次官となったあと、平沼内閣の大蔵大臣となり、米内内閣の書記官長となった。

つづいて石渡は賀屋興宣のあとを継いで、東条内閣、つづく小磯内閣の蔵相となり、書記官長となった。

かれのこのような経歴からわかるように、石渡は内閣の財政責任者となっただけではなく、内閣の潤滑油的存在となった。

書記官長にはそのような手腕が求められてきた。法制上、首相は形式的な首班にすぎず、閣僚たちに指揮命令する権限を持っていないことから、閣員たちを一致協力させることが大番頭である書記官長のつねに気をつかわねばならない任務だったからである。

大蔵次官だったころ、かれは代用品の鮫革の靴を履き、裏返しにした仕立て直しの背広を着込んだりして、きざな男だと言われたこともあったが、ほんとうはざっくばらんな性格で、人を惹きつけずにはおかぬ率直さがあり、専用車の運転手や警備員と気軽に喋り、かれらに敬愛されていたし、昭和十七年に国民政府の最高経済顧問となって南京にいたときには、中国人高官たちに信頼され、かれらのかれにたいする評価は高かったのである。

かれのやり方は一見、八方破れに見えながら、じつは柔軟な政治的技倆を発揮し、政府内の軋轢、政府と議会との衝突に取り組み、まとめあげる力をみせた。

この二月にも、かれはとりまとめを買ってでた。

内閣書記官長の広瀬久忠《ひさただ》が地方ブロックの長となる大県知事の任免権を内務大臣から総理大臣に移そうとして、内務大臣の大達茂雄と真正面から衝突した。首相は自分の権限の強化を望み、広瀬と打ち合わせを済ませていたから、当然、広瀬の側に立たねばならないはずだった。ところが、広瀬と大達がやりあっていたとき、首相は自分には関係のないことだと素知らぬ顔をしていたことで、広瀬の怒りは小磯に向けられた。この内閣も終わりだと捨て科白《ぜりふ》を残して辞任した。(69)

どうでもいいことだが、もう少し説明しておこう。小磯内閣の最初の書記官長は小磯が朝鮮総督だったときの政務総監の田中武雄だった。ところが、中央の経験がまったくない田中のすることは、どこでも評判が悪かった。小磯の盟友の文部大臣の二宮治重が病気のためにこの二月に辞任し、後任に児玉秀雄国務相を充てることにし、同時に田中を辞めさせることにした。小磯は石渡に書記官長をやってくれないかと言った。石渡は断り、厚生大臣の広瀬を推した。こうして広瀬が国務大臣兼書記官長になったといういきさつがあった。

石渡は小磯にあきたらない気持ちは大きかったが、だからといって、内閣を瓦解させるわけにはいかないと思った。広瀬の親分の木戸の介入を防ぐには、木戸に睨みがきく自分が書記官長になるしかないと考えた。

かれが真っ先に相談したのが海軍大臣の米内光政だった。夜遅く、米内の私邸を訪ね、かれの意見を尋ねた。(70) 米内も内閣退陣の事態になることには反対だった。内大臣に口出しさせず、閣内のささくれだった雰囲気を鎮めることができるのは石渡が翰長になる以外にないと米内は考えたから、石渡の申し出に賛成した。

しかし、かれが書記官長となって二カ月で小磯内閣は瓦解した。

四月十三日深夜の空襲で、石渡の小石川区駕籠町の邸は焼かれた。赤坂新坂町の木戸の邸が焼かれたのと同じ夜のことである。四月七日に小磯内閣が総辞職して、石渡が官邸を引き払い、自分の家へ戻ってすぐのことだった。荷ほどきを済ませていない家具什器を焼き、大蔵省に疎開しておいた一架を残して蔵書の山を失ってしまい、バケツひとつを持って妻とともに世田谷成城町へ移り住むことになった。疎開した従兄の家を譲り受けたのだった。

久方ぶりに暇となった石渡は、毎日庭へ出て、菜園の南瓜や大根の苗の伸びに驚き、萌えでたばかりの木の若葉に見入る毎日を送っている。うすら寒い日がつづき、ときどき氷雨のような雨が降り、冷夏となる気配だったが、草丈や葉の張り具合がどうなのかかれにはわからず、花の遅れも見当がつかない。庭には多年草の銀梅草《ぎんばいそう》が白い五弁の花びらを下向きにひろげている。その花に鼻を近づけ、かれは久子に、いい香りだと声をかけている。

かれらの二人の息子のうち、長男良一は日本銀行に就職したが、昭和十七年に海軍経理学校で五カ月の訓練を受け主計士官となった。昭和十八年末、かれの乗った輸送機が台湾上空を飛行中、山に衝突した。

海軍では、士官の戦死の公報伝達に同期のものが赴くのがならわしである。海軍省経理部に勤務していた松本正久と南方政務部にいた吉岡二郎は人事局に呼ばれ、駕籠町の石渡家に戦死公報を伝達するようにと命じられた。つらい任務だった。応接に出てきた母堂がよろよろと手をついたことがいまも松本の眼に浮かぶ。[71] 良一の遺骨が東京駅に着いたのは、荘太郎が蔵相となった数日あとだった。半分ほど焼けた大尉の肩章が遺品だった。

荘太郎と久子は二十五歳で死んだ良一の思い出を語れば、胸が締めつけられる思いとなるので、良一の話は一切しないことを申し合わせている。[72] もうひとりの息子の二十一歳になる誠三は福岡県築城《ついき》の海軍航空隊にいる。

そして荘太郎はまだなにも知らないが、松平恒雄がかれを内大臣にしようと望み、米内光政がこの人事計画に賛成している。

松平恒雄が考えること、そして米内光政が考えることは、どういうことなのか。

戦いをやめるためには、天皇の号令が必要である。そのための陛下への助言は内大臣がおこなわなければならない。

ところが、木戸内府はこの任務をいっこうに果たそうとしない。かれには辞めてもらうしかない。

もっとも重大、もっとも危険な問題だったにもかかわらず

木戸幸一は、なぜ天皇に向かって、戦いをやめざるをえない、やめねばならないと言上できないのか。

米内光政も松平恒雄も口に出したことはないであろうし、このさきもけっして語るこ

とはないと思うが、二人はこの理由を知っていよう。

木戸幸一はこの戦いをはじめる前に天皇に言上しなければならないことを言上できなかったからだ。当然気づかねばならなかったことを、気づかないか気づかないふりをするかして、戦って負けはしまいと偽りの希望的観測をたて、自分を騙し、お上を騙したからだ。

松平と米内は木戸がそのあとにやってきたことも承知していよう。

戦いをはじめてしまい、負け戦がつづき、自分がどんな戦いをはじめてしまったのかに気づくようになってからは、木戸はつぎのように弁解するようになった。もともと統帥問題について、お上のご下問は自分にはないのだし、自分の管掌分野でもないのだとかれは言い、戦いをやめることは統帥部の総長が言いだすべきことだと、またも自己欺瞞の態度をとるようになっている。

はじめに戻り、内大臣の木戸はこの戦いをはじめるに先立って、なにを天皇に言上しなければならなかったのかを論じなければならないのだが、それはこのさきで見ることにして、ここで前にも何回か述べたことのある内大臣の職務について、(73)もう一度、語らねばならないだろう。

昭和十八年十一月十九日のことだ。軍令部出仕、海軍大学の研究員となった高木惣吉は官邸に木戸を訪ねた。この三月十日未明に焼かれた麴町三番町の内大臣官邸である。

木戸が昭和十八年のその時期に眠れない夜がつづいていたことは前に何回か述べた。木戸の不眠の原因であった悪化する戦局は、そのとき新局面を迎えようとしていた。

その日の早朝、タラワ島が敵の太平洋艦隊に包囲され、砲爆撃がつづいたあと、早くも敵の海兵隊が上陸し、激しい戦いがはじまっていた。高木はこれを語ったあと、海軍と陸軍の航空部隊を一元化し、海軍が全航空部隊を統轄、指揮する体制としなければ、この戦いを勝ち抜くことは難しいと主張したのであろう。(74) この航空一元化の問題は前に記したし、このさきでも論じる機会があろう。

そして高木は内府に助力を求めたのであろう。お上のお声がかりでこの一元化を遂行したいということだった。木戸は不快げに首を振って、つぎのように答えた。「統帥事項は官制上、内大臣は触れることができません」

高木は反論して、「内大臣は官制を超越し、国務、統帥のすべてにつき、常侍輔弼《じょうじほひつ》に任ずべきでありましょう」と説いたのだという。(75)

木戸は「官制上」と語り、「官制を超越し」と高木は言ったのだが、内大臣は軍事問題に触れることができないという規則は実際にはない。あるのは不文律だけだ。

明治十年代に戻る。

天皇に仕え、年若い天皇を補導する責任を負っていた人びとは大きな野心を持つようになった。天皇親政を望み、そのための機関をつくろうと考えた。侍従の上に侍補《じほ》を置くことにして、かれらが侍補となった。そして「内大臣」か、「内廷総裁」を設けようとした。かれらは内閣に玉座を設けよと説き、天皇が内閣親臨のときには侍補が侍坐し、廟議に参加できるようにしようとした。

つけ加えておけば、このあと明治十八年につくられる内大臣は完全な名誉職、閑職であり、このポストが重要になるのは、首相を内大臣が選定するようになった昭和七年からである。こうしたことは前に述べた。

侍補たちは軍事部門も管轄下に置こうとした。武官の侍補を設け、天皇に軍事学を講じた。西南の役のときには、前線に宮廷から武官を送った。つづいて侍補を海軍中佐、陸軍中佐に任じた。海軍には海軍御用掛を置きもした(76)。

また、侍補は詔勅、命令の公布を自分たちの手でおこなおうとした。

だが、大臣と参議は侍補が強大な権力を持つことに絶対反対だった。内閣の幹部は宮中廷臣のこうした動きにことごとく反対、抵抗した。

ついでに言っておけば、海軍が侍補に協力し、海軍御用掛を置くのを認めたのは、陸軍と争い、陸軍と同等の力を持つようになるためには、宮廷を味方につけるのがいちばんと考えたからだった。

明治十年から十二年まで、侍補と内閣の争いはつづいた。内閣最高の実力者の伊藤博文が侍補は宦官《かんがん》の弊害をもたらすと大攻勢を開始したときに、双方の争いは関ヶ原の戦いとなった。明治十二年十二月、天皇親政派は敗退し、侍補は廃止され、二義的な役割を果たす、当たりさわりのない侍従に立ち戻った。

侍従たちはこの恨みを忘れなかった。陸軍の幹部が陸軍から連絡役の武官を宮廷に置きたいと提案しても、御座所に軍服はなじまないと、にべもなかった。

陸軍は宮廷に自分たちの橋頭堡を築く機会を忍耐強く待った。日清戦争がはじまり、広島に大本営がつくられたときに、陸軍ははじめて侍従武官を置くことに成功した。そして大本営の解散のあとになっても、侍従武官の官制を残した。

こうして陸軍は天皇の側近に坊門清忠《ぼうもんきよただ》のような軍事に口出しする文官の登場を阻止し、陸軍のための連絡活動をおこなう係官を置くだけとすることに成功した。

公卿の坊門清忠についてはこのさきで述べよう。

ところで、陸軍の幹部は宮廷内の天皇が信任する軍事助言者から指図、監督される恐れはなくなったが、べつの面倒な問題を抱えることになった。海軍の陸軍からの完全な独立である。

すでに何度も触れてきたが、もう一度振り返ってみよう。

陸軍と海軍が協力し合ったのは、五稜郭の戦いまでだった。じつを言えば、そのときには陸海軍はまだひとつだった。明治五年に海軍が陸軍から分離誕生してから、西南の役にはじまって、陸軍の幹部と海軍の幹部はいさかいをつづけることになった。

陸軍は独立した海軍を抑えつけようとした。陸主海従の原則を守らねばならないと海軍幹部に説教した。海軍はこれに激しく反発した。海軍の幹部たちは想定敵国をどこにするというより、陸軍こそが現実の敵であった。海軍幹部は陸軍の参謀総長が「帝国全軍」の参謀総長になっていることに反対し、海軍の軍令部総長は陸軍の参謀総長と同等でなければならないと言いつづけた。陸海平等を説き、英国のような海主陸従をとる必要はないが、ドイツのように陸主海従をとってはならないと声を張りあげ、どのような機会も逃さず、陸軍に食いついた。

明治三十六年十二月、ロシアとの戦いが避けられない情勢となった。天皇に直奏を繰り返していた海軍大臣山本権兵衛はこの機会を逃さなかった。辞任するとの脅しを絡めての執拗な上奏に明治天皇は根負けした。とうとう海軍の積年の望みはかなえられた。海軍の軍令部総長は陸軍の参謀総長とまったく同格になった。海軍幹部は有頂天となり、陸軍幹部は苦虫を嚙みつぶした。

元帥の山県有朋と大山巌は、「平戦両時ヲ問ワズ　常ニ重要軍事ノ諮詢《しじゅん》ニ応ズベキ参議機関ノ設置ハ至当ノ事ナリト思惟ス」[77]といった意見書を天皇に提出した。海軍側は海軍を抑えようとする陸軍の新しい陰謀だと睨み、相手にしなかった。

陸軍と海軍がまったくの同格となって、両者は予算を奪い合い、陸軍は海主陸従となるのを恐れ、海軍は陸主海従にさせまいとし、陸軍はロシアをしっかり想定敵国とし、海軍はアメリカをはっきり想定敵国とし、自己の存在価値をだれにも認めさせようと懸命になった。

陸軍と海軍がそれぞれ相手を睨んで、向こうが師団を増設すれば、こちらは艦隊を新設するといったことが、酒税と砂糖税をつぎ込むだけでできるあいだはまだよかった。陸海軍双方が装備の近代化を進めようとすれば、この資源の乏しい、劣悪な工業を持つだけの小国にとって、どだい無理な相談となった。将官や部課長の嘆きや不満は、つまらぬことにカネを使いやがってと陸軍は海軍に、海軍は陸軍に憎しみを向けることになった。

さらに重大なことは、まったく同等になってしまった陸軍と海軍の主張が対外関与の問題と絡んで対立したとき、選択し、決定を下すことができるのは、ただひとり天皇となったことだった。

陸軍と海軍がそれぞれ誠実なパートナーであるはずがなかった。対外危機に直面することになれば、それぞれは自分の名誉と死活的な利益を守って行動することにならざるをえないからだ。そのためにはその場限りの嘘をつき、本心とは遠いことを言うことになるだろう。このような陸海軍の代表を相手にして、危急存亡のときに、天皇はリーダーシップを発揮しなければならず、裁断者とならねばならなくなる。大元帥である天皇は陸軍首脳が奏上する議論の背後にある真実を把握しなければならず、海軍首脳の説く解決案は心にもないごまかしだと判断しなければならなくなる。

ところが、天皇は自身の軍事顧問を持っていない。陸軍幹部、そして海軍幹部は、侍従武官長と侍従武官を自分たちの連絡武官にしてしまっていたからである。

このことがどれだけ恐ろしいことなのかは、日露戦争に勝利を収めたため、人びとの注意を惹くことがなかった。そして、大正、昭和のはじめまで、陸海軍にも宮廷にも政府にも、この問題をとりあげる人はいなかった。

大正末のことになる。ドイツから帰国した東条英機は軍務局に勤務し、陸軍大学の教官を兼任して、軍制学を教えたことがあった。かれは竹の笞《むち》で黒板を叩きながら、「統帥権の独立」を説いた(78)。

第一次大戦がどういう戦いだったのか、総力戦とはなにかを東条は論じ、笞を叩き折る熱心さで、「統帥権の独立」の重要性を最上級の学生たちに説きつづけた。

ほんとうのことをいえば、「統帥権の独立」など、胃袋の命じるまま収穫時の農村地帯を荒らしてまわる軍隊が威張っていた時代の話だった。そのとき、東条がこうしたことに気づかなかったとしても、はるかに重大な二元統帥の問題が国を死地に陥れることがあると気づかねばならないはずであった。

陸軍と海軍の政策決定者は、それぞれ相手と同等、同格を主張するために、一方が仮想敵国をつくり戦争計画を立てれば、もう一方はべつの仮想敵国をつくりべつの戦争計画を立てることになり、それぞれが自分たちの軍の予算と士気を維持するために、一方が危機を訴えれば、もう一方が危機をつくることにもなりかねないことになる。

だが、東条はこうしたことにまったく気づかないふりをしていた。

昭和十年のことになる。侍従武官長だった本庄繁は九月三日の日記に、侍従長の鈴木貫太郎が語ったことを書いた。「陛下は、軍事に付いては内大臣にも絶対に御下問なしと語れり」

本庄はつづけて日記に記した。陛下は内大臣に「文武いずれを問わず下問ありてさしつかえなきものと思われる」(79)

そのとき内大臣は牧野伸顕だった。念のために言えば、かれは文部大臣、農商務大臣をやったことのある文官の出だった。

どうして本庄はそんなことを考えたのであろう。陸軍内の派閥争いは悪化するばかりで、半月前には陸軍軍務局長の永田鉄山が局長室で現役の佐官に斬殺されるという異常きわまる事件が起きたばかりだった。本庄は宮廷高官に向かって、弁解に明け暮れる毎日だったが、自分の立場としては、争い合う派閥のどちらが正しいのかを率直に語ることができず、どうすればよいのかを正直に言上できないことで気が重かったのではないか。

本庄はさらに心配をしていたのかどうか、日本の二元統帥制は二元的国防方針をつくり、いよいよ日本を二つに切り裂こうとしていた。

ソ連とのあいだの緊張が高まっていた。これこそ、陸軍内の派閥闘争とも絡んでいたのだが、そのときの陸軍の幹部はソ連と戦うのだといった構えを見せ、満洲国境でソ連軍と戦うことになるのではないかという懸念を国民は持つようになっていた。

だが、海軍は陸軍だけが危機を煽りたてるのを許さなかった。海軍は海軍で、危機を主張するようになった。ワシントン条約、ロンドン条約の期限が昭和十一年末に満了したあとは、戦力削減の合意は無効となる、増強するアメリカ海軍に対抗しなければならぬと言い、対米軍備の促進を主張した。

昭和十一年、一九三六年は、重大な転換期、決算期だと人びとは説くようになった。新聞記者、評論家が一九三六年の危機を語り、軍人、政治家が昭和十一年からは、船は警戒水域を進むことになると叫びだした。

内大臣と元老はこのような情勢を見て、侍従武官長が陸軍の代弁者であり、陸軍首脳が説くこととまったく同じことを言い、海軍の侍従武官は海軍首脳が語ることをお上に伝えるだけの連絡武官である仕組みを変えねばならぬと考えなければいけないはずであった。天皇は三宅坂と霞ヶ関からなんの掣肘《せいちゅう》も受けない内大臣を軍事的な助言者、そして調整者にしなければならなかった。

だがそのとき、このような問題をとりあげるどころではなかった。内大臣牧野伸顕を中傷、攻撃する怪文書が乱れ飛び、内大臣を暗殺しようと真剣に考える過激な陸軍士官がいて、内大臣と元老は自分たちが構築した危機回避のための人事システムを守ることで精いっぱいとなった。

なぜ過激派が牧野伸顕を憎んだのかは前に何回か述べたことだが、重要なことだから繰り返そう。

昭和七年に首相の犬養毅が海軍士官のグループに殺害されたあと、西園寺公望と牧野伸顕が恐れたのは、陸軍の強硬派と海軍の強硬派が競合し、互いに強硬さを競い合うことになり、これら強硬派と連携する政治家が絶対多数の選挙民と議員たちの支持を得るようになって、第一党の党首となることだった。

西園寺は衆議院第一党の党首を首班に奏請するといった選挙民の多数意思を尊重する方式をとりやめた。海軍穏健派の長老、斎藤実を首相とした。海軍の穏健派の力を強めて、海軍の強硬派を抑えさせ、海軍に陸軍を牽制させるという構想だった。

危機を叫びたてる陸軍、海軍、民間の人びとは怒った。日本をとりまく情勢がいよいよ険悪なものになろうとしているときに、内大臣と元老は、自分たちの言いなりになる姑息で無能な退役提督を首相にした。最悪の人選であり、徹底した改革と新しい秩序づくりを阻止しようとする狡悪なやり方だとかれらは憤激した。こうして宮廷を批判する怪文書が出回り、内大臣を殺してしまえという声となったのである。

内大臣の牧野伸顕は体の不調を口実に辞任した。宮廷にたいする過激派の非難をかわそうとしたのだが、退却したわけではなかった。自分の後任に、首相を辞めていた斎藤実をもってきた。斎藤退陣のあとの首相には、これまた海軍穏健派の長老である岡田啓介を首相としていた。宮廷と内閣を英米との友好関係の維持を望む海軍ＯＢで固めたのである。

天皇の不文律、「内大臣に軍事問題の助言は求めない」

ところが、と言うより、とうとうと言うべきなのであろうが、昭和十一年の二月にクーデターが起きた。計画者のねらいは、昭和七年以来の路線とその主役たちのすべてを排除しようとするものだった。新内大臣の斎藤実は殺害され、前内大臣の牧野伸顕は危地を逃れ、侍従長の鈴木貫太郎は重傷を負い、首相の岡田啓介は危うく殺害を免れた。

クーデターの計画者の試みは失敗に終わりはしたものの、内大臣、首相、侍従長の椅子を占めていた海軍穏健派を代表する三人の長老は消えてしまった。西園寺・牧野路線は瓦解した。どうやって国際的な危機を回避し、戦争を阻止するための装置をつくり直したらいいのか。内大臣に積極的な役割を与え、天皇の軍事助言者としなければならなかった。陸軍と海軍の幹部たちがぶつぶつ不平を言ったとしても、だれひとり表だって反対できないときだった。ところが、そうした計画をだれも考えようとしなかった。

昭和十一年にはじまると喧伝された危機はクーデターだけでは終わらなかった。中国との戦いがはじまった。複雑で予知しがたい明日の日を考えることができないのはだれも同じであったが、内大臣を天皇の軍事助言者にすることを、このときもだれひとり考えようとしなかった。

元老の西園寺公望は昭和十一年のクーデターでは無事だった。だが、年老いたかれのすることは行きあたりばったりとなった。しっかりした見通しと判断力を持った、かれのための助言者もいなかった。西園寺は昭和十四年に言った。「なに、陸海軍の喧嘩、それがなにが悪い。意見が違えば喧嘩はあたりまえだ。善い意見が悪い意見とウヤムヤに妥協するのがいちばん悪い」

そのとき、ドイツと同盟を結ぶべきだと陸軍が主張し、米内光政と山本五十六の海軍はそれに反対していた。だが、陸軍と海軍のこの「喧嘩」がどこまでもつづくと西園寺公望は思っていたのか。なによりも両者の妥協が求められ、正しいかどうかよりも、意見の一致に重点が置かれ、「ウヤムヤに妥協」してしまう「いちばん悪い」事態になりかねないと考えなければいけなかった。海軍は反対だと言いつづけることをやがてやめ、対立を避けようとして、偽りを言い、自分に都合よく考え、そのごまかしがあとになって自分を縛ることになると陸海軍を観察している者は気づかなければいけなかったのである。

米内・山本のあとの及川古志郎と豊田貞次郎のコンビは三国同盟を防衛的な同盟だと思い込もうとした。その条約を結べば、アメリカが中国の戦いとヨーロッパの戦いに介入するのを防止することができるのだと信じようとした。さらにソ連が三国同盟に加わるのだという話を信じて、四国同盟はアメリカをさらにしっかりと威圧できることになると考えた。

こうして海軍は三国同盟締結に賛成することになった。首相の近衛文麿も四国同盟の締結ができると信じたからこそ、まずは三国同盟をと考えたのだった。昭和十五年九月二十七日に日本はその条約に署名した。

さて、西園寺公望が病気で辞任する内大臣の湯浅倉平の後任に木戸幸一を選んだのは、それより前の昭和十五年六月だった。木戸を推薦したのは、首相経験者の近衛文麿、若槻礼次郎、そのとき首相だった米内光政、そして辞める湯浅倉平だった。

そしてそのときが、昭和十一年二月のクーデター直後の機会、そして華北で戦いがはじまったときの二度目の機会につづいて、三度目の機会だった。だが、首相経験者もまた、内大臣は天皇に軍事問題について助言できるようにすべきだと主張しなかった。

最後の元老の西園寺公望も、内大臣に「文武いずれを問わず下問ありてさしつかえなき」と天皇に言上することがないまま、昭和十五年十一月に没した。

その同じ月、首相の近衛文麿はたいへんなことをしてしまったという後悔が心頭に居すわることになった。支那事変を拡大してしまい、ついに解決できなかった責任が自分にはある、ところが、いままたとんでもない過ちを犯してしまった、同盟を結んだばかりのドイツと手を切らねばならないとかれは考えるようになったのである。

こういうことだった。近衛は四国同盟ができないとそのとき気づいた。三国同盟にソ連を加えることができないかぎり、三国同盟はアメリカとの戦いを引き寄せるだけだとかれは知った。アメリカの友誼を取り戻さなければならなかった。三国同盟を有名無実なものにしてでも、アメリカとの和平の確立を望み、アメリカとの外交交渉にすべてをかけることになった。

昭和十六年六月になって、独ソ戦争が勃発した。四国同盟の夢は跡形なく吹き飛んだ。そしてアメリカとの関係改善の交渉はさらに難しくなった。ドイツがソ連と戦うのは確実と知った六月はじめ、アメリカはひとまず英国は安泰と見て、のろのろとつづけてきた対日交渉のハードルを高めた。

八月になって、ソビエト体制は崩壊しない、間違いなくスターリンの政権は来年の春まで持ちこたえることができるとアメリカ側は読んだ。アメリカは日本にたいして経済封鎖をおこなうという最後の手札を切った。

近衛はもちろん、外務大臣も陸海軍首脳も、もつれあった出来事に振りまわされつづけた。そして日本は否応なしにアメリカとの戦いに一歩一歩近づいていた。

西園寺亡きあと、政界と宮廷の双方に大きな力を持つ木戸幸一と近衛文麿、そしてこの二人をとりまくスタッフや友人たちは、天皇が軍事助言者を持たなければいけないと考えなければならなかった。内大臣は「常侍輔弼」の責任がある、軍事問題についてもお上に助言できるようにしなければならないと説かねばならなかった。

ところで、天皇自身はどう考えていたのか。天皇は、侍従武官長と侍従武官を軍事顧問としていたのでは、必要な情報の入手が困難であること、マイナスの情報はまったく入らないこと、陸海軍が争い、互いの利害がぶつかり合う問題では、侍従武官長と侍従武官の助言はまったく役に立たず、宮廷内の軍事顧問のシステムは無能力となってしまうことに気づかなかったのか。軍事問題について、天皇は中立的な立場の内大臣の情報の蒐集と、内大臣の分析、判断をなぜ求めようとしなかったのか。

天皇はひとつの不文律を尊重しようとしてきた。国政の秩序を尊重して、それぞれの担当者以外の者の進言をとりあげないのが、天皇が自分に課してきたしきたりだった。

これは東宮学問所の御用掛だった杉浦重剛《しげたけ》の教えだったのであろうか。そうした教育があったのかもしれない。だが、天皇の自己防衛がこのしきたりをさらにゆるぎないものにさせたのである。

天皇は弟宮の秩父宮と基本国策について激しく言い争ったことが何回もあった。現在は御殿場で静養している秩父宮は、気性の激しい理想主義者だった。昭和十五年に発病して陸軍を退くまで、憲法を停止すべきだと天皇に説いたことがあったし、無謀な人事問題を持ち込んだことがあった。昭和十一年の二月の反乱事件では、秩父宮は反乱将校を支持した。また、秩父宮は支那事変の収束を主張しつづけた。昭和十三年九月には、天皇に向かって、近衛首相、参謀総長、軍令部総長をともに呼び、蔣介石政権との和平をただちに講ずるように命じられてはいかがかと奏上した。

部下、側近たちと論争をしたことなどあるはずもない天皇は、秩父宮とのこのような言い争いをひどく嫌った。秩父宮は陸軍の佐官だった。天皇は秩父宮に向かって、軍の一中級幹部の説くことをいちいちとりあげることになれば、軍の規律はもちろん、国の諸制度を維持できなくなると言って、弟君と論議することを毎回、拒否したのだった。

こうしたわけで、天皇は部下たちの職域の区分をはっきり定め、宮内大臣に政治のことを尋ねることなく、内大臣に軍事問題の助言を求めないという不文律を守ることになっていたのである。当然ながら、文官に軍事問題を尋ねることもなかった。

たとえば、天皇が嫌う皇道派の将軍の起用を近衛文麿が持ちだしたときも、天皇はこの不文律を持ちだした。近衛は部下たちにつぎのように語った。「陸軍の統制派と皇道派のことについて申し上げると、陛下は『卿《けい》は文官だから陸軍のことはよく分からないだろう』と言われる、お上は陸軍のことは自分がいちばん知っていると思《おぼ》し召していらっしゃる」

天皇は文官の近衛が軍の問題をとりあげることを拒否しようとして、いささか婉曲にこう言ったのである。

内大臣が言上しなければならなかったこと

木戸幸一はこの問題をどう考えてきたのか。

かれはなによりもまず、内大臣は軍事問題に口出ししないという不文律を壊さなければならないはずであった。ところが、木戸は後景の椅子に退き、私にはなんのかかわりもないと言ってきた。アメリカとの戦いをはじめてしまい、行きつくさきは降伏以外にないと気づくようになってからは、軍事問題の決定過程に関与できる権力を持つことなどまっぴらごめんだと考えているのであろう。

今年二月十四日、近衛文麿の天皇への上奏に際して、侍従長が侍立すべきところを木戸が侍立したのは、近衛が説いたことを皇太后に言上しなければならなかったからだが、これはこのさきで説明しなければならない。近衛の口封じを図ろうとしてのことでもあった。これは前に記した(80)。近衛が天皇に向かって、統帥問題について、内大臣にご下問ありたしと言上するのではないかという警戒心があったのだし、自分が侍立して、それでもなお近衛が内大臣の職責について奏上するのであれば、かれがなにを言うか、しっかり聞いておかねばならないと考えたのであろう。

しかし、アメリカとの開戦前であったら、木戸の考えはちがっていたはずだ。四国同盟の期待が消え、三国同盟だけが残ったあと、アメリカとの戦いが起きかねないと思ったとき、どうして木戸は近衛とこの問題を相談しなかったのか。

近衛は自分の犯した失敗を木戸に助けてもらうかたちになるので、かれ自身の口から切りだすことができなかったのであろうが、木戸からもちだされたら、身を乗りだし、ぜひともそうすべきだと言ったはずであった。そして、元内大臣のなかで、ただひとり生き残っていた牧野伸顕、もうひとり枢密院議長の原嘉道《よしみち》に協力を求め、木戸はかれらにつぎのように説いて当然のはずだった。

「牧野伸顕伯は西園寺公望公とともに、海軍内の国際協調を望む合理派を支持しつづけ、海軍内の武断主義者たちを抑え、さらに海軍をして、陸軍の盲進を抑える力にしようとしてこられました。言わずとしれて、してはならないアメリカとの戦いを回避しようと望んでのことでありました。

政府と宮廷の中枢を占めることになった国際協調を望んだ海軍の長老は、昭和十一年二月のクーデターによって、殺害されてしまうか、危うく命をとりとめるということになってしまいました。ですが、海軍穏健派への宮廷の期待は今日まで変わっておりません。

ところが、三国同盟を締結してから今日まで、アメリカとの関係はいよいよ敵対的なものとなりつつあり、楽観的な予測は立てられないようになっております。アメリカとの軍事対決の瀬戸際に立たされるようになって、なによりも恐ろしいのは、海軍穏健派と海軍強硬派の別がなくなり、戦いは回避できない、戦うしかないとすべての海軍幹部が決意を固めるようになってしまうことであります。

私の口から申すのもどうかと思われますが、陸軍、海軍のそれぞれの利害を最優先に考える陸海軍の代表と異なり、公平な眺望を持つことのできる内大臣の常侍輔弼にすべてはかかるようになると思われます。個人としてはけっして望むことではありませんが、お上にお願いして、木戸に『文武いずれを問わず、ご下問ありたし』と言上して頂きたいと存じます」

木戸幸一がこうしたことをしようとしなかったのは、ありもしない「官制」が邪魔をしたからではなかった。歴史のひとつの挿話がかれの前にたちはだかったからであろう。前に触れた坊門清忠が登場する話である。

六百年前の昔、南北朝時代のことになる。足利尊氏が九州から大軍を率い、京都に攻めあがってきた。御前会議で、武将の楠木正成は足利の軍を迎撃せよとの命令に反論し、「始終《しじゅう》の勝こそ肝要にて候」と説き、一時的に京都から撤収し、敵軍を京都に入れたあと、南北から糧道を断つべきだと建議した。後醍醐帝と多くの公卿たちはこの考えにうなずいた。

だが、公卿のひとり、坊門清忠が反対した。「天皇が都を捨て、しかも一年のうち二度までも叡山《えいざん》に臨幸することは、帝位を軽んずるに等しい」と言い、足利の軍を兵庫に迎え撃つべきだと説いた。楠木正成はこれ以上は異議を申し上げないと答え、わずかな軍隊を率い、湊川《みなとがわ》で決戦し、敗北し、自害する。そして、建武《けんむ》の中興は瓦解する。

この昭和の危機の時代に、大楠公《だいなんこう》、桜井の別れ、そして湊川の戦いの記憶は、人びとの想像力をひろげる力を持ち、人びとの心を揺りうごかしてきた。人びとは楠公精神に自分たちの国民性と運命をみつけようとしてきた。

ところで、湊川の悲劇をもたらした、わが陣営内の敵こそが坊門清忠である。

木戸は内大臣の職務を軍事問題にまで拡大しようとしたら、堰を切って、自分にたいする攻撃、中傷の声があがり、第二の坊門清忠の出現を阻止せよとの主張が軍の将官のあいだに起き、将校集会所で論じられ、それこそ、辻政信のような冷血で、しかも直情的な佐官クラスの男が暴力組織の向こう見ずな男に、内大臣を殺してしまえ、手榴弾、ダイナマイトを用立ててやると言って、そんな脅しが木戸の耳に入るようにも仕向けることになったであろう。

木戸はこのようなことを恐れて、身動きできなかったのかもしれない。

だが、木戸が行動できなかったほんとうの理由はまたべつにあった。

これについてはこのあとで語るとして、もしも内大臣の木戸が「統帥ノ事ニ参画」したのであれば、天皇に向かってなにを言上できたであろう。

たとえば昭和十六年六月二十二日の独ソ開戦の直前、そのあと、そして七月二日の御前会議開催の前であったら、木戸幸一は天皇に向かって、首相の近衛文麿が口にだすことのできなかった推量、軍令部総長の永野修身が口をぬぐっていた秘密、陸軍大臣の東条英機が内心抱いたであろう疑念、海軍大臣の及川古志郎が洩らそうとしなかった本心、そこで天皇の耳、天皇の視野にはけっして入ることのなかった真実を、つぎのように直言できたのである。

「大島駐独大使からの六月六日到着の電報以来、ドイツがソ連と戦う決意であることは、もはや疑う余地がなくなりました。

ところで、海軍は、陸軍がこの機に乗じ、ソ連との戦争をはじめるのではないかと非常に恐れております。

ソ連と戦争をはじめたら、あらゆる原料、資材は陸軍に取られてしまいます。海軍航空の零戦と中攻の生産計画は土台から崩れ、航空魚雷、爆弾の生産はがた落ちとなり、建造中止、途中工事中止の巡洋艦、駆逐艦がつぎつぎとでてくることになります。

陸軍の戦いがうまくいったら、北樺太の石油を入手できるかもしれません。しかし、対ソ戦をはじめたら、アメリカが待ってましたとばかり、日本にたいして経済断交をするやもしれません。極東ロシアには、ボーキサイトも、ゴムも、綿花も、ニッケルも、鉛もありません。おまけに、資材配当計画が陸軍優先となれば、海軍の戦備はまったく進まなくなってしまうことは明らかでございます。ところが、アメリカの海軍工廠の造船台では戦艦、巡洋艦の建造が進み、アメリカ陸軍の長距離爆撃機B17の生産に拍車がかかります。

海軍はどうあっても陸軍が満洲国境で戦うことになるのを阻止したいと願うようになっているのでございます。

海軍首脳は胸中このように考えているのでありますが、陸海軍代表の話し合いの席で、陸軍がソ連と戦うつもりだと言ったとき、正面切って反対することができません。海軍の身勝手な言いぐさと受けとられるのを恐れるからでございます。

そこで陸軍の目を南方に向けさせようとしております。海軍は南部仏印への進駐に突然乗り気になり、これを持ちだしました。

陸軍幹部は海軍首脳につぎのように念を押しました。サイゴン周辺の基地に海軍の爆撃機を送り込んだら、オランダ、英国にたいする脅しにはなるかもしれないが、アメリカは黙っていまい。アメリカとの戦いになるが、覚悟の上か。アメリカと戦う決意だと海軍首脳は否応なしに答えることになります。

しかし、これはけっして本気ではありません。あくまでも陸軍の対ソ戦を葬ることがねらいでございます。

ただちにアメリカとの戦争にはならないでしょうが、昨年、北部仏印に進駐したとき、アメリカは日本にたいして、鉄屑の輸出をとめました。今回、南部仏印に平和進駐し、サイゴンに航空隊と陸軍部隊を駐留させることになれば、アメリカは、英国、オランダとともに、日本への石油の輸出を停止するかもしれません。海軍幹部はこれを予測し、不安を抱いているはずであります。

しかし、そうなってしまっても、かまわない。アメリカが石油の輸出を禁止したら、陸軍は対ソ戦を断念せざるをえなくなり、そうこうしているうちに満洲国境の短い夏は終わってしまい、戦いはできなくなると海軍側は見ております。そのあと、経済封鎖を解除させるための外交交渉をアメリカとすればよい。こう考えておるのでありましょう。

海軍の中堅幹部、たとえば石川信吾、富岡定俊のような過激派は勇ましいことを言っておりますが、軍令部総長、海軍大臣、次長、次官のほんとうの肚は、どうあってもアメリカとの戦争を回避したいということであります。しかし、アメリカとの関係がいま以上に悪化する恐れがあるとしても、陸軍がやるかもしれないソ連との戦争計画を是が非でもいまこの段階で潰してしまわねばならないと考えているのでございます。

もちろん、お上が及川古志郎大将、永野修身大将に向かって、お前はほんとうはこう考えているのではないかと詰問なさっても、海軍大臣、軍令部総長は否定いたします。

ですが、海軍首脳がソ連との戦いは絶対にしてはならないと考え、アメリカとの戦いも望んでいないのであれば、もっとはっきり言うなら、ソ連との戦いを恐れ、アメリカとの戦いに自信を持たないのであれば、現在、北でも南でも動かないという慎重な結論を引き出すことが、なによりも肝要でございます」

天皇を「常侍輔弼」する木戸幸一は天皇にこのような助言をしなければいけなかったのである。

そして昭和十六年九月から十月はじめになって、陸軍が南方を攻めると言いだし、海軍大臣の及川古志郎がアメリカと戦うことにたいして、だれにもわかる消極的な態度をとるようになったときには、内大臣は天皇につぎのように言上しなければいけなかったのである。

「なぜ陸軍はシンガポール、マニラを攻めると言いだしたのか。

これを申し述べる前に、いささか脱線いたしますが、野村直邦《なおくに》海軍中将(81)が語った話を申し上げたいと思います。野村中将がその昔に大使館付き武官としてベルリンに在任していましたときに、ドイツに亡命していた旧ロシア海軍の将官から聞いたという話であります。

そのロシアの提督は第一次世界大戦の原因は日露戦争にあると冒頭に語って、つぎのように説明したのだといいます。日露戦争のあと、どうして世界の大国が極東の小国に敗れたかということは、ロシア政府の大きな問題となり、調査会が開かれ、調べがつづけられ、改革もおこなわれました。その提督は調査会の一員でした。調査、研究は何年もおこなわれましたが、最後まで残された問題がひとつありました。日本に負けた大国ロシアの面目をいかにして取り戻すかということでした。このことについては、調査会の報告というかたちのものはありませんでしたが、調査会にある空気が支配しておりました。どうしても遠からぬうちに、もう一度、欧州の強国と戦いを交え、これに勝つということであります。ロシア指導部内のこの空気が、サラエボの一発から、ドイツを敵とする第一次大戦の引き金をひいた心理的動因だったと述べたのだそうでございます。(82)

野村中将が語ったところの日露戦争あとのロシアの指導者たちの考えと同じなのが、ノモンハンの戦いのあとの陸軍の幹部たちの考えであります。

そこで、陸軍がシンガポール、マニラを攻めると言いだしたのはなぜかという問題に戻ります。

杉山元大将をはじめすべての陸軍首脳は、ソ連と戦う決意ができないことで、お上にたいして面目がないと恥じ入っているからでございます。国民にたいしても、陸軍は意気地がない、だらしがないと思われていると気に病んでいるからでございます。そこで、どうにかして陸軍の名誉を回復しなければならないと考えているのでございましょう。

申すまでもなく、『帝国国防方針』が明治四十年に制定されて以来、陸軍にとってロシアは『想定敵国』『仮想敵国』『目標』でありました。

昭和七年に満洲国が誕生しましてからは、ソ連との関係が悪化し、その時期の陸軍首脳はいつでも戦うぞといった構えをみせ、参謀本部と教育総監部は『対ソ戦闘法要綱』や『対ソ歩兵戦闘』といった教科書をつくって、対ソ戦に備え、陸軍大学校は対ソ戦準備の研修機関となっていたことは、お上がご存じのとおりでございます。

ところが、昭和十四年の八月、関東軍はノモンハンで大敗いたしました。三人の連隊長は戦死する、三人の連隊長は自決する、三人の連隊長は解任されるという峻烈な結果となったのであります。

虎の子の砲兵、戦車を繰りだして負けました。支那事変をやりながら、対ソ軍備を強化することは、日本の国力ではどだい無理だったのでございましょう。わがほうは、戦車は戦車、歩兵は歩兵で戦う幼稚な戦い方しかできないのにひきかえ、ソ連軍は戦車、砲兵、歩兵が協同して戦ったのだということであります。

さて、ドイツがソ連と戦いをはじめたのは六月二十二日でありました。六月三十日には、早く参戦せよ、『ソ連ガスデニ一敗地ニ塗《まみ》レタアト行動ヲ起コス』(83)といったみっともない真似をしないようにと、首鼠《しゅそ》両端の日本陸軍を揶揄するといった感じのドイツ外相からの申し入れが届きました。そして、ドイツ軍がロシアの国土への進撃をつづける七月二日に御前会議が開かれました。質問者の原嘉道枢密院議長が『独ソ開戦は日本のため真に千載一遇の好機なるべきは皆様も異論なかるべし。……国民はソ連を打つことを熱望している。この際、ソ連を打ってもらいたい[84]』と説かれたことは、お上もはっきりご記憶でございましょう。東条英機大将と杉山元大将の胸に深く突き刺さった刃《やいば》でありました。ソ連と戦うべしと説く参謀本部の若手は原枢密院議長のこの主張を聞いて喜び、戦いに消極的な態度をとる幹部にあてこすり、三宅坂に原議長の銅像を建てるべきだと大声で叫ぶ者もいたとのことであります[85]。

七月七日に、陸軍はお上のお許しを得て、大動員をはじめました。ドイツ軍に呼応して、戦う決意でありましたが、七月末には、陸軍は極東のソ連軍は依然として強大であると判断し、手が出せないと見て、ソ連との戦いを断念いたしました。

こうして、参謀本部と陸軍省の幹部たちは二重の恥辱を味わうことになりました。満洲への派兵のための大動員のあいだ、町にも村にも重苦しい空気が充満しておりました。ソ連と戦うことになるらしいが、ノモンハンの戦いで苦戦を強いられたソ連軍と戦って、はたして今度は勝てるのだろうかという不安が国民のあいだにあったからでございます。そこで、陸軍首脳は陸軍が国民にこれほどまでに信頼されていないのかと知って、情けないと身に沁みて思ったはずでございます。

ところが、陸軍がソ連との戦いを断念することになればなったで、なんだ、ドイツ軍がソ連軍を完全に圧倒し、数十万人の将兵を捕虜にし、ソ連総人口の三分の一以上が住み、石炭、鉄鋼の半分を産出する領域を占領しようとしているいまこのときになっても、極東のソ連軍に鉄槌を下すことができないのか、あの敗北に報復できないのか、ノモンハンで戦死した戦友の仇を討つことができないのか、参謀次長だった中島鉄蔵中将、第一部長だった橋本群中将、関東軍の総司令官だった植田謙吉大将、総参謀長だった磯谷《いそがい》廉介《れんすけ》中将の四人に全責任を負わせてあれでおしまいなのか、何十年にわたって陸軍はソ連と戦うための準備をしていたのはなんだったのか、情けないかぎりだ、こんな具合に思われているにちがいないと陸軍の幹部は考えることになり、いてもたってもいられない思いとなったのでございます。

そして、なによりも陸軍大臣の東条大将と参謀総長の杉山大将は、お上が陸軍は腑甲斐ないと思っておられるにちがいない、恥ずかしいかぎりだ、陸軍の面目は丸つぶれだと思ってきたのでございましょう。

ところで、アメリカと英国はドイツがソ連をも敵にまわしたことで、一安心して、日本にたいし経済封鎖に打ってでました。もちろん、直接の原因はわが軍がサイゴンへ進駐したからでございましょう。

このときから、陸軍の幹部は陸軍が名誉回復できる方法があるのだと考えるようになりました。それと同時に、このように申してはなんですが、狡猾で、陰険な方策を考究することになります。

フィリピンのアメリカ軍、香港とシンガポールの英国軍をやっつけ、掃討し、この地域を占領してみせれば、お上と国民の信頼をわけなく取り戻すことができると考えました。フィリピンと香港、マレー、ジャワに駐留するアメリカ、英国、オランダの植民地軍は、指揮官は戦いの経験がなく、兵員はしっかりした訓練を受けておらず、旧式で、しかも数の少ない航空機を装備するだけであります。わが陸軍はこれらの軍隊を粉砕することはできるにちがいありません。これで陸軍の名誉は回復できる、陸軍の面目は立派に立つと陸軍の首脳陣は思うことになったのでありましょう。

そしてそのあとの戦いは海軍がするもの、太平洋正面の戦いは当然ながら連合艦隊がやるべきものと陸軍は決めております。

そして海軍がアメリカ海軍との戦いに自信がないのなら、正直に語ってくれと陸軍の幹部は猫なで声をだしました。

アメリカと戦いをしないことになるのであれば、アメリカに経済封鎖の解除を求めて、仏領印度支那、支那から撤兵をしなければなりません。

ところで、大陸の戦場から撤兵をすることになれば、支那事変は無名の師となります。当然ながら陸軍はこの責任を負わなければなりません。

ところが、陸軍は、こういうことになってしまったのは、アメリカと戦うことのできない海軍のせいだと国民に宣伝することになるのではないかと海軍省と軍令部の幹部は恐れることになります。さきほど狡猾、陰険と申しましたが、もっとも狡猾、陰険なのが、このさき撤兵を決めた場合におこなうであろう陸軍のこの宣伝工作でございます。

二年前、昭和十四年にドイツとの同盟の締結に海軍が反対したとき、陸軍省軍務局の軍務課は右翼団体にカネを渡し[86]、かれらを動員して海軍省に抗議に行かせ、演説会を開かせ、なんだ、海軍はそんなにアメリカとの戦いが怖いのかと言わせ、連合艦隊は狸の泥船か、一寸法師のお椀の舟かと罵倒させ、英米と戦争ができない海軍など店じまいをしてしまえ、海軍は税金泥棒だ、腰抜けだ、嘘つきだとこきおろさせ、次官の山本五十六中将の私生活を逐一調べあげ、右翼の赤新聞にカネを与え、『親英派山本の行動』を暴露させるという汚いことをやりました[87]。

海軍の幹部たちはだれひとり、そのときから現在まで、歯噛みをしたこの悔しさを口にすることなく、陸軍の悪辣な煽動にたいする憤懣を語ったことはなく、まったくなにもなかったかのような態度をとりつづけてきておりますが、だれにとっても忘れることのできない恥辱だったのであります。

海軍幹部は陸軍が再び海軍誹謗の邪悪な宣伝をするのではないかと恐れ、そんなことをしないまでも、戦争をなしえざる海軍は無用の長物なりと言って、陸軍は陸主海従の原則を海軍に呑ませようとするにちがいないと警戒することになります。アメリカと戦わないなら、予算と資材は減らしていいだろうと言いだすにちがいないと思っております。

海軍がアメリカとの戦いには自信がないと口が裂けても言えないのは、海軍の栄光と名誉を守ろうとしてのことなのであります」

こういうことを内大臣の木戸幸一は天皇に言上しなければならなかったのだ。

日本との戦いに敗れたロシアの陸軍は、面目を一新しようとして、ドイツとの戦いに踏みだし、結局はニコライ二世の退位、君主制の崩壊に導いてしまった。ノモンハンの敗戦、そして八十万の大動員をおこないながら、ソ連軍と戦うことができなかった不面目をフィリピンとマレーの英米軍を相手に取り戻そうとするわが陸軍は、ロシア陸軍の轍を踏むことにならないのか。

内大臣は天皇にこのように説かなければならなかったのだ。

なぜ木戸は戦いを回避しようとしなかったのか

木戸幸一はこうしたことに気づかなかったのか。

もちろん、こうしたことに気づかなかった人、なにも知らなかった人はいるだろう。いまから二十年あと、六十年あとの研究者も同じかもしれない。綴じ込まれた陸海軍の公文書、陸海軍幹部の日記、かれらの往復書簡、そしてこの人たちが生き延びていつか執筆することになるかもしれない回想録、このような書き残されたものを歴史の案内役として、昭和十六年に指導的役割を果たした将軍、提督たちが考えていたこと、どうしてそういう選択をしたのかを探ろうとする研究者は、かれらが文字にはけっして残さなかったこと、残したとしても日記の欄外に心覚えの略号で記すだけのこと、語るときには、口には出さず、眉を動かして知らせ、目くばせで告げたであろうこと、要するに、もっとも重大なことはなにもわからないであろうから、かれらが実際にはどんなことを考えていたのか、なぜそういうことをしたのかは、気づかないままに終わることになるにちがいない。

だが、昭和十六年の六月から七月、八月から九月、十月、木戸幸一は陸軍首脳の考えていたことは見当がついていたはずだし、海軍中枢の胸中はわかっていたはずであった。海軍首脳はアメリカとの戦いは避けたいと願っていながら、それが口に出せないのだと木戸はどうして天皇に言上しなかったのか。

陸軍が負うべき中国撤兵の責任を海軍が負わされることになり、国民から侮蔑嘲笑され、陸軍に陸主海従の原則を呑まされることになるのが海軍首脳は我慢できないのだ[88]と木戸幸一はどうして天皇に言上しなかったのか。

木戸の態度決定に、国民の生命、財産、なによりも国の存亡がかかっていたのだ。祖父孝允《たかよし》の肖像画を書斎に掲げる幸一は、祖父がつくったこの日本が滅びるかもしれないと考えなかったのか。

前にも述べたことだが、お前は坊門清忠だといった悪罵、辻政信あたりが過激分子を使って殺すぞと脅しをかけてくること、そこでテロが起きるのではないかという一種異様な雰囲気、そして陸軍はソ連と戦わず、海軍はアメリカと戦おうとせず、この弱気で、退嬰的な日本はどうなってしまうのだろうかという底知れぬ不安が相乗して、国内を分裂に導くことになるのではないか。木戸はこのようになることを恐れたのか。

かれがアメリカとの戦いはどうあっても避けねばならないと言上できなかったほんとうの理由はべつにあったのであろう。陸軍首脳、海軍幹部と同じだった。中国撤兵の問題だった。

どういうことだったのか。

昭和十一年二月の一千人の陸軍部隊蜂起の後始末をどのようにするか、天皇の支持を得ることになる基本原則を定めたのは、陸軍将官たちを並べた軍事参議官の会議や陸軍大臣の川島義之ではなく、殺害リストに入っていなかった元老の西園寺公望でもなく、殺害から逃げのびた前内大臣の牧野伸顕でもなく、危地を脱した首相の岡田啓介でもなく、逃げ隠れしていた内務大臣の後藤文夫でもなかった。ずっと地位の低い内大臣秘書官長の木戸だった。このことは前に述べた。

木戸幸一の考えと同じことをはっきり表明したのは、勝ち馬はどれなのか、もう少し様子を見ようと曖昧な態度をとりつづけていた弘前から熊本までの師団長たちのなかでただひとり、仙台の第二師団長の梅津美治郎だった。木戸の考えと同じことをやろうとしていたのが、中央機関の軍幹部のなかではただひとり、参謀次長の杉山元だった。だからこそ、梅津美治郎は陸軍次官となり、杉山元は陸軍大臣となり、この二人がクーデター後の陸軍の支配者となったのである。

ところが、クーデターの起きたつぎの年に北平《ペイピン》郊外で起きた小競り合いはずるずると拡大した。参謀本部が反対したにもかかわらず、戦いを全中国にひろげ、戦いを収束させることができなかった責任者は参謀本部の首脳部ではなく、陸軍大臣と次官、杉山と梅津の二人だった。

そこで、中国からの撤兵をアメリカに約束する事態になれば、中国と戦ってはいけないと主張した将官こそが正しかったのだと衆議院議員たちが語り、新聞の論説委員が説くようになり、真崎甚三郎や小畑敏四郎といった現役を逐われた皇道派の将軍たちの再登場を望む声、それとはべつに、これも現役を逐われた石原莞爾《かんじ》と多田駿の復活を期待する声が陸軍と国民のあいだに起きることになる。そして、多くの東京市民は五年前の大雪の日のことを懐かしく思いだすことにもなる。起《た》ちあがった歩兵第一連隊と歩兵第三連隊の士官と兵士たちに自分たちが熱烈な拍手を送ったのは、けっして間違ってはいなかったのだ、かれらは「叛乱部隊」なんかではなく、最初に呼ばれたとおり、「蹶起《けっき》部隊」だったのだとうなずいて、はじめて胸のつかえがおりることにもなる。

当然、戦いをやめる決断がつかないまま、北支事変を支那事変に拡大してしまった杉山元と梅津美治郎の責任が問われることにならざるをえない。また、皇道派の将官と多田駿、石原莞爾といった将官を目の仇にし、かれらからも目の仇にされた東条英機とかれの部下たちも、現役を去るしか道はないことになる。

そして、木戸幸一はつぎのように考えたのであろう。

昭和十一年二月の事件をどのように解決するかを定め、叛乱部隊幹部の厳罰の方針と皇道派の将軍たちを表舞台から追いやるお膳立てをした私もまた、内大臣を辞任しなければならなくなるだろう。私の政治生命は終わり、私を盟主としてつくられつつある長州俊英メンバーによる長州中興体制も、うたかたの泡と消えてしまうことになる。

木戸はこのように考えたのだ。

海軍の首脳たち、及川古志郎や永野修身が中国撤兵の呪縛に身動きできなかったように、内大臣、木戸幸一を身動きできなくさせたのも、中国撤兵の呪縛だったのである。

それだからこそ、十月十七日、もちろん昭和十六年のことだが、かれは中国からの撤兵を主張する近衛文麿の側に立たず、撤兵に反対する東条英機の側に立ち、かれを首相に推したのである。

こうして木戸幸一ははっきりと確認できないことは言上できない、信憑性の不明なことを言上できないと自分に言って聞かせ、「文武いずれを問わず」言上しようとせず、参謀総長と軍令部総長が公式に説くことを信じようとした。このままなにもしないでいれば、貯蔵した石油はなくなる、そしてアメリカは日本の石油が減っていくのを待って戦いを仕掛けてくる、たいへんなことになるのだといった説明を何回となく思い返した。いまなら勝てる、南方地域を迅速に攻略してしまえば、日本は攻勢、守勢の両面で絶対的に有利となる、そして、つぎの夏にドイツはウクライナのすべてとコーカサスを占領し、スエズ運河を攻略するだろう、英国への直接侵攻は必要あるまい、英国はドイツと講和を結ぶことになると思い込もうとした。徳富蘇峰がラジオで語った「天も亦必ずこれを佑《たす》くという大信念」といった言葉を反芻することにもなった。

開戦を決める御前会議の前日、十一月三十日の午後三時半のことになる。

天皇がかれに向かって、高松宮が海軍はできるならばアメリカとの戦いを避けたい気持ちだと言ってきた、いったい海軍の真意はどうなのだろうと問うた。

天皇が困惑し、統帥問題を侍従武官長、侍従武官ではなく、内大臣に尋ねざるをえなかったそのときこそが、木戸にとって、もちろん日本にとって、そして天皇にとって、戦争を回避できる最後の決定的瞬間だった。

横須賀海軍航空隊の教官だった高松宮が軍令部の作戦課に引き上げられたのは十一月二十日であり、その十日あとに高松宮が天皇に向かって、海軍はアメリカとの戦いの回避を望んでいると述べたということは、それが高松宮個人の意見表明であるはずはなく、避戦を明言できない海軍大臣、軍令部総長、次官、次長が直宮《じきみや》の口を借りようとしているのだと理解しなければいけないはずであった。

ところが、木戸はかれ個人にとってもっとも安全と思える道を躊躇なく選んでしまった。しきたりを重んじる信頼できる宮廷高官といった態度をとった。天皇の助言者として立派に自分の務めを果たしている、なんらやましいことはないと思おうとした。ただちに海軍大臣、軍令部総長をお召しになり、海軍のほんとうの肚を確かめることが必要でございましょうと言上してしまった(89)。

嶋田繁太郎と永野修身はこのさきも死ぬまでけっして口にはしないし、ほのめかすこともしないであろうが、あの土壇場の昭和十六年十一月三十日に望んでいたことは、天皇が、戦いはしない、戦いを回避するためのあらゆる努力をすると公に宣言することであった。だれよりも日本人をよく知る駐日大使のジョセフ・グルーがそのとき予測していたことも、すでに戦死してしまった山本五十六がその同じとき、真珠湾攻撃を前にして密かに望んでいたことも同じであった(90)。

ところが、天皇のただひとりの助言者である木戸幸一は、そのときそのための政策プログラムを考案するための努力をなにもしなかった。たとえ支那から撤兵することになりましても、日本に有利なパワー・バランスをつくりだすことが必ずやできましょうと天皇に言上しなかった。

繰り返して言うが、米内光政は木戸が責務を果たさなかったと口にしたことはないし、松平恒雄もこんなことをだれにも語ったことはないであろう。そして二人はこのさきもこうしたことを口外しないにちがいない。だが、現在、木戸幸一を更迭しなければならないとこの二人が考えるのは、昭和十六年の十月、十一月に木戸は戦いを回避する努力をなにひとつしなかった、その木戸がいま、なにもできるはずがないと考えるからなのである。

蒔田国民学校の教師たち、火と闘いつづける

気がつけば敵機の爆音がしない。高射砲弾の炸裂音も聞こえない。吼えたてる強風と町が焼ける音だけだ。蒔田国民学校では、よし出るぞ、火を消そうと校長が言い、みんなは壕の外へ出る。煙は前よりひどい。熱風が吹き荒れ、前よりもさらに暗い。

午前十時半である。

校内で燃えているのは五個所だ。東校舎の応接室、防空壕に入る前、バケツの水を何杯もかけ、火を消したはずの礼法室と小使室、その上の二階の布団が積みあげられている教室、すでに焼け落ちた木造校舎と鉄の扉でへだてられた南校舎のいちばん端の学用品倉庫だ。

スロープの向こう側の応接室から消すことにする。職員室に延焼させてはならない。中庭のはしにあるコークスの山と講堂兼用の雨天体操場から片づけた平行棒とバスケッ

トボールのゴール台の木片が燃えているが、小屋はすべて焼け落ちてしまったから、さきほどまでの顔が焼けるのではないかという熱さはない。水道の水はチョロチョロ出るだけだから、はじめから頼りにしていない。女性教師が中庭の池から水を運ぶ。だれかが燃えていると叫ぶ。出納簿やみんなの衣類を入れた職員室の前の防空壕の蓋が燃えだしている。水をかけ、土をかけ直す。

強い風は体のバランスを崩し、手にしたバケツをゆさぶり、何人かの手に渡るあいだに、バケツの水は半分になってしまう。それでも、池の水はなくなってしまった。正門の外の強制疎開で取り壊された石川宅に残っている井戸に行く。ここの水もなくなる。鈴木権治は文寿堂の貯水池まで行く。木造の文寿堂の工場はあっというまに焼け落ちてしまい、木片と焼き殻がいっぱい浮いた貯水池の水はなみなみと残っている。ここの水を使うことにする。水を汲む専任、バケツを運ぶ女性教師、煙と熱気の校舎に入る者と分担して、みんなが頑張りつづける。

警防団の役員が職員室に来る。寿《ことぶき》消防署は学校が焼けてしまったと思っていると言う。ごらんのとおりだ、消火をつづけている、寿署はどうかと井上高三が尋ねる。大丈夫という返事だ。それなら、ぜひポンプ車をよこしてもらいたい、管内で消火に努めているのはここだけだろう、町はまだ燃えつづけているが、広い道路は通れるのではないか、消防ポンプの助けがほしいと訴えた。

中山紀正が職員室の片隅に置いてあった無傷の自転車で寿署に行き、署長に応援を要請する。

消防車が二台も来た。バケツ・リレーをしていた教師たちが歓声をあげた。ところが、いっこうに水がほとばしりでない。煙のなかを消防士が右往左往しているだけだ。一台は積んできた水管が焼けて破れてしまっている。大岡川から学校まで水管が届かないのだという。もう一台は機関が故障してしまったという。こちらの消防車のホースを向こうの消防車が使えばいいのではないかと言っているうちに、二台の消防車は行ってしまった。消防車を動かしてみただけのことのようであった。だれもががっかりして、力が抜ける。女の教師たちは手足が言うことをきかなくなってしまったと悔しがる。

どうにもならないのが、二階の教室の布団の山についた火だ。だれもが疲れはて、スロープを下りるときに、足がもつれるし、煙のなかを進み、燃えている布団のところまで行くことができない。

焼けてしまった半田製作所の五人の年若い工員がやって来て、新しい戦力となる。水をかぶって、煙でさきが見えないなかを二階の教室に臆することなく入り、煙にむせながら、布団を運びだす。火のついている布団を鳶口《とびぐち》で廊下にひきだし、廊下の窓から下に放り落とす。窓の下では、投げ捨てられた布団とその下のツツジが、強い風のなかで炎をあげている。かれらのひとりが火のついている布団につまずき、手に火傷を負い、火脹れができ、それが破れて赤く爛れた。

全員の指揮をとり、その合間に校舎をまわっていた校長は、講堂の入口から煙がでているのに気づく。講堂の床が燃えだしているのだ。五人ほどを呼ぶ。中庭の池の水はとっくにない。煙が流れ、灰と砂塵が飛び、燃え殻が走り、さきが見えない運動場の隅の井戸まで行き、水を汲みだす。窒息しそうになり、足はガクガクになりながら、山本、井上、倉沢が水を運び、かける。

応接室、礼法室、小使室の火は消した。二階の教室の布団の山からも煙はでていない。南校舎の学用品倉庫だけだ。水をかけつづける。火はおさまったが、倉庫の奥の教科書と紙の山はなおもくすぶりつづけている。あんなに節約して紙を使い、箱根の学寮にも少ししか送らなかったのに、こんなことになってしまってと岸久子は悔しい。

だれもが気がゆるんでしまい、疲れから動けなくなり、坐り込み、また立ち上がってバケツの水を運び、校舎の外の残り火に水をかけるということをつづけ、午後二時、どうやら大丈夫だ、どこの火も消した、昼食にしようということになる。学校の周りの火柱、火の壁もなくなり、前より明るくなり、煙のあいだから見える景色は焼け野原に変わっている。薄暗い職員室にみんなが集まる。あらためてお互いの様子を見れば、煙と灰と泥水をかぶり、土の上に伏せたから、顔も、手も、上着も、ズボンも、モンぺも、汚れ、泥まみれで、顔は煤で真っ黒である。肩や腕、足が痛いうえに、だれもが目を痛め、大きくあけることができない。火傷を負った者はいないが、怪我をしたのはひとり、山本がガラスの破片で足の甲を切った。

ご飯を炊くのは夕方にしよう、それまで我慢してほしいと校長が言う。井上が職員室前の収納庫となっている防空壕の扉の上の土をシャベルですくう。鈴木恵が防空壕に入り、手探りで目当てのものを探しだし、あった、あったと言いながら、風呂敷包みを持ってでてくる。どうして手に入れたのか、箱根の学寮に持っていく予定の焼き麩《ふ》が三十本もある。長い棒麩だ。マーガリンがある。髪に泥がこびりついたままの鈴木恵が棒麩に包丁を入れ、上手に折っていく。そして恵が折った焼き麩にマーガリンを塗っていく。中山紀正が神山寛子に向かって、消火を手伝ってくれた半田製作所と文寿堂の人たちにも食べてもらうようにと言う。

鯉になった気分だとひとりふたりが言えば、京都には生麩を生地にして餡を包んだ麩まんじゅうがあった、おいしかったとだれかが言い、生麩とはどんなものかと問う者がいて、喉ごしは餅のようだったと語って、いつか食べてみたいと口々に言いながら、だれもが腹を空かせているから、こんなおかしなものをとはだれひとり言わない。机の上に落ちたかけらを拾い、口にもっていく。

まずはよかった、よく頑張ったともう一度お互いを褒め、湯飲み茶碗の白湯《さゆ》を飲み、家はどうなっただろうと話し合う。だれもが自分の家は焼けてしまったにちがいないと覚悟している。

校長の長谷川雷助は市の分庁舎に中間報告に行こうと考えて、使い済みのわら半紙の裏に校舎の図を描き、被害状況を記入している。途中、寿署に寄り、蒔田が罹災者の臨時収容所になるのかどうかも確かめてこようと考える。焼け残った校舎に集まってくる罹災者が増えてきたから、すでに教室を開放している。(91)

腹に響く爆音が聞こえなくなり、高射砲が鳴る音も聞こえなくなって、どのくらいの時間がたつのだろう。

池田克己は千代崎川河口に面した防潮堤の犬走りのところにいる。煙が薄れて、ずっとさきの小港《こみなと》橋がはっきり見えるようになる。石垣を這いあがろうとしている人がいる。二十人以上の人が川のなかにいる。クラスの者はいないようだ。小港に住む人たちだろう。火と煙に追われて、橋の下に逃げていたらしい。小港橋はコンクリート造りだ。

「復興計画」という言葉を聞いて、懐かしい思い出の場所に引き戻される市民が数多くいることは前に述べた。その復興計画には橋梁の建設もあった。

再建する小学校と橋を木造にするなと命じたのは、震災あとの名市長、有吉忠一の英断だと思っている年配者は多い。現在、国民学校の教室の床に座って、あのときには橋が燃えてしまい、逃げることができなかった、小学校はすべて燃えるか倒れてしまい、野宿するしかなかった、今日助かったのは有吉さんのおかげだと思っている人がいる。前に述べたことだが、二十二年前の大地震のときに、倒壊せず、焼け残った小学校は青木と稲荷台の二校だった。地震から一週間あと、避難先のない人びとが青木に六百五十人、稲荷台に一千百人が寝泊りしていたのだった。

橋のことに戻るが、震災のときに、市の中央部の橋の数は八十ほどあった。大地震のあと、車が通ることができた橋は、弁天橋、大江橋、吉田橋、ほかにいくつもなかった。八十のうち、五十いくつの橋は木製で、残り二十いくつの橋が鉄橋だった。鉄筋コンクリートの橋はわずかだった。木の橋はほとんど焼けてしまった。鉄橋は鉄の桁が焼け曲がり、橋台が沈下し、橋脚が曲がり、墜落した鉄橋がいくつもあった。

本橋だった小港橋は震災のあとにコンクリートの橋となった。

前に語ったことを繰り返すことになるが、敵が爆撃の目印にした第二照準点の平沼橋、第三照準点の港橋、第五照準点の吉野橋は、いずれも復興計画によって再建された橋だ。どの橋も燃えていない。第四照準点の大鳥国民学校も焼け残っている。これまた復興計画による鉄筋コンクリート造りだ。焼けてしまったのは、第一照準点の東神奈川駅だ。木造の本屋と貨物上屋、乗降場上屋が焼かれた[92]。

克己は犬走りを歩き、小港橋のところまで行き、石垣をのぼり、橋を渡ったが、そのさきに行くことはできない。盛んに燃えていて、足を踏みだしただけで顔が焼けだしそうだ。川に沿って河口にある築山のところまで行く。さっきまでかれがいたところは、川をへだてて向かい側だ。視界を完全に遮っていた黒い煙は、海からの強い風が吹き払ったが、それでもさきのほうはまったく見えない。いたるところがなおも燃えつづけ、切れ目のない幕のような炎がつづき、煙が渦巻き、柱から壁板、畳から窓ガラス、簞笥、机、鍋釜、茶碗まで、塀、生け垣、立ち木、電柱とありとあらゆるものを焼き尽くす不気味な音がつづいている。

　克己のいる千代崎川の河口からまっすぐ南のかれの家までは一キロ少しあろう。煙でなにも見えない。北の方角はどうか。千代崎川は丘と丘のあいだの低地を北から流れてくる。突き当たりの麦田町の山手の丘をくぐるトンネルの入口まで二キロほどだ。これまた煙でなにも見えない。千代崎川沿いの低地から、いくつもある入り組んだ谷《やと》、丘の上まで、すべての家、すべての町が燃えているのだろう。

　電車が通じているこの千代崎川沿いの低地、そして周囲の丘、さらに小港、本牧の海岸までに、どれだけの人が住んでいるのか。昭和十年の国勢調査で、麦田町から本牧三之谷まで、一万三千七百戸、四万五千人が住んでいた[93]。横浜市の中心部、どこの町でも同じことだが、昭和十年から昭和十八年までは、人口と世帯は増えつづけてきた。もっとも多かった昭和十八年には五万人以上となっていたのではないか。昨年から減少しはじめた。今朝早く、山手の横浜測候所の山田直勝が最初に屋上にのぼった時刻には、ここには三万人がいたのではないか。かれが二度目に屋上に上がったときには、その半数以上の人が鶴見に、川崎に、東京に働きにでていたのであろう。もちろん、学校に行った少年少女もいる。

敵はこの長い鰻の寝床のような低地と谷と海岸の住宅街を焼こうとして、第四照準点を大鳥国民学校と定めたことは前に述べた。ここを中心とする半径一・二キロの円内に航空団の投下焼夷弾の半分を落とす計画だということも前に記した。四・五平方キロの円のなかに鰻の寝床のつきあたりの麦田町が入り、もう一方の端に克己の家がある本牧元町、いちばん端の本牧三之谷がひっかかる。

だが、他の四つの照準点がつくる円とはちがって、この円のなかの四分の一を超える部分は丘の上の畑と雑木林である。住居区域と商店街の面積は三平方キロほどではないか。そして麦田町から本牧三之谷まで、すでに灰になった面積、現在、燃えている面積はどれほどだろう。二・六平方キロくらいだろうか。

二・六平方キロなら、市街地焼き討ちの敵の最初のテスト、二月二十五日の東京神田区の被災面積と同じだ。

神田駅は焼け残ったが、駅の東側、西側、北から南の町が焼かれた。錦町の南に隣接する麴町区の大手町一丁目も焼かれ、東京財務局に勤務する大平正芳が庁舎の地下室だけを守ったことは前に述べた。

神田の町を焼いたのは、三航空団のB29百七十機、そのうちの百五十機ほどだった。一機が搭載した焼夷弾の量は各航空団でちがい、一・八トンから三・二トンまでだった。総計四百七十トンを投下した。

わずか二・六平方キロの市街地を焼くのにこれだけの焼夷弾を注ぎ込んだのは、そのあと、今日の麦田町から本牧三之谷までの焼き討ちまでなかった。

三月十日未明の東京下町の爆撃であれ、五月二十五日深夜の東京中心部の爆撃であれ、焼夷弾の投下量は二・六平方キロ当たり二百トンから二百二十トンだった。神田に投下した量の五分の三だった。

今日、麦田町から本牧三之谷まで鰻の寝床を焼くのに、六編隊か七編隊、七十機近くが来襲したのであろう。神田爆撃の半分の機数である。だが、神田を空襲したB29は七千メートルから九千五百メートルの高度を飛んだ。今日は五千メートルだった。倍の焼夷弾を積むことができた。一機六トンを積んでいた。七十機が四百トン以上の焼夷弾を投下した。神田に落とした焼夷弾の量と変わりがなかった。

敵はすべてがあり余っている。爆撃機、搭乗員、焼夷弾、燃料もあり余るほどある。そこで画鋲をとめるのに大槌を打ち下ろすのだ。

ところで、神田を焼くのには、前にも述べたとおり、だらだらと二時間をかけたのが、今日は、麦田町から本牧までを焼くのに午前九時二十九分にはじまって一時間足らずのあいだだった。丁目をひとつひとつ数えて三十ほどあった町はあっという間に灰になり、灰になろうとしている。千代崎川沿いの低地は「葦《あし》っ原」と「蓮《はす》っ田」だった八十年前に戻る。

克己のいる千代崎川の河口の築山から、煙の切れ間に本牧国民学校が見えた。これまた復興計画によるコンクリート造りだ。現在、海軍の警備隊が入っている。桜隊か橘隊なのであろう。学校の背後の丘にある天徳寺の大屋根が瞬間見えたように思った。焼夷弾は落ちなかったのであろうか。

本牧国民学校より手前、すぐ先にもうひとつ、これも三階建てのビルが煙のあいだから見えた。キヨホテルだ。

ホテルという名前がついてはいるが、キヨホテルはホテルではない。チャブ屋というヨコハマ言葉で呼ばれてきた。市松模様の色ガラスがはめ込まれた玄関の扉はそのままだったが、門柱の上の角灯に描かれた横文字はいつか消されてしまい、夜空に浮かんだ青いネオンはとっくになかった。キヨホテル、その向かいにあったスターホテル、同じ道路沿いに二十近くあった「ホテル」が商売をやめたのは、昨年の二月末だった。関内や伊勢佐木町界隈の料理屋や芸者置屋が休業したときである。

小港のホテルは徴用工や勤労動員の学生の寮になっていたが、それも今朝までだった。キヨホテルを除いて、木造のホテルはすべて焼け落ちてしまった。

克己は布鞄のなかの弁当箱をとりだす。時間は見当がつかないが、十二時になるのではないかと思う。じつは今日の昼御飯はご馳走なのだ。姉が弟に持っていく食べ物の残りをかれのお弁当に詰めてくれた。

本牧国民学校に通っている五年生になる弟の信義は箱根に集団疎開している。中強羅《なかごうら》にある健民寮だ。箱根登山鉄道の終点の強羅からケーブルカーがあるのだが、レールを供出してしまったから、山道を歩かねばならない。一時間かかるのだという。

姉の京子は箱根へ行くために、今朝早く家を出た。一軒おいて隣の家の母親といっしょだ。七時四十五分発の小田原行きに乗ると言っていた。九時に着くということだったから、空襲のサイレンが鳴る前に小田原に着いたにちがいない。小田原駅で横浜を空襲するB29の編隊を見たのかもしれないが、とっくに箱根に着いているだろう。

弁当箱の蓋をあけると、おいしそうな匂いがする。弁当箱を持ったまま、あれだけ走りまわったのに、ご飯が片寄ってしまっていない。ご飯は少ないが、アブラッカイがご飯の上にたっぷりのっているからだ。この二枚貝は海底が岩床のところにいる。潮干狩りに行って、岩盤の隙間で見つけたことがあるし、台風のあとに砂浜に打ち上げられて、克己は拾ったことがある。漁師は水眼鏡を使って、突きん棒で突く。箱根にいる弟に食べさせてやろうということで、姉が近所の漁師から分けてもらったのだ。

アブラッカイの名前のとおり、脂がのっていて、蛤なんかよりずっとおいしい。食べながら思う。姉の帰りはどうなるのだろう。横浜駅が燃えてしまったのかどうかはわからないが、線路の枕木や信号は燃えてしまったにちがいない。上りは大船止まりか、戸塚止まりになってしまっているのではないか。保土ヶ谷まで来られるのだろうか。日が暮れてしまってから、歩いて焼け野原を本牧まで帰ってくるとなると何時間かかるだろう。夜中に見知らぬところを歩いて、迷うことなく帰ってこられるのだろうか。

煙が薄れ、本牧岬の突端の緑の丘と本牧元町の家並みがすぐさきに見えた。家は焼け残っているのではないか。

かれの家がある本牧元町には強制疎開による広い道路が何本もつくられている。焼夷弾が落ちなかったのなら、海から風が吹いていることだし、延焼は広い道路が食い止めたのではないかと克己は考える。

本牧の強制疎開がおこなわれたのは昨年の十一月だった。兵士たちが来て、雨戸やガラス戸をはずし、畳をだす。柱を切る。槌で壁土を叩き落とす。梁に綱をかけ、綱引きがはじまる。たちまちのうちに家はつぶれてしまい、片づけが終わって、空き地となり、土埃が舞い、雨の日は泥田となる道路に変わった。

この強制疎開について、もう少し触れておこう。東京の中心部に駐屯する近衛第一師団の各連隊はビルの屋上の砲列を地上砲列にすることになった。資材がなく、強制疎開で取り壊す廃材を利用することにした。ところが、浅草、芝浦の強制疎開が終わったばかりのときだった。横浜市本牧の強制疎開が近くはじまるということを聞き知り、担当官が横浜市役所を訪ね、自分たちの手でやる、その代わりに壊した資材をもらいたいと交渉した。市側は人手がないのに困っていたから、二百軒を壊し、後片づけをしてくれるという話に大喜びだった。近衛第一師団は、各隷下の部隊から鳶職、大工の下士官兵を集め、トラックを用意し、「横浜演習」と名づけ、八日間にわたって破壊、整理、運搬の作業をやった(94)。

わが家は焼け残っているにちがいない。もうしばらく待てば行くことができるだろう。だが、同級生の家はあらかたが焼けてしまったのではないか。みんなはどこへ逃げたのだろう。今日の仕事はおしまいだろう。一度、工場に戻ってから、家に帰ろうと弁当を食べ終えた克己は思う。

靴下をほどいている未決囚

横浜の空襲が終わって一時間になる。高射砲の射撃音も敵機の爆音ももはやまったく聞こえない。南区笹下町にある横浜拘置所の三舎十号室の青山鉞治と十二号室の小野康人は、部屋のなかが朝からずっと暗く、外は風がひどいなと思っている。どうして暗いのか、なぜ風音が激しいのか、かれらは知らない。笹下のこの拘置所は、敵の第五照準点、吉野橋から南に五キロほど離れている。

青山と小野がいま気にしているのは、二人とも妻のことだ。小野の住まいは渋谷代官山の同潤会のアパートだ。青山は下北沢の一間のアパートである。今日の空襲は横浜だという話だが、東京もやられたのではないか。家は大丈夫だったのだろうか。妻に怪我はなかったのであろうか。

小野は昭和十八年五月に逮捕されて、昨年四月に磯子署の留置場からこの拘置所に移された。青山は昨年一月に捕らえられ、十一月に大岡署からここに移された。小野の妻の貞、青山の妻の梅子はずっと夫の差し入れに通ってきた。悪いことなんかなにひとつしていないはずの夫が、一年以上も捕らえられ、ひどい目にあっていることは、彼女たちの理解を超えることだった。そして彼女たちが通った警察署の警官たちは横柄で意地がわるく、貞も梅子も体が震える悔しさを味わい、家に帰ってから泣くことがしばしばだった。

生活は苦しいが、そんなことよりも貞は夫が拘禁されていることを田舎の親にも隠さなければならないことのほうがずっと辛い。そしてわずかな人びとの温情が身に沁みる。夫は月刊誌「改造」の編集者であったことから、執筆者の平貞蔵先生と面識があった。ただそれだけの縁だったにもかかわらず、平先生が弁護士の世話から弁護料のことまで面倒をみてくれることを貞はずっとありがたいと思ってきた。

四月十三日の夜、東中野の平貞蔵の家が焼けた。すべての家財を焼いてしまったと貞

は聞いて、布団一枚を細引きでくくって背負い、平の避難先の荻窪の家まで持っていったのだった。(95)

警察署、拘置所に通っても、夫に会えるわけではなかった。青山梅子が夫に会うことができたのは二回だけだ。最初は磯子署の廊下で警官と並んで出てきた夫に偶然会った。二回目は拘置所の面接室で金網越しに会った。夫が拘禁されて二年になる小野貞は五回だ。面会が二回、検事の取り調べを受けている夫と検事局の建物内で二回会うことができ、予審判事がいるところで一度会った。

横浜市内の警察署に通ったときも、京浜急行の上大岡駅からしばらく歩くことになる拘置所に通うようになってからも、まる一日がとられてしまう。赤ん坊や小さな子がいたらどれだけたいへんだろうと思い、貞も梅子も子供がいなくてよかったと思っている。

拘置所の差し入れは十日おきとなり楽になったが、空襲のサイレンが鳴るようになって予定が立たなくなった。

じつは貞は今日、横浜に行くつもりだった。着替えと本を用意して、リュックサックに詰めてあった。出かけようとしたとき、サイレンが鳴りだした。

五月二十三日の夜には、このアパートの一帯にも焼夷弾が落ちたが、鉄筋コンクリート造りだから、焼けずにすんだ。彼女の住まいの窓ガラスが割れ、窓枠が折れ、外の青桐の太い幹が裂け、地面は油脂で黒く汚れたが、それだけで済んだ。二十五日の夜には、周りの八幡通り、猿楽町、南平台が火の海となった。

今日はどこだろう、大規模な空襲になるようだと思っていたら、「横浜が燃えている」と隣の人が言った。貞は焼け野原となった八幡通りに出て、南の方角を見る。ぞっとする。鉛色の雲が高く、高くあがっている。主人はどうしているだろう。拘置所は市街地から離れているから大丈夫だと思おうとした。

空襲は解除になったが、今日はとても横浜に行くことはできない。ひどい風が吹き、焦げた臭いがする。白い紙が空に舞っている。横浜から飛んできたのだろうかと思う。

小野康人は独房に戻されてから、午前中は鷗外の「澀江抽齋《しぶえちゆうさい》」を読んだ。青山鉞治はこのところ「吉田松陰書簡集」を読み返している。

考えたこともなければやったこともないことを白状しろと迫られ、殴る蹴るの毎日だった留置場と比べれば、ここは天国である。二人とも、暗いな、これでは字が読めないと不平をこぼしながらも、それでも岩波文庫の小さな活字を読んだのである。

午後には、小野も青山も古い靴下をほぐす仕事をしている。

受刑者のほうはずっと作業をさせられてきている。今月もつづいているのかどうか、東芝の鶴見工場で百七十人の受刑者が働いてきた。[96] トラック島の飛行場建設にここの受刑者が送られた。最後に送られた人たちは戻ってくることができない。かれらについては、このさきで触れることがあるだろう。

横浜港に貨物船が入っていたときには、受刑者は荷役をやった。貨物船が入らなくなってからは、横浜駅の隣の貨物駅、高島駅で、貨車から米俵を下ろす仕事に数十人が派遣されてきた。今日は出かけなかったのであろう。

ついでに言えば、高島駅の本屋、貨物上屋、機関区、機関車七輛も焼かれてしまった。現在、刑務所内での仕事のほうが多い。ここは海軍の管理工場となっている。飛行機の部品をつくっている。石鹼工場もある。全国の刑務所で使う石鹼をつくってきたのだが、今年に入って毎日つづく作業ではなくなっているのであろう。

未決囚が働くようになったのはこの四月からだ。作業をやりたいとの申し出をするようにと言われた。退屈しのぎになるし、作業のあいだは、水洗便器の蓋をして、これを腰掛けがわりにしてよいので、坐っているよりは楽だ。そして夕食だけだが五等食が三等食になるのも魅力だ。そこで病気の者以外は、だれもがこの靴下をほどく作業に励むようになっている。

海軍の下士官だったという看守は青山に向かって、これは海軍の靴下だと懐かしげに言い、大きな帆布《ケンバス》製の自分用の袋に夏服、冬服、作業衣を十着入れ、下着とこのような靴下を八足入れていたのだと語り、現在は何足の配給があるのだろうと語ったのだった。

青山は靴下をほどいていけば一本の糸になることが不思議でしょうがない。ほどいていくのが面白い。臭気が鼻をつくこともあるが、それも気にならない。

かれが妻の梅子に尋ねることができたら、メリヤス編みだからと言われ、二本糸の織物とちがって、一本の糸を棒針で輪奈《わな》状にからめてつくる編み布なのだと説明され、一本の糸だから伸縮性がある、通気性もある、だから肌着や靴下はメリヤス編みなのだと教えられても、ちんぷんかんぷんだったにちがいない。

靴下を糸玉にしてしまってなにをつくるのかは、看守はなにも言わない。

こんなばかばかしいことをやらせて、いよいよ日本もおしまいだと青山、小野が考え、細川嘉六も思っているのであろうが、かれらが知らないこと、かれらだけでなく、あらかたの人が知らないことがある。

じつは多くの前線で、兵士たちが青山や小野と同じ仕事をしている。

ベンガル湾のニコバル島、カール・ニコバル島、アンダマン島には、食糧不足と飢餓に苦しむ守備隊がいる。兵士たちは靴下をほどいている、

陸軍の靴下も海軍の靴下も、こればかりは仲良く綿糸二十番撚り糸を使っている。この撚り糸が貴重品だ。

これまた兵站線を断たれ、それぞれ孤立している中部太平洋の島々で同じことをしている。たとえばクサイ島の兵士たちが靴下をほどいている。

クサイ島は日本の委任統治領の南洋諸島のひとつの島だ。トラック島の東にある。トラック島から七百キロメートル離れた東にポナペ島がある。ポナペ島からさらに六百キ

ロメートル東にクサイ島はある。

伊豆七島の大島とほぼ同じ大きさ、百十六平方キロの小さな島だ。中央に六百メートルの山があり、海岸から山頂まで森林がつづく。この島に三千人に近い陸軍部隊と六百人を超す海軍部隊がいる。

輸送船がクサイ島に入港したのは、千九百人の陸軍部隊をその島に運んだ輸送船が最後となった。昨年の一月のことだ。そしてかれらが日の丸をつけた飛行機を見たのは、クサイ島に向かうかれらがトラック島に寄港した昭和十八年十二月が最後だった。

それから現在まで一年数カ月、輸送船の入らないクサイ島は、根元を断ち切られ、枯死を待つ蔓草である。クサイ島の守備隊はさつま芋を植え、自活をはかってきている。

アンダマン島やクサイ島だけではない。敵軍の背後に取り残された島、敵軍の攻撃を辛うじて阻止している地域は、すべて根元を断ち切られ、枯死を待つ蔓草である。

これらの島々では、いずれもさつま芋を植えている。ブーゲンビルからラバウル、ポナペからメレヨン、シンガポールから、戦場であるルソン、沖縄まで、現在、さつま芋で生き延びている人びとのことは、このさきで述べねばならないだろう。ここでは靴下をほどいていることを語る。

クサイ島では、兵士たちは靴を履いていない。カラオという草からつくった草鞋《わらじ》ばきである。靴下は必要ない。一足だけを残して、残りの靴下をほどいて糸玉をつくる。

これを釣り糸にする。漁網を編み、四つ手網をつくり、投げ網をつくる。四つ手網でサヨリの群れを追い、投げ網でボラを獲る。(97)アンダマン島、ニコバル島でも、靴下をほどいているのは魚を獲るためだ。

ウォッゼ島はクサイ島のさらに東にある。クサイ島の東、七百キロのところにヤルート島がある。そのヤルート島の北、四百キロのところにウォッゼ島はある。クサイ島は行政管轄ではカロリン諸島に属するが、ウォッゼ島はマーシャル群島の中央にある。昨年の一月から二月にかけて、この群島内のロイ、クェゼリンが敵の手に奪われ、ウォッゼ島も根元を断ち切られ、枯死を待つ蔓草となってしまっている。

クサイ島とちがって、ウォッゼ島は六十の小さな島からなる環礁である。一番大きなウォッゼ島にしてからが、とるに足りない大きさだ。このウォッゼ島には飛行機のない飛行場があるが、長さ千五百メートルの滑走路は島の半分以上を占めている。

この環礁に海軍八百人以上、陸軍二百人ほどがいる。いると言うより、これだけが生き残っていると言わねばならないのだが、これもこのさきで述べることになろう。

この島でも、兵士たちは靴下をほどいている。なかなか獲れないが、それでも魚を獲らねばならないから、漁網は必要だ。漁網用の糸のために靴下をほどいていたのだが、いまはケンバスをほどいている。ケンバスとは海軍用語だ。帆布のことであり、天幕や梱包用の袋に使われる厚手の木綿の布を指している。腐るままにほうっておかれたケンバスは、網がつくれるとわかってからは貴重品に変わっている。靴下をほどいた糸は服の修繕に使われている[98]。

トラック島の東側にある島のことを語ったが、メレヨン島はトラック島の西側にある。トラックから九百キロメートルほどだ。十いくつの珊瑚島が囲む環礁である。海軍、陸軍、それぞれ一千人足らずが生き残っている。まさに生き残っているのだ。

メレヨン環礁内のメレヨン島を守る桑江中隊については、前に述べたことがある[99]。桑江中隊は、隊員を農耕班、漁撈班、築城班に分け、数カ月前まで中隊長の桑江良逢は作業日誌をつけていた。たとえば、昨年十一月十日の「作業会報」はつぎのとおりだ。

「漁撈班——撚糸、二四〇米　差網編網、〇・七米」

十一月十七日の「作業会報」を見よう。

「漁撈班——差網浮キ作成、三〇個、差網一統、概ネ完成[100]」

中隊員の靴下を集め、これをほどいて、毎日、二百メートルから二百五十メートルの糸をつくり、これから刺し網をつくったのである。

横浜拘置所の未決囚がほどいて巻いた糸玉も、漁網にしようということなのであろうか。

そうではない。高角砲陣地用の偽装網、軍用自動車用の偽装網、なによりも特攻機や特攻艇の偽装網をつくろうとして、海軍は未決囚に靴下をほどかせているのだ。

遠くで音がする。夕飯を配る音だろうか。拘置所の夕食は早い。午後四時だ。時計はないし、朝から暗く、時間の見当はつかないが、まだ三時ぐらいだろうと青山は思う。ところで、青山や小野、ほかのだれも知らないことだが、横浜刑務所と拘置所は明日から大きく変わる。

食糧営団の神奈川支局は米や大豆を倉庫や搗精所《とうせいじょ》で焼いてしまった。横浜の米の被害額はまだわからないが、東京の空襲による被害数字を挙げておこう。五月二十五日までに、米とその代替物あわせて二十四万俵を焼かれてしまった(101)。

なけなしの米と大豆を焼いてしまったうえに、空襲の罹災者には米五日分を特配しなければならない。営団の米と雑穀は足りないうえに足りなくなる。

刑務所の雑炊はさらに薄くなり、米粒を数えることができるようになる。軽くつがれたご飯はあらかたが大豆粕となる。だが、わずかながら自由が増える。看守たちの多くが家を焼かれてしまい、欠勤する者が増えるからだ。

監視態勢は緩み、巡回は不規則になり、雑役がのさばるようになる。囚人のなかの特権階級である雑役は、文字どおり雑役夫であり、「独歩」の腕章をつけ、所内を自由に歩きまわることができる。看守の眼が届かなくなれば、雑役は闇で大儲けをした囚人の外部との連絡役となって、カネを稼ごうとする。かれらは雑誌編集者や研究者がカネを持っていないことを承知しているが、それでも、この連中にも恩を売ってやろう、看守の鼻をあかしてやろうということになる。

すべてが焼けてしまって

午後三時近くだ。火勢がしずまり、煙も薄れたので、山下公園に逃げてきている加瀬昌男は家がどうなったかを見に行くことにする。もちろん、家が焼け残っているとは思っていないが、町内随一と自慢の防空壕が持ちこたえたかどうかが気にかかる。

父母は姉がいるはずの横浜国民学校へ行くという。横浜国民学校と開港記念会館と県庁が関内の罹災者の避難所になっていることは、海軍の下士官が山下公園に逃げてきた人たちに告げてまわっていた。鉄筋コンクリートの横浜国民学校は焼け残ったのであろう。

昌男は県庁の前にでる。県庁も、郵便局も、商工奨励館も大丈夫のようだ。どこにも人の姿が見える。地方裁判所の前に消防車が三台とまっている。どこから来たのだろう。焼夷弾が落ちてきたあと、起きあがらなかった人はどうなったのだろうと思って道路を見回したが、倒れている人はいない。本町通りを桜木町の方向に向かう。開港記念会館の入口に人がいる。筋向かいの江商《ごうしょう》のビルも残っている。二丁目角の太い円柱が何本も並んだ帝国銀行の横浜支店の玄関が開かれ、人が出入りしている。道路に焼夷弾が突き刺さっているし転がっているから、これらのビルの屋上にはずいぶんと焼夷弾が落ち、内部が焼けたビルもあるにちがいない。

横浜銀行協会のビルは横浜の海軍監督官事務所になったばかりだ。屋上に人の頭がいくつも見える。海軍の軍人だ。向かいの七階建ての若尾ビルもなんでもないようだが、建物の背後から煙があがっている。三菱銀行の横浜支店も無事だ。

ところが、本町四丁目の交差点を左に曲がって、不意打ちの衝撃を受けた。見渡すかぎりの焼け野原だ。焼け残ったのは本町通りのビル街だけなのだ。山下公園にいたときから気づかないわけではなかったが、横浜は全滅したのだとはっきりと知る。道路には熱気が立ち込めている。市電の線路の真ん中を小走りに家へと向かう。横浜銀行と横浜宝塚劇場だけが残っている。

瓦礫と灰のあいだに赤茶けた四角い箱がいくつもある。金庫だ。どこの通りも、歩道の上につくられた半地下式の防空壕は、柱や天井を支える板が燃えてしまったらしく、防空壕のあったところが落ちこみ、くぼみがつづいている。うちのもだめかなと思う。この通りが常盤町だと見当をつける。熱さに耐えながら、家の近くまで行く。崩れ落ちたモルタルや煉瓦が散らばったあいだに、かれが心ひそかに自慢してきた防空壕はしっかりとある。落ち込んだような気配はない。入口も、逃げるときに土をかけた状態のままのようだ。熱さで近寄れないから、中が蒸し焼きになってしまったかどうかはわからないが、大丈夫だろうと思う。

それから昌男は横浜国民学校に向かう。馬車道から横浜公園までの焼け野原に残る建物は三つしかない。新井清太郎商店のビルは残っているが、三階の窓から煙があがっている。関東配電の変電所は無事だ。ＹＭＣＡの建物は大丈夫のようだと思ったら、三階と四階の窓から煙が噴きでている。市役所は焼けてしまった。高いアーチ形の鉄橋がばかに大きく見えるのは、市役所も川の向こう側の建物もすべて焼けてしまったからにちがいない。

この鉄橋が前に何回も述べた港橋である。

同じ方向に歩く人たちは横浜国民学校に向かうのだろう。いままでどこに避難していたのだろう。そのあいだに若い女性、中学生、女学生たちが何組もいる。鶴見や川崎の工場から歩いて帰ってきた人たちだと気づく。花園橋の背の高い親柱のところで二手に分かれた女学生たちが、気をつけてねと叫び合っている。

動員先の川崎の東芝小向工場を十二時すぎに黒い雲が高くそびえ立つ横浜に向かって出発した彼女たちは、すでに十二キロを歩いてきた。これだけの距離を歩いたのは、彼女たちにとってははじめての経験だ。鶴見川を渡るときには鉄道の鉄橋を渡った。狭い歩み板に足を踏みだそうとすると、最初は足がすくみ、しゃがみこみそうになったが、下を見ないようにして足を踏みだした。道路を残すだけとなった焼け跡のあいだの国道を歩いてきたのだが、熱気と臭気がたえず顔にあたった。すでに焔も焦熱も火の粉もなかったが、海岸寄りの倉庫からはまだ黒い煙がいくつもあがっていた。火傷を負った人、汚れた服、煤で真っ黒な顔の人たちにびっくりした。歩道の脇、退避壕の入口に人が倒れていたが、見ないようにして通り抜けた。仰向けに転がり、膨れあがった死骸は馬だった。青木橋まで来たとき、西戸部と隣町の伊勢町に帰る少女は動悸が激しくなった。心に刻まれる光景だった。薄い煙のなか、灰と瓦礫がつづくすぐさきに思いもかけず三ツ沢の丘が見え、久保山が見えた。手を振り、がんばってねと言い合って、焼け野原の大きな四つ角で別れ、しだいに少なくなっていく一隊は、花園橋まで来て、最後の五人が分かれ分かれになったのだった。

橋を渡ろうとする少女たちは磯子方面に帰るのだろう。橋を渡らずにまっすぐ行く二人は本牧に向かうのだろう。家は焼け残っているのだろうか。

横浜国民学校の手前の女子商業の校舎の一階のいくつもの窓から黒煙がでている。出入口に大勢の人がいる。消すことはできないのだろうか。

横浜国民学校からは煙はでていない。廊下も、教室も人であふれている。昌男が呼ばれる声に気がつけば、職員室に姉が両親といっしょにいる。

幼稚園の建物を壊すため、箱根湯本の集団疎開の学寮から先生たちが戻ってきていて、子供たちの親も手伝いに来ていたから、ふだんよりずっと人手が多く、三十人以上もいて心強かったのだという。校庭には無数の小型焼夷弾が落ちたが、これはほうっておいた。講堂の屋根を大型の焼夷弾が突き破り、火柱があがった。なかに積まれた机や椅子は燃えるにまかせ、校舎に延焼しないように、みんなで水をかけた。校舎の窓ガラスの破れから燃え殻が入り、燃えだすのを消すために、手分けをして各階を受け持ち、バケツを持って走ってまわった。作法室の畳は片づけてあったが、木組みの床に火がつき、これを消し終えるのに午後二時までかかったのだという。

昌男は六年生のときの教室に行ってみる。机も椅子もない。避難してきた人たちがむきだしの床に寝ころんでいる。真っ黒な、疲れ切った顔だ。記憶に残っている黒板の上に貼ってあった歴史の年表がない。燃えるものはすべて片づけてしまったらしい。

かれは屋上にのぼる。相変わらず風は強い。西之橋と山手の丘がすぐ近くに見え、麦田町に抜ける山手トンネルの入口が見える。本牧に向かう人たちがトンネル内に入っていく。元町も石川町もすべて焼けてしまった。学校の周囲にあるいくつもの倉庫は崩れおち、ときどき炎をあげている。南京街もなにもない。掘割の向こうの町は煙でけむっているが、ずっとつづく焼け野原だ。野毛の方向は煙で見えない。学校は焼けてしまったのだろう、授業はどうなるのだろうかと思えば、灰になってしまったわが家のことが頭に浮かび、今夜はここで眠ることになるのだろうが、このさきはどうするのだろうかと考えながら、両親のいる職員室に戻る。

寺田透はだいぶ火が下火になったなと思う。依然として風はひどいが、ついさっきまでの風と比べれば、そよ風のようなものだ。このまま窒息してしまうのではないかという恐ろしさはとっくになくなった。周りの煙はずっと減り、明るくなった。向こうの丘に燃え残った家が見える。だが、かれの家はなくなってしまっている。

家があったところに戻る。疲れ切っている母は空き地に腰をおろす。焼け跡に背を向けている。見るのが嫌なのだろうかと思う。

庭だったところにある防空壕には火が入らなかったようだ。木箱に入れたフランス語の辞書とトルストイの全集、アランとヴァレリーの著作集、バルザックの「人間喜劇」は大丈夫だろう。だが、嬉しいという気持ちにはとてもなれない。バルザックのほかの著作、フローベル、ゴーゴリの原典も、鷗外全集も、志賀直哉全集も焼けてしまった。あらかたの蔵書と家財は灰となった。ところが、焼けていない家はまったくなんの変わりもなく、涼しい顔で建っている。地震のあとはこうではなかった、すべての家が焼けるか壊れるかしたのだと透は思う。

震災の日のことを思いだす。思いだすのは、地震の前日の夜のことになる。裁判所勤めの父は宿直だった。母には客があった。客は琴《きん》を弾いた。母はそばで拍子をとり、琴歌《か》を歌った。小学校三年生の透は正座してそれを聞いていたが、子供心にも暗い単調な歌だと思った。

翌日、一本松小学校の始業式が終わったあと、近くの磯田緑や小倉李枝子といった同学年の女の子たちが遊びにきた。そのとき地震が起きた。にわかに暗くなり、部屋のなかに土砂が落ち、軒先から瓦が一度に落ちてきた。あとで母に言われて、そんなことを自分はしたのかと思うのだが、夢中で昼寝をしていた一歳の弟の上におおいかぶさっていたのだという。

屋根の瓦が落ちつくしたあと、女の子たちはお下げ髪を揺らしながら、自分たちの家へ逃げ帰って行った。

母は湯上がりタオルを裂き、かれと弟の足を包んでくれた。そして横浜一中に通じる坂の下の大きな空き地に逃げた。ときどきなおも揺れはつづき、道はいたるところに亀裂が走っていた。

水道山の方角の空のクリーム色の煙はますます大きくなっていった。

大きな余震の恐れがなくなって、家に戻った。家には田舎から送ってきたばかりの米と味噌があった。水の貯えのある小倉李枝子の家の前で、母と近所の人たちは共同炊き出しをした。そして、その夜は窪地の草原で、蚊が羽音をあげて寄ってくるなか、近所の人たちとかたまって眠った。

父は翌日に帰ってきた。父は港の汽船に避難し、沖合で一夜を明かしたのだった。(102) 父の勤務する北仲通り五丁目にあった煉瓦建ての裁判所は崩壊し、裁判所長、検事、弁護士、傍聴人など二百人以上が生き埋めになったという惨事をかれが知ったのは、ずっとあとのことになる。

地震の三、四日あと、かれは年上の横浜一中一年生の寺田仁と日の出町に下りる天神坂のところに出た。どこまでも赤茶けた色の焼け跡がひろがり、そのさきに海が見えた。ただひとつ残っているのが、百貨店の野沢屋だった。急な石段を下り、長者橋を渡って伊勢佐木町に向かおうとした。ところが、大岡川まで行って、ふくれあがった裸の死者で川面が埋まっているのにびっくりして、橋を渡らずに二人は帰ってきたのだった。

そして思いだすのは、三月十日の昼、吾妻橋を渡って隅田川を見たという友達の話だ。川の真ん中に一筋の流れ路が見え、扇型にひろがり、また細い水路になってつづいているのを見たという。一本の水路以外、川を埋めているのが防空頭巾をかぶった人間なのだと気づいても、それを認めるのが嫌で、気づかないふりをしようとしたというのだ。

母が口を開き、また同じことを言う。いっしょに逃げなかった隣組のほかの人たちは、どこに行ってしまったのだろう。母は何度か焼け跡を歩き、尋ねてまわり、透も何回か坂道を上り下りし、人影を見れば、呼んでみたのだが、どこにもいなかった。空襲が終わって四時間近くになるというのに、どうしたのだろう。もしかしてと思う。

透は母を見た。目をつぶっている。疲れているのだと思う。なにが苦しかったと言って、地震のあと、水を汲みに山の下まで下り、水を持って上がってくるのを毎日つづけたことだと母が語ったことを思いだした。

腕時計を見る。午後三時半だ。芦名橋の飛鳥田一雄《あすかたいちお》の家に行こうと思う。飛鳥田一雄は中学時代の同級生だ。昭和十八年に一雄は透の妹と結婚した。足が悪いから兵隊にはいかない。一雄は弁護士だ。

家を逃げ出すとき、もしばらばらになってしまったら、飛鳥田の家で落ち合おうと母に言ってあった。

芦名橋も焼けてしまっているのかもしれない。飛鳥田の家に行くのなら、暗くなる前に行かねばならない。

思い浮かぶのは、再び震災の夜のことになる。余震はまだつづいていた。そのたびに子供たちは悲鳴をあげ、共同炊き出しをしている母親たちにまとわりついた。子供を連れた大人たちが前の道路を通り、また何人かの人が通った。竈《かまど》の火のとどくところで、突然に姿を見せ、また闇のなかに消えていった。下町からの避難者だった。提灯も持たず、この暗闇のなかをこの丘を越えてどこまで行くのだろうと思った。また暗闇のなかからひとりの男が現れ、近寄ってきた。握り飯をもらえまいかと言った。男の背に負われていたのは若い女だった。肩から背中にかけて浴衣が血だらけだったのを透は覚えている。

飛鳥田の家が燃えてしまっていて、かれの一家の立ち退き先がわからなかったら、どうしたらいいのだろう。

震災の夜は、みんなといっしょに野原で寝ていて、透の記憶にはないのだが、夜遅くに出た下《しも》の弓張り月の赤かったのが怖かったと母が何度か語ったことを覚えている。今夜はどうであろう。東京がやられた二十五日の夜は満月ではなかったか。今夜は月の出はだいぶ遅い。月が出ても、朧月《おぼろづき》だろう。

行きましょうと母に言った。

山の下に下りれば、震災のときのように、あるいはそれ以上の数の死者を見ることになるのだろうかと透は考える。[103] 芦名橋は南に向かって四キロほどさきの根岸湾沿いの町だ。前に何回も語った大岡川と、大岡川から分かれた中村川、この二つの川のあいだの灰と瓦礫の焼け跡を横切らねばならない。

横浜の煙を遠くから見る人びと

夜の東京の空襲は遠くからも見え、東京の空が赤く映えているのをぞっとする思いで人びとは眺めた。今日の横浜の空襲は昼間だが、これも遠くから見えた。

平輪一郎は茨城県立麻生中学の四年生だ。今月の十日が誕生日で、十六歳になった。今年の一月から平塚の海軍火薬廠で働いている。勤労動員だ。

二十五日の夜は夜勤だったから、一郎は東京の空襲を工場で見た。白色の探照灯が何十本も東京の空を動いている。敵機を捜し求めているのだ。五本、六本の光芒が敵機を捉える。高射砲弾の閃光がひっきりなしにつづく。火に包まれて敵機が落ちていくたびに一郎は級友とともに歓声をあげた。やがて東京の空の赤い火は美しく、そして恐ろしい眺めとなった。だれもがしだいに無口になった。

そして今日だ。Ｂ29が神奈川県の上空をまっすぐ東へ飛んでいく。かれはその数を数えながら、高射砲弾が当たるのを心待ちした。まっすぐ北の方向の厚木あたりの高射砲が射っているようだ。当たらない。二百機近くを数えたとき、やったぞ、とだれかが言った。ずっと東の方角で、編隊の一機がずるずると遅れ、下に落ちはじめた。やったやった、とみんなが叫んだ。

やがて横浜の方角と思えるところに巨大な黒煙がたちのぼる。かれはＢ29を数えつづけた。迫ってくる突然の爆音に一郎は慌てた。編隊を組んだ四機のＰ51が頭上をかすめた。東に飛んでいった。まっすぐさきの日国《にっこく》と呼ばれている日本国際航空工業をロケット攻撃したようだった。特攻機、桜花の胴体をつくっているという話を聞いたことがある。Ｂ29の総数は四百六十七機だった[104]。

東の方向の黒煙は大きな入道雲になった。頂上は風に流されて、かなとこ雲となる。ラジオを聞いてきた者が、空襲は横浜なのだという[105]。

鎌倉雪ノ下に住む大佛次郎は今日は一日いらいらしつづけだ。

サイレンが鳴って、屋上に出てみた。真北の方向、鶴岡八幡宮の真後ろの大臣山のさきの空をB29の編隊がつぎからつぎへと西から東へ向かって飛んでいくのを歯がゆい思いで見た。進路に立ちふさがり、蹴散らすことができないのか。

十二キロ先の上空、五千メートルの高さということはかれにはわからなかったが、数えると編隊は九機から十二機だった。高射砲弾がいくつもはじけ、飛白《かすり》模様のように黒い煙がいくつも空に浮いた。まったく当たらず、敵機が落ちないのに腹が立った。

やがて北東の山の上に入道雲のような煙の塊が立ち、巨大なカリフラワーのようになった。横浜だと知った。

かれは横浜の赤門町で育った。赤門町は寺田透の家があった西戸部の丘の下だ。市の分庁舎になっている東ヶ丘にある東国民学校のことも前に述べたが、赤門町は隣町である。このさきで触れる機会があると思うが、今日、赤門町、東ヶ丘は焼けてしまったし、分庁舎にも火が入った。

かれは鎌倉に住むようになってからも、横浜にはしょっちゅう行った。山下公園に面したニューグランドホテルで「鞍馬天狗」を執筆して、数年の長逗留になったこともあった。そして昨年末までは、まだ食材が手に入る店があり、月に二回か、三回、伊勢佐木町の不二屋の三階の支那料理屋か、同じ伊勢佐木町の牛肉屋の蛇の目、山下町のバー、お気にいりのマスコットへ行ったものだった。

かれは机に向かっても、横浜のことがずっと気がかりだった。何回か屋上に出た。敵機の姿は見えなくなったが、熱による上昇気流がつくりだした恐ろしいばかりの黒い雲は空いっぱいにひろがったままだった。他愛なくやられてしまってと怒り、呆れもした。

門田勲に電話をした。門田が朝日新聞の横浜支局長であることは前に記した。横須賀線が不通なので、これから自転車で出かけるということだった。

敵機が一機、黒雲からはずれて、横浜の上空に見えた。戦果の確認だな、写真を撮って帰るのだなと思い、またも、むらむらと怒りがこみあげた。

知人が自動車で横浜まで行くというので、乗せていってもらうことにしたが、そのあと電話がかかってきて、三輪車になるという。埃をかぶるのが嫌でやめにした。知っている鎌倉警察署長に電話をした。炊き出しのために横浜向けのトラックを四時にだすと言う。

県下の各警察署は米、味噌、醬油を貯蔵している。横浜市内の警察署までトラックでその食糧を急送するようにと警察本部からの命令を午後一時に鎌倉警察署は受けていた。警察電話は不通となり、東部軍の電話を借りてのことだった。

本牧の木造の山手署以外、警察署は焼け残った、寿署と戸部署に行くのだから、同乗するならどうぞと署長は言ってくれる。すぐには戻ってこられないだろうと思い、大佛は行くのをやめにする。

島木健作は鎌倉扇ガ谷《おうぎがやつ》に住む。

かれは日記につぎのように記した。

「朝九時すぎに空襲警報。庭へ出てはるか北方の空をのぞむと、敵機の大編隊が、西から東へ、次から次へと飛びゆくのが見える。十二機を一編隊とし、七機、九機等のものもあるのは途中で撃墜されたものであろうか。それ等が幾つも幾つも群をなして一定のコースを飛びゆくさまは、まるでメダカのごとく、到底百や二百の数ではない。敵はついにB29をこれだけの数飛ばしうる力を蓄積した。編隊めがけて高射砲が炸裂する煙が見えるが、残念ながら落ちない。どうも横浜上空らしく思われる。敵はある所まで来ると旋回するということなく、ただ一定のコースを西から東へ飛びゆくのみである。

しばらくすると同方向の空に、おどろくべく巨大なもくもくした入道雲が高く高く上がって来た。火事の煙そのものではない。火災によって誘発された雲であろうが、ガスタンクでも破裂したのではないかなどと噂とりどりであった。空襲は一時間半・二時間ぐらいつづいた(106)」

島木健作については、このさき触れることがあるだろう。年だけ記しておこう。四十一歳になる。

門田勲は大佛次郎からの電話のあと、すぐに自転車で横浜に向かった。

東京、川崎の空襲で電車が不通になったときに、自転車で横浜の支局まで行ったことが何度かあった。中区尾上町にある支局から家まで、しゃにむに飛ばしたことがある。電車で帰るのと同じ一時間で家に着いたが、家に上がるのに、立って上がれなかった。かれは四十三歳になる。

市街地のはずれ、というより焼失地域の外延である弘明寺《ぐみょうじ》まで来た。道路の両側の町が燃えている。その輻射熱が顔を焦がし、眉毛が焼ける熱さで、道路を進むことができない。戻って、迂回路を探そうと考えたが、迷子になりそうだから、動かないことにした。

ここで待っているあいだに、米俵を積んだトラックが何台もやって来た。やがて家々が焼け落ち、顔にあたっていた烈しい火熱もなくなった。くすぶる煙があがるなかを進んだ。燃えあがっているところはもはやない。さきに行ったトラックに乗っている人たちが道路をふさぐ残骸や垂れさがった電線を取り除いていたから、たいした面倒もなく長者町まで来た。どこもかしこも焼け野原となってしまっている。とぎれながらも人の行列がつづく。

今朝まで、何万、いや何十万という人が生活してきた町が根こそぎなくなってしまったのだ。残っているのは伊勢佐木町三丁目角のオデオン座だ。野沢屋、不二屋、松屋が残っている。残っているのは伊勢佐木町三丁目角のオデオン座だ。野沢屋、不二屋、松屋が残っている。三階建ての明治屋本店、指路《しろ》教会がある。そして、その向かい側に朝日新聞の六階建てのビルがしっかりとある。近づいて、火が入っていないとわかったときにはほっとした。

支局にいた者たち六、七人がバケツ・リレーで火を防いだのだという。電車道の向こう側の加藤商店、佐藤眼科病院も残っている。火をかぶった外壁を見てまわる。よかったと思う。どこへ行くのか、煤で真っ黒な顔の罹災者が「おめでとう」「頑張ったな」と声をかけてくれるのがなんとも嬉しい[107]。

第25章

迫水、毛里、美濃部がやってきたこと、やろうとしたこと（五月三十日）

「あくまでも戦うのだ」と鈴木貫太郎

今日は五月三十日だ。

午前十時、首相官邸で定例の重臣懇談会が開かれた。岡田啓介、広田弘毅、平沼騏一郎、近衛文麿、東条英機が出席した。伊東に疎開している若槻礼次郎は、鉄道が横浜でなお不通のため欠席している。

重臣懇談会はドイツが崩壊してからはじめてだ。外務大臣、陸軍大臣と海軍大臣が国際情勢と戦局を説明した。米内光政が沖縄の戦いは楽観を許さないと言ったのにたいし、阿南惟幾が本土決戦には自信があるかのような話をする。

陸軍大臣が語ることを信じる者はいないが、だからといって、自分が持つ懸念を阿南に問う者はなく、外務大臣はこれから開始しようという対ソ交渉についての計画を語ることもない。低調で、意気のあがらない会議は終わろうとする。

このとき、米内光政が発言を求めた。重臣の集まられた折角の機会だから、このさき、取り組まねばならない大方針について懇談されてはどうかと提案する。(1)

米内の言葉の意味はだれにもわかる。米内の顔をびっくりして注視し、互いに顔を見合わせる。とりわけ驚いているのが近衛文麿である。

前回、四月二十三日の重臣懇談会のあと、近衛は海軍大臣の官邸を訪ね、米内と話し合った。

近衛は米内と個人的なつきあいはなかった。いずれも前に触れたことだが繰り返そう。昭和十五年七月に米内内閣を潰したのは近衛ではなく陸軍だったが、そのあとに首相となったのは近衛だったから、だれからも、米内と近衛は対立点に立っていると思われるようになった。たしかに近衛と米内の外交地図の見方にはちがいがあり、そこで二人の周りに集まる顔ぶれもちがった。

だが、そのあと近衛は米内にたいする考えを変えた。昭和十六年九月、十月には、近衛は米内が後継の首相になってくれたらと考えたこともあった。(2) かれが自分の外交路線の誤りに気づいて、アメリカとの関係を根本的に是正しようとしたが、陸軍がそれに反対したときだった。海軍大臣の及川古志郎は態度をはっきりさせず、近衛は窮地に追い込まれ、退陣することになったのだった。

今から一カ月ほど前の四月二十三日のことに戻るが、海軍大臣官邸での話し合いで、近衛は米内が率直に自分の考えを述べたことに感動した。そのあと、かれは米内と昵懇《じっこん》の原田熊雄を通じて、米内の了解を求め、直接のパイプを米内とのあいだにつなげ、かれの部下の富田健治と米内の部下の高木惣吉を定期的に接触させるようにした。都合のいいことに、富田は麴町の家から平塚の別荘に移っていたから、茅ヶ崎中海岸に住む高木惣吉の家とは近い。貴族院勅選議員の富田は時間の余裕があるから、かれが高木の家まで通うことにしている。

機械を積んだトラックに行きあったり抜かれたりしながら、遊歩道を自転車で行き、七百メートルに近い湘南大橋を渡って二十分ほどかかる。高木はこまかい書き込みのあるノートをひろげて語るのがつねだ。

さて、今日のことになるが、近衛は米内の考えに見当がつかない。戦争終結の問題を討議しようとするのであれば、高木と富田のラインを利用して、前もって私と相談すべきだ。どうして米内は突然こんな重大事を口にしたのであろうか。

もちろん、かれは口を開かない。ほかの五人の重臣たちもだれひとりなにも言わない。(3)ぐるりの者が押し黙っているのを素早く目の中に入れながら、海軍は投げやりになっているな、これは危険な兆候だと東条英機は思う。帰りに市谷台に寄って、阿南にはっぱをかけねばならないとかれは考える。

気まずい重苦しい空気が会議室をおおうなかで、書記官長の迫水久常が閉会を宣する。

米内はなにを考えて、そんな質問を投げかけたのか。米内は、自分が提起した問題についで重臣たちがなにも言わないであろうことは、はじめからわかっていたのであろう。では、どうして、わざわざ「今後の大方針」と言ったのか。

二、三日のちに、新内大臣に石渡荘太郎という見出しが新聞にでることになれば、重臣たちは松平恒雄と米内が組んでやったことだと即座に気づくことになる。そこで今日の私の発言と結び合わせて考え、どうして内大臣を木戸幸一から石渡荘太郎に代えねばならなかったのか、その理由を理解することになるはずだ。「今後の大方針」はただひとつだ。戦争終結に踏みださなければならない。これを内大臣が発議しなければならない。これをやろうとしない内大臣は辞めてもらうしかない。岡田啓介、広田弘毅、平沼騏一郎、近衛文麿、だれもがそういうことだったのかとうなずくことになる。

もちろん、元首相たちは今日のところはなにもわかるはずはないから、だれもが肩を落とし、不機嫌なまま、会議室をあとにする。

このとき、米内は首相に呼ばれた。陸相も並んで坐る。米内が重臣たちの真ん中に爆弾を投げつけ、鈴木貫太郎が驚き、阿南惟幾もびっくりしたにもかかわらず、二人はそのことにはまったく触れない。臨時議会を開きたいのだがと首相が語りはじめる。

今度は米内が驚く番だ。なにを考えているのか。ただちに反対する。

「いまのように戦況不利の状況では、いろいろな質問もでるでしょうし、これにたいする肚がはっきり決まっていなければ、政府は困るのではありませんか」

「いや、困りません。あくまで戦います」と鈴木は答える。阿南がこれに同調し、戦いつづけるのだと言う。

「負けても戦争をつづけるのですか」と米内が鈴木に問う。「そう、負けても戦います」

と鈴木は答える。議会でそういう決意を述べるのかと米内が重ねて尋ねると、そうするつもりだと答えが返ってくる[4]。

臨時議会召集の問題は首相と陸相とのあいだですでに合意ができていることは明白である。これはまずいぞと米内は思う。

つぎのように考えたに相違ない。内大臣の更迭が発表されれば、陸軍が硬化することは必定だ。新内大臣を動きのとれないようにしてやろうと陸軍が考え、臨時議会の召集は願ってもないチャンスだと思い、本土決戦の国策をしっかり固めてしまうことをねらい、議会で強硬路線を打ちだすことは目に見えている。

鈴木と阿南の顔を見ながら、米内は暗い気持ちになる。鈴木と阿南に向かって、私は辞任すると言う。阿南が慌てて、辞めないでくれと言う。

官邸をでて、米内は車のなかで考えるのだろう。もちろん、辞めるわけにはいかない。自分がいま辞めてしまっては、松平と石渡を裏切ることになる。

ところで、議会召集に先立ち、戦争指導大綱を決める最高戦争指導会議を開催する予定でいることをすでに首相と陸軍は決めてしまっているが、米内はこれをまだなにも知らない。

駿河湾に入ったB29は富士宮、沼津、熱海を抜け、相模湾を南下して消える。正午すぎだ。東京には警戒警報はでなかった。

同じ正午すぎのことだ。もちろん、五月三十日である。
玉川電車の三宿《みしゆく》の停留所から近い白井くにの家に思いがけない来客があった。この一帯は焼け残っている。くには玄関にでた。吉田茂が立っている。つぎの瞬間、他人の空似かと思ったが、青いパジャマのようなよれよれの服に藁草履の男はやっぱり吉田の殿様である。

そのさきの国民学校からやって来たよと語るかれの顔を見つめた彼女は、かれの首筋がひどく腫れあがり、黄色いのに気づいた。虫に刺され、ヨードチンキを塗っているのだ。

吉田茂は代々木の陸軍刑務所に収監されていた。五月二十五日夜の空襲で、刑務所は焼けてしまった。東横線の都立高等駅に近い目黒碑《ひ》文谷《もんや》町の碑衾《ひぶすま》国民学校に吉田は移された。そして衾《ふすま》町の八雲国民学校にもう一度移された。そこが仮拘置所である。八雲の国民学校の子供たちは甲府市に集団疎開していたが、かれらも再度移り、甲府盆地の北西部、北巨摩《きたこま》郡の若神子《わかみこ》、多麻《たま》、穂足《ほたり》の三つの村に疎開している。吉田は今日、八雲国民学校の仮拘置所から釈放され、トラックの荷台に乗せられ、三宿の停留所で下ろされたばかりだ。

大磯から着ていったロンドン仕立てのグレイの背広も靴も焼かれてしまい、かれが着ているのは獄衣である。吉田は白井の家で風呂を沸かしてもらい、着換えを借りるつもりである。

七十歳になる白井くには新橋にあった待合、山口の女将だ。四半世紀の昔、軍令部の課員だった米内光政がアメリカの情報士官、エリス・ザカリアスと酒を飲んだのが山口だったことは前に語った。首相時代の米内は毎夜しばらくは山口で時間を過ごすのが決まりだったし、同じそのころには吉田も毎晩欠かさず山口へ通っていた。そのときに親しくなった芸妓が、現在、大磯の留守宅を預かるこりんである。

その山口も焼かれてしまった。焼かれたといえば、吉田の永田町の家は五月二十三日の夜に焼かれてしまった。神山町の牧野伸顕の住まいも同じ夜に焼かれてしまい、牧野が嫁の純子の実家である隣町の鍋島直高の邸へ避難したことは、すでに吉田は獄中で聞き知っている。

くには吉田の手をとり、泣きだしている。

毛里、美濃部、迫水が昭和十六年にしたこと

午後になる。首相官邸の一室で、内閣書記官長の迫水久常と毛里英於菟《ひでおと》、美濃部洋次が話し合っている。同じ五月三十日だ。

迫水久常は、首相の鈴木貫太郎から、戦争指導大綱の審議の準備をするようにと命じ

られている。迫水が綜合計画局長官の秋永月三の支持を得て助力を求めたのが毛里と美濃部の二人である。

大綱は四月につくられた陸軍の案がある。戦いつづける、本土決戦の準備を強化するといったものだ。首相の鈴木は迫水にこれでよろしいと言った。迫水は手を入れるにとどめた。つぎに「世界情勢判断」の報告書が必要だ。じつはこれも陸軍の原案がある。これに手を加える。これを外務省政務局第一課長の曾禰《そね》益《えき》にじかに頼んだ。外務大臣の東郷茂徳はなにも知らない。

曾禰益は東京生まれ、四十一歳だ。東京府立一中時代、一級上にいたのが迫水である。中学時代から曾禰は、眉目秀麗、勉強のよくできる迫水を尊敬してきた。

ところで、「世界情勢判断」だけでなく、もうひとつ「物的国力ノ今後ノ見通シ」の報告書をつくらなければならない。飛行機、軍需品、鉄鋼、アルミニウム、石炭の生産のこのさきの見通し、海上輸送力の今後の眺望を述べねばならない。

迫水久常は「国力ノ今後ノ見通シ」の報告書をつくるようにと首相に命じられたとき、大きな悔恨がつきまとう記憶がかれの胸を突いたはずだ。

迫水から相談を受けた綜合計画局長官の秋永月三も自分の犯したとりかえしのつかない過ちを思い浮かべ、大きく息をついたことであろう。

協力を求められ、首相官邸に来ていた美濃部洋次と毛里英於菟も、「国力ノ今後ノ見通シ」を検討してもらいたいのだと言われたとき、思いだしたくない記憶がいきなり脳裏に浮かんだにちがいない。

それについて語る前に、綜合計画局について触れておかねばなるまい。

内外の難局に立ち向かうために、弱体な内閣制度を改革し、内閣総理大臣の権限を強化し、強靭な行動がとれるようにすることは、昭和に入ってからの政治家の宿願だった。総理のもとに権力を集中して強大な総務庁をつくり、主計局、警保局を傘下に置き、各省の人事権を一括して握ろうという構想が近衛内閣時代の昭和十六年九月にあった。

近衛文麿はなにも漏らさなかったし、あとになってもなにも言っていないが、そのときにかれが考えていたことは想像できる。かれは日米首脳会談を開くつもりでいた。日本の死活的利益を脅かす懸案問題の解決を図り、支那事変を終わりにさせ、事実上、三国同盟を棚上げにしてしまう考えだった。だが、アメリカとそんな約束を交わしてしまったら、暗殺とクーデターの噂が飛びかい、議会と活字メディアの攻撃にさらされ、政府の権威は低下し、政治危機がつづくことになるのは目に見えていた。それに備え、首相の権力を抜本的に強化しようとして、内務省と大蔵省を解体しようとする大計画だった。企画院の菅太郎[5]、毛里英於菟、美濃部洋次、そしてかれらのボスの鈴木貞一が準備をした。

だが、日米首脳会談は開かれることなく、行政機構の改革どころではなくなった。そして、内務省を解体する計画を内務次官と警保局長が知ってしまい、内務省幹部と企画院幹部の暗闘がつづくあいだに近衛内閣の退陣ですべてが終わってしまった(6)。

つぎの首相の東条英機はかれ個人に権力を集中しようとした。陸軍大臣と内務大臣を兼任した。アメリカと戦うことになればもちろん、戦わないことになっても、首相の権力の強化は不可欠とかれも考えたのである(7)。戦いとなり、戦いが思うようにいかなくなってからは、昭和十八年に軍需大臣を兼ね、昨年二月に参謀総長までを兼任した。だが、サイパン島失陥の衝撃が、かれの権力集中にたいする非難に変わり、かれの失脚につながった。

小磯国昭が首相となって、かれはなにひとつうまくいかないことに苛立った。首相に直結する戦時政策局、それとも内閣政策局をつくろうとした。昨年十一月に綜合計画局が設立された。「綜合国力ノ拡充運用」に関しての「重要事項ノ企画」、そして「各官庁事務ノ調整統一」を謳った。

こうして首相は、内閣書記官長と法制局長官、情報局総裁、さらに綜合計画局長官を加えて四人の政治幕僚を持つことになった。それでかれの力が強まることになるはずもなかった。戦いはもちろんのこと、国内問題たると外交問題たるとを問わず、なにごともかれの思いどおりにいかず、かれは辞職した。

小磯のあとを継いだ鈴木貫太郎は、自分に忠実な者を内閣書記官長や綜合計画局長官にしようといったことになんの関心も持っていなかった。昭和四年に海軍を去り、侍従長、枢密顧問官をつづけた鈴木には子飼いの子分もいなかった。

小磯内閣時代、小磯はだめだ、つぎの首相は鈴木貫太郎しかいないと近衛文麿や平沼騏一郎は思っていたのだが、鈴木に悪い虫がつくのではないかと心配していた。鈴木には助言を受けたり求めたりする子分がいないことから、大命降下となれば、海軍兵学校でかれの一期下だった岡田啓介が組閣人事に口をだし、親族の迫水久常を内閣書記官長に推すにちがいないと見ていた。以前に何回も述べたし、このあとでも触れるが、近衛や吉田茂は迫水を共産主義者だと説き、岡田大将の甥は危険人物だと近衛や平沼はつぎの首相候補である鈴木にそれとなく注意していた。

木戸幸一も鈴木の補佐役のことを心配し、かれがよく知り、鈴木とも親しい町村金五を内閣書記官長にするのがよいと考えた(8)。だが、かれの思いどおりにいかなかった。

そして近衛や平沼が心配したとおりのことになってしまった。鈴木貫太郎は、かれらの勧告が耳に届かなかったのか、岡田啓介が推薦した迫水久常を内閣書記官長にしてしまい、それればかりか、迫水が推す秋永月三を綜合計画局長官にすると決めてしまった。

四月十六日に秋永は綜合計画局長官になった。朝日新聞はつぎのような記事を載せた。

「秋永陸軍中将は凡そ軍人放れのした軍人の一人である。今日にいたるまでの経歴が物語るように商工省物資調整官、企画院調査官、企画院第一部長、軍需管理部次長とわが国戦時経済の中枢を歩いてきた。その頭脳の鋭敏なことは衆目の一致するところで、いわゆる経済新体制確立の立役者として現状維持論者に畏怖された」

このように書いた記者は、近衛文麿のグループが秋永月三をアカ呼ばわりしてきたことを当然ながら知っていたのであろう。だが、近衛文麿の不発に終わった計画の奥底にある魂胆には気づいていなかったにちがいない。そして、秋永月三、迫水久常は、自分たちがアカと言われてきたことを承知してきたが、かれらもまた戦争を終わりにすることから敗戦後までを睨んだ近衛の戦略については気づいていなかったのではないか。

前に何度も述べたことを繰り返すことになるが[9]、近衛が木戸幸一に向かって、そして天皇、高松宮、重臣たちに説いてきたことは、陸軍内部に潜む共産主義を信奉する集団が中国との戦いをはじめたのだと説き、秋永月三ともうひとり、池田純久の二人を共産主義者に仕立てあげ、梅津美治郎をかれらの首領としてしまい、かれら一党を追放して、それこそ梅津に追放された真崎甚三郎と小畑敏四郎に陸軍を握らせることだった。

そして戦争の終結を図るのと同時に、中国にたいする戦争責任を梅津とその一党に負わせてしまおうとする計画だった。戦争を引き起こし、日本を共産化しようとする共産主義者の長期にわたる大陰謀があるのだと説く殖田俊吉の話から、吉田茂がつくりあげたシナリオだった。

近衛は二月に天皇に向かって奏上したときには、さすがにかれは梅津、池田、秋永の名前を挙げることは控えた。だが、近衛や吉田の紹介で重臣や皇族を訪ねた殖田俊吉は、秋永月三の助力者たち、毛里英於菟、迫水久常、美濃部洋次を名指しして、かれらも共産主義者だとはっきり語ってまわっていたのである。

ところで、吉田と近衛がつくりあげた巧緻な、しかも冷酷な計画は、宮廷の理解も、重臣の支持も得ることができなかった。梅津美治郎は参謀総長になっているのだし、秋永月三は綜合計画局長官となり、迫水久常は内閣書記官長となってしまった。近衛と吉田の考えていたこととまったく逆の方向に向かったばかりか、吉田、殖田の逮捕となってしまったのだから、近衛とかれのグループはひどく落胆し、かれらの計画を潰してしまったのは木戸幸一だと思い、かれにたいする憎しみを燃やすことにもなったのである[10]。

ここで秋永月三についてもう少し語ろう。

秋永は五十一歳になる。かれが軍人エコノミストとしての道を歩むようになったのは、三十三歳の大尉のとき、派遣学生として東京帝大経済学部で学んだのがきっかけだった。

東大経済学部で学んだ将校は、陸軍の長い歴史のなかで十人ほどだったが、秋永と並んで共産主義者と言われてきたもうひとりの将官である池田純久が、これも東大経済学部への派遣学生だった。秋永が昭和二年から、秋永より陸軍士官学校で一年後輩の池田は昭和四年から、それぞれ三年間東大で学んだ。

秋永は人を寄せつけないいかつい顔をしているが、その性格は磊落《らいらく》であり、権力ゲームには関心がなく、かれを知るだれからも好かれてきた。かれはまた、政府各機関の多くの部課長にその能力と業績を認められてきた。

第十七軍の参謀長となってラバウルに派遣されたが、悪性のマラリアに罹り帰国した。そのあと、責任のある部署に就いていなかった秋永をひきだしたのは迫水久常であることは前に触れた。

迫水がまた、綜合計画局に新設される戦災復興部の新部長にもってこようとしているのが、軍需省総動員局第二部長の美濃部洋次である。六月はじめの発令となる予定だ。戦災復興部は企画官庁だ。文字どおり戦災復興と疎開、戦災者の援護といった問題の企画をおこない、各省間の事務の連絡、調整をおこなうことになっている。

そして、もうひとり、毛里英於菟を綜合計画局に引っ張ってこようとしている。毛里は産業報国会の理事を辞め、これまた六月はじめには綜合計画局の第一部長に就任の予定である。

秋永、美濃部、迫水、毛里、この四人が協力し合って仕事をしたはじまりは四年前だった。昭和十五年から十六年にかけて、企画院の審議室の広い部屋で、第一部長の秋永を中心にして侃々諤々《かんかんがくがく》の議論を交わしていたのが、美濃部、毛里、迫水であり、企画院三羽烏、あるいは秋永を入れて、「企画院の四天王」と呼ばれたものだった。

美濃部、迫水、毛里の三人とかれらがやったことについては前に記したことがあるが、もういちど触れておこう。

美濃部は四十四歳だ。美濃部達吉の甥になる。東京府立一中時代に洋次は相撲部の主将だった。二年下にいたのが迫水久常だった。美濃部につかまったら、土俵に叩きつけられるので、迫水は美濃部が土俵にいるときには近寄らないようにしていた。二年浪人した美濃部は、一高で迫水といっしょになった。大学時代には、迫水は青山北町の美濃部の家へ行き、書斎の本を借りて勉強した。日露戦争で両足を失った元陸軍将校だった迫水の父の久成が死んだとき、葬儀を手伝ってくれたのが美濃部だった。

美濃部は商工省に入った。かれの才能と馬力を見込んで、満洲へ送りだしたのが岸信介である。昭和八年末から十一年末まで満洲国政府で働いた。岸が満洲へ来るのと入れちがいに帰国して、工務課長、工政課長をやった。美濃部の名が日本中にとどろき渡ったのは、昭和十三年にかれが繊維工業課長となって綿業統制をやったときだった。

前に述べたことがあるが(11)、繰り返そう。この仕事の段取りを自分ひとりで立て、すべてを切りまわしたのが、「重タンク」と呼ばれ、体重八十キロ、そのとき三十七歳の美濃部だった。かれは繊維業界と国民にこの火急な改革を説明するために、座談会で喋り、ラジオで語り、日本中を駆けずりまわった。だが、この綿業統制はとてつもない嵐を巻き起こした。隠匿と闇の横行にはじまり、混乱が混乱を呼び、綿花の輸入までが減少し、中小機屋《はたや》の倒産が続出し、非難と怨嗟の声が美濃部に集中した。それでも政府はこれをやりとげるよりほかはなく、すべてを背負って立つ美濃部に万事を任せ、かれも屈することがなかった。かれの名が全国に鳴り響いたのはこうしたわけからだった。

ついでに言えば、大阪府経済部長だった近藤壌太郎がヤミ売りをした綿製品問屋を片端から摘発して鬼と呼ばれたことを前に記したが、[12]これがこのときのことだった。

毛里英於菟は四十三歳になる。長髪をオールバックにして、広い額のかれは、論壇で売れっ子の大学教授のように見え、見かけどおりの活躍をし、雑誌に論文を載せ、座談会で喋り、講演をしてまわった。

すべてにわたって役人離れしているかれは、役所の内より外で活躍し、その交遊の広さは、美濃部もなかなかのものだが、毛里の間口には及ばない。軍務局の軍人から高級官吏、新聞社の幹部、左派の政治家までと親しくつきあってきた。

左翼と言えば、かれは社会大衆党の幹部だった亀井貫一郎と親戚だ。大学時代にかれは亀井から弟のように可愛がられた。そしてかれは亀井の妹の喜美子と結婚した。そこで毛里と美濃部にたいする疑惑をひろめようとする人びとは、天皇機関説が排撃されて貴族院議員を辞めた美濃部達吉と洋次との続柄、毛里と社会主義者の亀井との関係を仔細ありげに語ってきた。

毛里は大正十四年に東大法学部を卒業した。美濃部や迫水より一年上だった。かれは大蔵省に入った。つづいて満洲国財政部に派遣された。帰国して大蔵省に戻ったかれは新設の興亜院に入った。

　毛里を高く買い、自在に腕を揮わせたのが興亜院の事実上の支配者だった鈴木貞一だった。このあと毛里が企画院の部長となり、昨年七月からは産業報国会の理事となったのも、企画院の総裁となり、つぎには産業報国会の会長となった鈴木に助力を請われてのことだった。

　利口なのは俺ひとりだといった顔をして、他人のことなど滅多に誉めない鈴木が、十三歳年下の毛里のことばかりは例外だった。鈴木は言った。

「あれは頭が非常に弾力的で、いろいろなことを新しくものを考える。……興亜院ではほとんど僕は毛里君にいろいろなことを頼んで、毛里君の考えでもってやったのです」

　興亜院の毛里、商工省の美濃部、大蔵省の迫水というだけで、どこでも通用する日の出の勢いの三人のスターが、ひとつの机を囲んで仕事をするようになったのが、前にも触れたとおり昭和十五年からだった。昭和十六年の春に、かれらは企画院の書記官となるが、その前から、かれらは本省にいるよりも企画院の審議室にいる時間のほうが長かったのである。

　これもすでに何度か述べたことだが、審議室の同じ仲間には、奥村喜和男や柏原兵太郎といった逓信省、鉄道省、それぞれの省のピカ一がいた。内務省から菅太郎、農林省からは東畑四郎も来ていた。その有能さ、勤勉ぶりを認められ、エネルギー、野心にあふれた男たちだった。

全世界にとてつもない大きな打撃を与えた大恐慌をまだだれひとり忘れていなかった。世界を支配するようになった反資本主義的なイデオロギーにかれらもとりつかれた。かれらは自分たちの手で経済基本路線をつくろうと意気盛んだった。企業の「資本と経営の分離」を定め、株主の支配の遮断を求め、政府の経済への大きな介入を恒久的なものとし、計画経済システムをつくろうとした。

ある人にとって、満洲の実験を日本に移植することであり、もとはと言えばドイツのやり方を踏襲したものであった。べつの人はソ連の方式を真似ようとしたのだった。アメリカに関心を抱き、アメリカにいくらかの敬意を払う人がいたのであれば、自分たちのやろうとしていることはニューディール政策なのだと思っていたのかもしれない。

そして、アメリカのニューディールに取り組んだ人びとが国内の大富豪と保守勢力から、ニューディール派の大陰謀と非難を浴び、アメリカを共産化する手段として戦時非常事態を利用していると攻撃されていると知ったら、毛里や美濃部は苦笑いをすることになったにちがいなかった。

現在、鳩山一郎は軽井沢にいる。かれについては前に触れたし、このさきでも述べることになろうが、昭和十五年十一月一日、かれは日記につぎのように書いた。

「近衛時代に於ける政府の施策凡てコミンテルンのテーゼに基づく。寔《まこと》に怖るべし。一身を犠牲にして御奉公すべき時期の近づくを痛感す[13]」

鳩山一郎と同じように、企画院に不安と猜疑心を向け、同じような陰謀説を熱っぽく説く保守派の政治家、資本家がいたし、守旧派の右翼の人びとがいた。

ところが、首相の近衛が態度を変えた。これも前に述べたことを繰り返すことになるが、近衛は四国同盟ができないと知ったとき、外交の転換をおこなおうと試みたばかりでなく、企画院主導の「マルクス主義の音が響く[14]」国内政策にもブレーキをかけようとした。新たに司法大臣に起用した平沼騏一郎が、鳩山一郎に代わって「御奉公」することになった。前にも述べたことだが、企画院に勤務する者を捕らえ、美濃部、毛里、迫水らに圧力をかけた。だが、自分たちは多数派だと信じ、現実的なアプローチを求めているのだと考える美濃部や毛里は、たじろぎはしたものの踏みとどまった。

昭和十六年の夏には、かれらは重要産業に統制会の組織をつくる計画を立てた。ドイツでおこなわれてきた政府と経済諸団体の協同という枠組みを真似たものであった。かれらはその啓蒙宣伝の先頭に立ち、講演をし、座談会に出席し、新聞雑誌に執筆した。財界も、経営者たちも、ギルドをつくることが自分たちの利益になると考えて、この護送船団方式に反対しなかった。

はるかのちになって、昭和十五年体制と呼ばれるものがなおあるとしたら、それはかれらが昭和十五年、十六年につくりあげたこの経済路線なのである。

昭和十七年九月、アメリカを見くびっていたと気づいた

美濃部、毛里、迫水、秋永は、同じ昭和十六年、もうひとつ重大な仕事をした。今日、五月三十日、かれらはつくらねばならない報告書が「国力ノ今後ノ見通シ」であることを知って、思いだしたくないことを思いだし、瞬間、胸に痛みが走ったはずだと前に語った。そのことなのである。

かれらは日米関係が正常化したあとの日本の経済の見通しを研究したことがあると前に語ったことがある。(15) 昭和十六年九月のことだった。同じときに総理の地位権限を強大なものにしようと試みたことも前に記したばかりだ。

ところで、それから一カ月足らずあとの十月下旬のことになる。中国からの撤兵問題をめぐる閣内不統一の責任を負って近衛内閣が退陣し、東条内閣が登場した。

国策の再検討をおこなうことになった。米英と戦うことなく、人造石油の増産によって米英両国の経済封鎖に耐えることができるか、そしてまた、戦いをはじめたとして、主要物資の船舶輸送の見込みについての報告書、それこそ「物的国力ノ今後ノ見通シ」の最終的な結論をだすのに加わったのはかれらだったのであろう。

そのとき、企画院総裁の鈴木貞一は第一部長の秋永の考えを聞いたのであろうし、信頼する毛里の判断に耳を傾け、迫水の考えを尋ね、視野の広い美濃部に吟味を求めたこ

とはまちがいなかった。

毛里、美濃部、迫水はなんと答えたのか。現在までかれらはなにも語っていないが、日米首脳会談の開催をアメリカ側が拒否したあと、かれらはアメリカとの戦いは不可避と考えるようになっていた。

これは、かれらが末次信正の登場を望むようになっていたことからも想像がつく。

昨年の十二月末に没した末次信正を惜しむ人は、それから五カ月あとの現在、もはやいないであろう。だが、昭和十六年の日米外交交渉が行きづまり、緊張が強まるなかで、かれに大きな期待を寄せる人が数多くいたことは前に記した。[16] この重大な危機に直面して、揺るぎない指導者は末次提督だと考える人たちであり、戦いを避けることができないなら、開始される大戦争の導き手は末次大将以外にいないと思う人びとだった。

そこで企画院の報告書の結論だが、臥薪嘗胆策は物的国力の点から成立しがたいというものだった。これは美濃部や迫水の考えだったのであろう。戦争に踏みきった場合、つぎの年には物的に心配はなく、三年目には物的国力は戦争をしたほうがよくなるというのがもうひとつの結論だったが、これもかれらの考えであったにちがいない。

昭和十六年十一月一日の会議で、企画院総裁の鈴木貞一が戦うべしと説き、なおも決断がつかないでいる外相の東郷と蔵相の賀屋を説得したのも、この報告書の結論を信じてのことだったのである。もちろん、信じるといえば、鈴木、美濃部、迫水がほかのなによりも信じていたのは、海軍が戦って負けないということだったのであろう。

迫水、美濃部、毛里がそのあとにしてきたことを記すのは、今日までの三年数カ月の戦いのいくつかの山場をたどることにもなるから、つづけて見ることにしよう。

それから十カ月あと、昭和十七年九月のことだった。

ミッドウェー沖で空母四隻と精鋭の空母機搭乗員を失ったのにつづいて、ガダルカナル島では五千人の上陸部隊が悪戦苦闘をつづけ、東部ニューギニアでは一万三千の攻撃部隊が窮地に追い込まれ、ついに前進を断念しようとしていた。海軍と陸軍はこの鳥肌立つ戦況をひた隠しにしていた。だから、国会議員や新聞記者、大学教授が新聞をひろげ、ラジオを聞いての毎日の気がかりは、スターリングラードに突入したドイツ軍がいまだに全市を制圧できないでいることだった。

現在、三十五歳になる朝日新聞論説委員の土屋清はそのとき政治経済部の記者だった。自分の活動分野を経済に限定してきていたが、なにごとにも関心を持つ勉強家だった。

企画院の毛里を訪ねた土屋はかれの落ち込んだ表情が気がかりだった[17]。どうしたのかと尋ねた。もちろん、なにを聞かされても記事にできないことは承知の上だった。

毛里は輸送船の喪失が予想を超えて多いと語った。月々、二十万総トン、三十万総トンが沈められるという破局的な状況にはまだなっていなかったが、開戦以来の月平均の喪失量は五万九千トン、その数字はじりじり増える気配だった。しかも月々の輸送船の建造量はそのときに二万総トンほどであったから、このさきどうなるのだろうと不安がつのるばかりだった。

　そして毛里はアメリカが軍需生産に本腰を入れてきたと語った。フォード、GMの自動車工場から冷蔵庫、タイプライターの製造工場までが航空機のエンジンをつくり、機関銃をつくりはじめている。どこも、物凄い勢いで工場を拡張している。その飛行機の増産に合わせて、操縦士の大々的な訓練をはじめている。戦いの前には、年間三百人を訓練していたのが、四万人、六万人に増えようとしている。

　毛里がそのときはじめて気づいたのは、アメリカは日本や英国、ドイツやソ連と大きくちがうということだった。アメリカ的な大量生産方式と国内に無尽蔵の資源があって、やろうとしさえすれば生産の見かけの天井など造作もなく突き破り、その五倍、十倍の生産を簡単に達成できるということを、毛里もほかの者も、土屋清も、だれひとり戦争前には注意を払おうとしなかった。

　戦争直前、情報に通じていた中央の若手の軍人や役人たちは、日本軽金属の蒲原工場が十月に火入れ式をおこなった、これで十万トンのアルミができる、もう大丈夫だと語り合ったのだった。これは前に記したことだが、十一月には、中島の多摩製作所の生産ラインが動きだし、海軍機の発動機の製造は一挙に増えるぞと囁いて笑みを交わしたのだし、来年中に日本製鉄広畑の艦船用厚鋼板工場が全面的に操業する、そうなればなにも心配することはないと聞いて大きくうなずいたのだった。

ところが、アメリカ側は、基礎資源のひとつ、鉄鋼にしてからが目を見張るばかりだった。アメリカの昭和十五年の粗鋼の生産量は六千六百万トンだった。ところが、わずか二年のちの昭和十七年には、日本の生産量の数年分をわけなく増やして八千六百万トンを生産するというのだ。

土屋はその日に毛里が「戦争に負けてしまうよ」と語った言葉を忘れることができなかった。勝利から勝利への道を歩むことはいまや難しい、早くも容易ならぬ事態に立ち至っているのだと教えられた最初の日だったのである。

同じその週のことではなかったか。毛里は美濃部、迫水と協議した。

美濃部は商工省に戻っていた。昭和十六年十一月、新たに商工大臣となった岸信介は美濃部を自分のところへ取り戻したのである。迫水も古巣の大蔵省へ戻っていた。鈴木貞一がどうしても手離さなかったのが毛里だったことは前に述べた。

かれらは話し合い、ビルマ北部の敵の反撃は蹴散らすことができるようだ、ところが南太平洋の戦場ではそういかない、敵の弾薬と航空機、輸送船の豊富さがものをいっているのだと語り、アメリカが膨大な軍需品をつくりつつある状況と日本側の心細い生産の実態を比べたのであろう。

心細いことはまだまだあった。南方地域の資源の開発を見込み、船舶増産を謳うだけですべては終わった気になり、商工省各部局の局長や課長は、つくられる産業別の統制会を自分の指揮下に置こうとして、その所轄争いに血道をあげていた[18]。軍需品の増産などだれも上の空だった。

そして、三人が三人、前年の十月、国の舵に手を触れていたにもかかわらず、正しく舵をとることができなかったという悔恨が胸のなかにあったはずだ。かれらはアメリカを見くびってきたことの誤りを語ることになったにちがいない。

アメリカを軽蔑し、過小評価していたのはかれらだけではなかった。大学教授も、新聞の論説委員も、評論家も、衆議院議員も、研究所の研究員も、外務省の若手も、革新的な考えの持ち主はだれひとりアメリカに関心を持つことはなかった。ドイツのナチズムを賛美する人、組合主義的国家の理想を追う人、フェビアン社会主義への信奉を抱きつづけている人、ソ連の計画経済と国営農場に密かな夢を描き、スヴェルドロフスク、マグニトゴロスクといったウラルの工業基地の名前に憧憬の思いを持つ人びと、かれらはいずれもアメリカを小馬鹿にしていた。

ドイツ語、ロシア語の書籍、雑誌を読む人だけではなかった。フランス語の本を読む人たちにしたところで、アメリカの文化、アメリカの資本主義を軽蔑、批判するフランスの学者や評論家の主張を自分のものにしていた。

たしかにテキサスの石油、スペリオル湖周辺の鉄鉱石、アパラチア山脈の石炭、アメリカの広大な土地と資源についてはだれもが承知していた。このさきでとりあげる機会があろうが、アメリカと日本との経済力の差は十対一だとだれかが言えば、そんなわかりきったことを言うなという返事が戻ってきたのだった。

だが、かれらがさほど重要視していないことがあった。すでに二十世紀の初頭に、アメリカはミシン、製靴機械、刈り取り機、ポンプの製造といった機械製造工業の分野で、互換性部品の製造と組み立てによる大量生産の方式をつくりあげていたことだった。これが自動車の大量生産に応用され、現在、航空機の大増産を可能にしているのだ。

大学教授や新聞記者はアメリカのラジオ産業を軽蔑していた。石鹼会社がカネをだしたラジオの連続ドラマを朝から晩までアメリカの家庭の主婦が聞いているのだろう。なるほどラジオ産業は幾人かの百万長者を生みだしはしたのだろう。部屋数が五十、百二十もある、イギリス風、フランス風の大邸宅に住んでいるのだろう。この連中がもぐり酒場の上客だったのだろう。この程度の認識を持つだけだった。無論のこと、ラジオ産業が育てあげた通信や電子の専門家が、訓練に訓練を重ねてつくりあげた帝国海軍のアウトレンジによる大遠距離砲撃、敵戦艦めざしての夜間の肉薄攻撃、潜水部隊による輪陣型をつくる敵艦隊への突入、海軍の全戦略と戦術を叩きつぶすことになるなどとは思ったこともなかったはずだ。

毛里が土屋に「戦争に負けてしまうよ」と語った同じ九月、毛里、美濃部、迫水の三人は手分けをして、陸海軍、政府の幹部を説いてまわることになったのではないか。

石炭、鉄鋼、アルミニウムの生産は停滞し、来年度の増産計画の立案のめどが立たないのだとその実情を明らかにし、それにひきかえ、アメリカの生産は目を見張るばかりの上昇をつづけていると語ったのである。

政府幹部はアメリカのうなりをあげる軍需生産の物凄さに顔をそむけ、国民に告げないようにしていたが、窓をちょっとのあいだあけさせることにした。情報局は各新聞社に時局の重大さを警告する記事を載せるようにと通達をだしたのであろう。

九月二十日、たとえば朝日新聞の一面に載った記事がそれだった。土屋清が書いたのかもしれない。

第一面の三分の一を占めるその記事は、アメリカの建艦計画を伝え、「空母、爆撃機へ増強に全力」の大見出しを掲げ、「空母一挙に八十五隻」の小見出しを掲げていた。

「……開戦当時の米航空母艦勢力は就役中のもの七隻、建造中のもの十一隻、合計十八隻であったがその後さらに二隻が追加されこれも建造が着手されていること……なおこの母艦勢力の増強を目ざす米海軍の編成替えが完成すれば米国は約八十五隻（巡洋艦、商船の改造されたものを加えて）の母艦を所有することになること。米海軍は多数の航空士官養成を目ざして学生の狩集めに大童《おおわらわ》となっていること……」

そして、毛里、美濃部は講演をしてまわった。元閣僚や元高官の貴族院勅選議員、財界指導者、退役提督、将軍たちの集まりで、事態は容易ではないと警鐘を鳴らした。毛里が語ったことか、美濃部が言いだしたのか、それともほかのだれかが言ったことか、「時局の重大性」が高級官吏、外交長老、枢密顧問官、議員たちの会話のなかで必ずでてくる言葉となった。官邸の応接室でその言葉がでて、議員食堂でその言葉が語られ、四長官会議で、あるいは政務官会議で口にされ、だれもが遠い雷鳴を聞いたかのように軽い胸騒ぎを覚えることになった。

だが、このキャンペーンは国民を総動員しようという政策とつながらなかったし、陸海軍を大改編しようとする動きにもならなかった。

昨年、昭和十九年の春、そのとき首相だった東条英機が昭和十七年になにもしなかったことを悔いると部下たちに語ったことは前に記したし、どうしてかれが昭和十七年になにもできなかったかも前に説明した[19]。そして、これも前に述べたことだが、この同じ年、一九四二年に英国が徹底的な総力戦の体制をとることができたにもかかわらず、ドイツにはできなかった[20]。これも同じ理由だった。

戦いをはじめる前、日本は経済封鎖をされ、じわじわと痛めつけられていたことはだれもが承知していた。だが、真珠湾、ルソン島、マレーに先制攻撃をしたのは間違いなく日本だった。戦いをはじめてまだ十カ月がたったばかりというときに、陸海軍の首脳は国民によりいっそうの犠牲を説くことができず、さらなる耐乏を押しつけることができなかった。日本はこの長期戦を戦い抜く力を持っていないのだとかれらは気づくことになりながら、すべてはうまくいっているのだというふりをしたのである。

徹底動員をおこなうのは、それから一年あとになった。

昭和十八年七月、航空第一主義の計画を立てた

その一年近くがたった昭和十八年七月のことだ。企画院総裁をつづけていた鈴木貞一は鬱気にとらわれ、情緒不安定となっていた。前に述べたことを繰り返すことになるが、内閣書記官長、企画院総裁、情報局総裁、法制局長官が集まっての四長官会議がほとんど連日開かれていたのだが、情報局総裁の天羽《あもう》英二はその月の七日の日記に、「四長官時局憂慮　鈴木神経過敏　過去ノ懺悔」と書き、同月三十一日の日記に「四長官時局雑談　鈴木貞一過去ノ努カヲ述ブ　意見提出ノコトナド言ウ　自己弁解醜シ」と記した。(21)

その同じときのことになる。鈴木貞一の部下、かつての部下、毛里、美濃部、迫水がやったことを述べねばならない。

もっとも、かれらは昭和十六年の秋に自分たちがやったことを明らかにしていないのと同様、昭和十八年の夏にやったことも語っていない。だが、高松宮、参謀本部の部員、そして内大臣の日記からかれらがやったこと、やろうとしたことの輪郭は浮かび上がる。

高松宮は昭和十八年七月二十三日の日記につぎのように書いた。

「一六〇〇　企画院毛里、西村調査官、航空機増産ニ関スル研究発表（陸海軍ノ分隔ガ最大ノ原因ノ一ツト云ウコト等々）。参本総長、軍令部総長等オ歴々キク（総長官邸）[22]」

参謀本部戦争指導班の種村佐孝《すけたか》は、その翌日の日誌につぎのように記した。

「世界戦争ニ勝チ抜ク為ニモ、船舶損耗対策ノ上カラモ刻下ニ於ケル緊急重要問題ハ航空機ノ画期的大増産ニ在リ、統帥部ノ指導ニ従イ企画院ニ於テ具体的ニ研究シ本年中ニ計画外五割増、来年度ハ計画ノ十割増ヲ目標ニ検討セシ結果　生産機構ノ徹底的改編ヲ断行セバ実現ノ可能性アルコト明ラカトナレルヲ以テ陸海協力シテ企画院ノ計画ヲ実行スベク統帥部トシテ腹を決ス[23]」

さらに九日あとの八月二日の日誌に種村は詳しい説明を記入した。

「本日連絡会議ヲ開キ、明昭和十九年度ハ、航空戦力ノ飛躍的増強ヲ中心トシテ、国家総力ノ徹底的戦力化ヲ強行スルコトヲ主眼トシ、昭和十八年度第四四半期モ、右ニ準ジテ組替ヲ行ウコトノ大方針ヲ決定シタ。

コレハ、サキノ鈴木企画院総裁ノ主催デ、陸海軍務局長以下省部ノ関係者間デ討議シタモノガ漸ク熟シタモノデ、必勝ノ道ハ航空第一主義ニ徹底スルニアリトノ結論ニ到達シタノデアッタ。元来コノ考エハ、企画院ノ毛里氏が半歳ニワタル病気療養中考エヌイタ結論デアリ、鈴木総裁ヲ動カシテコノ気運ヲ醸成シタノデアッタ[24]」

病床にいた昭和十八年五月から六月、毛里は南太平洋の戦場における敵味方の戦力を知り、陸海軍双方にすでに勝利のための確固たる計画をつくりえないことを知った。前にも述べたことだが繰り返そう。

ニューギニアからソロモンの敵軍は二十個師団にのぼり、三千機の航空機の支援を持っていた。こちらはこの地域に一千機を維持できなくなっていたから、制空権は敵の手に移った。経験豊かな熟練のパイロットを失い、若い未熟なパイロットをたちまち失った。こちらが前線の飛行場に飛行機を集めれば、かならず奇襲でやられた。どこを攻撃するかは敵の思うままになっていたから、つねに戦いは多勢に無勢となった。じりじりと敵は前進をつづけていた。

さらに大きな懸念と不安は、年末には攻撃空母と軽空母、合わせて十隻以上、戦艦十数隻の巨大な艦隊が真珠湾から出撃してくることだった。一年前、昭和十七年九月二十日付の朝日新聞が載せた「空母一挙に八十五隻」の第一陣だった。いかに頑張り、どれだけ犠牲を払おうとも、敗北を少しばかり遅らせるだけのことかもしれないと毛里は考えた。

だが、手を上げることができるはずはなかった。どうにかして妥協による戦争の終結を勝ちとらなければならなかった。覚書をまとめあげ、「再起録」と表紙に記した。これが昭和十八年六月のことだった。(25)

もちろん、かれは前年十一月にカサブランカでルーズベルトが日本とドイツにたいする無条件降伏を宣言していたことは承知していた。戦争を交渉によって収束させるためには、渾身の力をふりしぼらねばならなかった。日本の経済と軍事力のすべてを航空機第一主義に向かわせよう、一切の戦争潜在力と全戦力をひとつの目標に集中しなければならないとかれは考えた。

ところで、かれの計画だが、種村佐孝が知ることになったのは、その全計画の半分までだったのではないか。種村が日誌にそれを記した六日あとの八月八日の日曜日の夜、木戸幸一は日記につぎのように書いた。

「正午、有馬伯邸を訪い、迫水・美濃部両氏と昼食を共にし、食後、両君より戦争完遂の観点より統帥部両首脳強化の必要を中心に意見の開陳あり、傾聴に値する部分もありしが、実現には余程熟考を要する問題なり。四時辞去[26]」

かれは祖父、孝允の日記をひろげたことは何度もあったにちがいないが、その感情過多な記述を真似ることなく、かれ自身の日記は無味乾燥だ。自分の考えをつけ加えることはあまりない。「傾聴に値する部分もありしが」と記したのは珍しいことだった。

美濃部と迫水の二人は内大臣になにを説いたのであろう。統帥部を事実上ひとつにしなければならないと言ったのではないか。木戸はなんと答えたのだろう。それから三カ月あとの昭和十八年十一月、木戸が高木惣吉に向かって、「統帥事項は官制上、内大臣は触れることができない」と釘をさしたことがあるのは前に述べた[27]。木戸は美濃部と迫水に向かっても、統帥の問題を私のところに持ち込まないでくれと言ったのであろうか。

言えなかったにちがいない。陸軍・海軍の双方の利害が絡む問題に手をつけ、大きく変えることは事実上不可能だ。不利となるほうが反対だと言えば、それでおしまいだ。どうにもならない。解決の方法は、大元帥である天皇が直接に決定することだ。ところで、天皇はそのための助言を武官長から得ることはできない。内大臣から得るしかない。

迫水と美濃部は木戸に向かって、つぎのように説いたにちがいない。

すべての資源と努力を航空機の生産に集中し、明十九年には五万機をつくる計画を立てます。そのためには、実質的には航空兵器省とでもいうべき軍需省をつくる準備を進めております。そして、太平洋正面に戦力を徹底的に集中しなければなりません。そこで、海軍航空にすべての力を結集し、海軍を空軍としてしまい、創意と指導力を持つ末次信正海軍大将が空軍統帥部を指導できる体制とすることがいまや不可欠であり、この戦争を勝ち抜くためには必要と考えます。

内府の力をお借りしたい。

このように言ったのであろう。

当然ながら、この計画には毛里も加わっていた。陸軍航空のあらかたを海軍に統合してしまう、そして海軍を空軍化してしまわねばならない、海軍省の名称を変える勇気を持たねばならないと海軍省軍務局の幹部にはっぱをかけたのは毛里だったのではないか。

海軍と陸軍のアルミニウムの配分を一対一から二対一にしてしまおうというもうひとつの提案も、末次信正に空軍統帥部を握らせる全計画の必須の一部であり、一挙に解決する腹づもりであり、美濃部、毛里、迫水が考えたことだったのであろう。そして、美濃部と迫水は木戸にこれも説いたのではないか。

「傾聴に値する部分もありしが」と日記に記したとおり、木戸幸一は航空戦力の強化にすべてがかかっていると説く美濃部と迫水の主張に賛成し、その斬新な構想に心をひかれ、すべての資材と人員を海軍航空に投入し、海軍を空軍にしてしまってこそ、日本は不吉な運命から逃れることができると考えたのではないか。

だが、かれはなにもしなかった。陸海軍の空軍を実質的にひとつにして末次を空軍統帥部総長にするという案を天皇の耳に入れることをしなかったのであろう。結局、海軍はアルミニウムの配分を変えようとする案を陸軍に提示するだけになった。もちろん、この問題にしたところで、天皇の直接の指示がなければどうにもなりはしなかった。だが、木戸は天皇に向かって、この問題に口出ししないことが望ましいと助言したことはまちがいない。

こうして、アルミニウムの配分問題は陸海双方の幹部のあいだに悪感情を生みだすだけに終わり、そのさなか昭和十九年二月はじめには、このさき半年は維持できると思われていたマーシャル群島があっという間に敵の手に渡ってしまい、同月十七日と十八日には、連合艦隊の基地であったトラック島がなすすべもなく敵機動部隊の大空襲によって壊滅してしまった。四十隻の艦船と二百機の航空機を失った。敵に与えた損害はとるに足らなかった。

東条英機は統帥部の失態に激怒した。第二のキンメルとなったのは永野修身である。真珠湾の大失態の責任を負わされ、太平洋艦隊司令長官のキンメルは解任された。軍令部総長の永野修身と参謀総長の杉山元に詰め腹を切らせ、自分が参謀総長を兼任し、海軍大臣の嶋田繁太郎が軍令部総長を兼任しようとした。もちろん、陸軍大臣を兼任しているからといって、首相の東条が統帥部の最高責任者のクビを切ることなどできはしない。東条は内大臣に支持を求めた。

美濃部と迫水の提案を握りつぶし、アルミニウムの配分を二対一にしようという海軍の計画にも背を向けた木戸だが、東条の案を支持するのならまずは無難だと判断したのであろう。これへの賛成をお願いしたいと天皇に助言した。

海軍省、軍令部の幹部たちの怒りは鬱積するばかりとなった。太平洋での戦いは思うようにいかず、最大の試練に挑む態勢をつくろうとする計画は陸軍の反対にぶつかってどうにもならず、陸海軍大臣が統帥部長を兼任するといったいい加減なことでごまかされた、こんなことで戦えるかと切歯扼腕した。かれらの鬱憤は東条に協力する軍令部総長兼海軍大臣の嶋田繁太郎に向けられた。五月には、迫水、美濃部は活発に動きだした。

嶋田を退陣させ、米内光政を海軍大臣に、末次信正を軍令部総長にしようとして、海軍長老の岡田啓介をひきだし、仲の悪かった米内と末次の手を握らせることもやった。(28)

嶋田をおろせの声は、東条内閣打倒の声に代わった。内閣の一員の岸信介が倒閣に踏みだしたときには、美濃部は岸と岡田啓介とのあいだの連絡役を買ってでた。

東条内閣は倒れた。だが、末次信正が軍令部総長になることはなかった。天皇の強い拒否の意思があった。ワシントン条約、ロンドン条約に反対し、つねに強硬派、急進的だった末次を天皇は疎ましく思い、アメリカとの戦いがはじまってからも、その考えに変わりはなかったのである。

昭和十九年七月、「平和へ転移」案をつくったが

今年のはじめには、岸信介が主唱した新国民運動にこの三人は期待をかけたが、これも失敗に終わった。

ところで、毛里英於菟がやってきた、もうひとつのことを語っておかねばならないだろう。

海軍を空軍化し、統帥部をひとつにし、太平洋正面にすべての力を注ぐ計画に霞ヶ関の部長や課長がまだ熱心だった昭和十八年十月、毛里はもうひとつ、べつのことをはじめた。かれは参謀本部の戦争指導班の松谷誠、橋本正勝、種村佐孝と断続的に話し合う

ようになった[29]。そして毛里が最後の切り札と考えた海軍を空軍に衣替えしようという計画が思うにまかせぬことになって、かれはこのもうひとつの計画に希望と可能性を賭けるようになった。どのようにしてこの戦いを「平和へ転移」するかということだった。

現在、陸軍省の軍務課と合併してしまったが、その戦争指導班こそ戦争の終結を論じることのできる陸軍でただひとつの部署だった。三、四人のそこの班員のコンセンサスをつくることができれば、参謀次長を、参謀総長を、そして陸軍を動かすことができ、要するに日本の方向を決めることができると毛里は考えたのである。

かれはまた、「戦後経営」といった言葉を使って、敗戦のあとの日本の国際的地位と政治、経済政策をかれらと語り合いもした。

昨年六月の中旬、海軍の「あ号作戦」が失敗に終わり、連合艦隊が事実上壊滅した直後、戦争指導班長の松谷誠は重大な決意をした。毛里と検討した「平和へ転移」案を昭和二十年の春に実施に移す用意をしなければならないとする戦争指導方策を書きあげた。

七月一日、参謀総長を兼任していた東条英機はこれに目を通した。「政略攻勢」によって「戦争ノ決ヲ求メザルヲエズ」と述べてあり、「此ノ際ノ条件ハ唯国体護持アルノミ」とし、「政略攻勢」の対象は「先ズソ連ニ指向スルヲ可トス」とあった[30]。

「ソ連ニ指向」して、「戦争ノ決ヲ求メザルヲエズ」という戦争終結案は、それから十カ月のち、この五月十四日の最高戦争指導会議で、外務大臣の東郷茂徳が説いたことと同じである。だが、陸軍大臣の阿南惟幾がまだ日本の占領地は広大なのだと頑張って、それを討議することに反対し、お蔵入りとなったことは前に記した。(31)

昨年六月末に松谷誠が戦争指導方策に載せた「唯国体護持アルノミ」という降伏の条件は、すべての帝国主義的な野心、植民地の全資産は言うにおよばず、名誉と生存に必要な資源までも捨てるほかはないとかれと毛里英於菟が覚悟を決めてつくったのだった。そして現在、敗北は不可避と思うようになった人たちが、皇室の安泰だけを条件にして降伏するのもいたしかたないと、毛里や松谷と同じような考えを抱くようになっている。

五月十四日の最高戦争指導会議で、対米英の講和条件を討議しなければならないと東郷茂徳が言ったとき、会議構成員六人の脳裏に浮かんだのも、「此ノ際ノ条件ハ唯国体護持アルノミ」であったにちがいない。だが、これを口にした者はいなかった。

ところで、十カ月も前に、参謀本部戦争指導班の班長が首相兼参謀総長に戦争の終結を提案していたこと、そのためのただひとつの条件を提示していたこと、こうしたことのすべてを東郷茂徳が知っていたら、かれは陸軍大臣や参謀総長に遠慮することなく、「唯国体護持アルノミ」とはっきり言ってしまったにちがいない。会議の雰囲気はどう変わったであろう。阿南惟幾は日本の占領地はまだ多いのだと見得を切ったであろうか。梅津美治郎、鈴木貫太郎はなんと言ったであろう。

昨年の七月一日のことに戻れば、「唯国体護持アルノミ」という戦争終結案に目を通した東条英機は、高級次長の後宮淳《うしろくじゅん》と協議した。東条がなんと言ったのかはわからない。前に述べたことだが、中央公論と改造の両出版社に自主廃業を命じたのは、この九日あとの七月十日のことだった[32]。手は震えていない、遅疑逡巡なんかしていないというところを東条は支持者と政敵の双方にみせようとしたのだが、七月一日にかれが考えたことも、まったく同じだったにちがいない。

松谷・毛里の案に曖昧な態度をみせることで、参謀本部と陸軍省の部下たちに大臣兼任の参謀総長の戦争継続の信念は揺れていると思われてはならなかったし、政治的決断を求めている戦争指導方策の内容を聞き知っているかもしれない近衛や岡田啓介に見くびられてはならなかった。そしてもうひとつ、下手に騒ぎ立てれば、東条のお膝元に敗戦主義者がいるといった噂がひろがることになるだけだ、こんな具合に東条は考えたのであろう。

かれは戦争指導班長をただちに外へだせと後宮に告げたのであろう。一日おいて、七月三日、松谷誠は支那派遣軍への転任を命じられた。松谷の案はお蔵入りとなった。

それから九カ月あとのことだった。来月六日の最高戦争指導会議に提出される予定の基本大綱案をこの四月につくったとき、次長の河辺虎四郎に削られはしたものの、「ソ連ヲ通ジテ戦争終末ヲ図ル」という文言を入れたのは、松谷のあとの戦争指導班長の種村佐孝であった。

もちろん、種村はこれが理由で支那派遣軍へ飛ばされたりはしなかった。松谷にしても、とっくに東京に戻っている。

前に述べたことを繰り返すことになるが[33]、松谷のことを語っておこう。昨年七月十八日に東条内閣は倒れた。東条のあとを継いだ陸軍大臣の杉山元は、十月一日に、松谷誠を自分の秘書官とした。松谷は一カ月の赴任延期の許可を得て十一月に東京に帰任した。杉山のねらいは、自分が心の底でなにを望み、なにを考えているのかを、松谷を登用することによって、宮廷高官と外務省首脳、自分の部下の次官や局長たちに告げようとしたのである。陸軍大臣が杉山から阿南に替わり、松谷は陸軍から派遣されて、この四月二十五日から総理大臣秘書官である。

そして毛里英於菟が現在、どのように考えているのかはこのさきで語る機会があろう。

はじめに戻る。今日、五月三十日、迫水、美濃部、毛里が、「物的国力ノ今後ノ見通シ」の検討をはじめようとしたとき、かれらがあらためて思いだすのは、すでに語ったとおり、昭和十六年十一月はじめの自分たちのとりかえしのつかない失敗だったはずだ。アメリカが莫大な量の軍需品を生産できるという事実に目をつぶり、アメリカの軍事戦略もこちらのわずかな軍需品を基礎にしてつくられた攻撃、防御の方法と変わりはないと判断し、少々の希望を加味した鉄鋼やアルミニウムの生産目標を並べて、これで戦いに負けることはないと考えたのだった。

じつを言えば、現在でも、人びとの考えることは昭和十六年十一月はじめとさほど変わっていない。水増しをした飛行機の生産努力目標を掲げることで、まだこれだけつくることができるのだ、敵に一泡吹かすことだってできると思おうとし、鉄鋼の生産確保目標を並べることで、まだなんとか戦うことができるのだと自分に言い聞かせることにもなっている。

事実だけを語ることにしよう、せいぜい一カ月、二カ月さき、七月、八月までを予測するにとどめようということで、三人の考えは一致したのであろう。

食糧、鉄鋼のことがよくわかっている者を明日三十一日、明後日、六月一日に呼ぶことにする。さっそく、だれにするかを人選しよう。こう決まった。

そして、これまでの報告書に載せたことはないが、現在、国民がなにを考えているのか、なにを望んでいるのか、「民心ノ動向」を載せることは絶対に必要だ、宮廷、首相、陸海軍の首脳に読んでもらわねばならない、これをつけ加えることにしようとだれかが言い、これも決まった。

長官の秋永月三に報告すると言って迫水は立ちあがったのである。

（第8巻、了）

引用出典及び註

(1)特に重要と思われるものについてのみ出典を明記した。
(2)引用中の旧仮名は新仮名に改めた。また読みやすさを考慮し、表記を改めたり、言葉を補ったりした場合がある。
(3)「木戸幸一日記」「天羽英二日記」等、文中にて出典がわかるものは、特に出典を明記しなかった場合がある。
(4)同一資料が二度以上出てくる場合は、発行所及び発行年度は初出時に記載するにとどめた。

第23章　火のなかで、焼け跡で、人びとはなにを考えるのか

(1)石内展行「砧緑地」郷学舎　昭和五六年　五二頁
(2)「昭和二十年　第2巻」二九三頁
(3)「昭和二十年　第7巻」四五頁
(4)「富山県史　史料編7　近代」富山県　昭和五七年　一四七一頁
(5)「昭和二十年　第2巻」二九〇頁
(6)「皇宮警察史」皇宮警察史編さん委員会　昭和五一年　六七〇頁
(7)重光葵「重光葵手記」中央公論社　昭和六一年　四九八頁
(8)「近衛の思いで」恵那地区近衛会　昭和五七年　一二六六頁
(9)絵内正久「さらば昭和の近衛兵」光人社　平成四年　一四四頁

(10)「近衛歩兵第一連隊史」全国近歩一会　昭和六一年　七九一頁
(11)筧素彦「今上天皇と母君貞明皇后」日本教文社　昭和六二年　一九頁
(12)迫水久常「機関銃下の首相官邸─2・26事件から終戦まで」恒文社　昭和三九年　一六六頁
(13)下村海南「終戦記」鎌倉文庫　昭和二三年　三五─三六頁
(14)「松平恒雄追想録」松平恒雄氏追憶会　昭和三六年　一四七頁
(15)「皇宮警察史」昭和五一年　六七三頁
(16)村上兵衛「近衛連隊旗」秋田書店　昭和四二年　二七一頁
(17)「田尻愛義回想録　半生を賭けた中国外交の記録」原書房　昭和五二年　一二三頁
(18)「昭和二十年　第7巻」一四四頁
(19)大蔵省財政金融研究所財政室「大蔵省史　第二巻」大蔵財務協会　平成一〇年　三一二頁
(20)倭島英二氏からの直話。
(21)武見太郎「武見太郎回想録」日本経済新聞社　昭和四三年　一六九─一七一頁
(22)エルヴィン・ヴィッケルト　佐藤真知子訳「戦時下のドイツ大使館　ある駐日外交官の証言」中央公論社　平成一〇年　一七五─一八〇頁
(23)〈ひとり〉「網野菊全集　第3巻」講談社　昭和四四年　二九六─二九七頁
(24)「昭和二十年　第3巻」一七頁
(25)「昭和二十年　第3巻」一七頁
(26)「帝国ホテル百年史　1890~1990」株式会社帝国ホテル　平成二年　四四四─四四五頁
(27)「志賀直哉全集　第十七巻」岩波書店　昭和三一年　二二二─二二三頁
(28)小山久二郎「ひとつの時代」六興出版　昭和五七年　一七三頁

(29) 志賀直哉はこの別荘を持っていたことからの不安感も、手放したことでの安堵の気持ちも記していない。脇村義太郎氏の回想をつぎに引用する。

「岩崎小弥太さんは、戦争は一時のことだ、戦争が終わったときに必ずアメリカは帰ってくるのだから、われわれは敵産の処分はいっさいしないと言って、アメリカのタイドウォーターが持っていた三菱石油株を信託したままでおいた。そうしたら、戦争がすんで外国石油会社はすぐ帰ったでしょう、三菱石油では株式は信託してありますのでお返しします、配当も積み立ててあります、と出た。……

敵産だといって、政府はすべてを処分しているが、ひどいのは、アメリカ人の残していった横浜根岸あたりの建物や軽井沢の外人別荘を押さえて競売にした。外務省の役人のうちにも買った人がいました。そこに終戦まで住んでいたのです。敵産処理は無効となり、没収です。その点は岩崎小弥太という人は偉いです。……」（脇村義太郎「二十一世紀を望んで　続回想九十年」岩波書店　平成五年　五五―五六頁）

(30)「志賀直哉全集　第十七巻」二二六頁

(31)「大佛次郎　敗戦日記」草思社　平成七年　二二七頁

(32)「志賀直哉全集　第十七巻」二二七―二二九頁

(33) 鶴川国民学校の学校日誌、七月二十五日の項につぎのような記述がある。

「児童九時登校　柿の葉採集のため教育局長外五名学校視察の為来校……わかもと会社より数名出張し、校庭にて作業をなす。（柿の葉よりビタミンCを採る）」東京都町田市教育委員会「町田市教育史　上巻」昭和六三年　四五〇頁

(34)「昭和二十年　第8巻」九頁

(35)「東京大空襲時における消防隊の活躍」（大越一二編　警察消防通信社　昭和三二年　三七七頁）

によれば、死者三二四二人、傷者一万三七〇六人とある。
(36) アメリカ側は「敵機を十九機撃墜、四機撃破」と述べている（小山仁示訳「米軍資料　日本空襲の全容　マリアナ基地B29部隊」東方出版社　平成七年　一三一頁）
(37) 上原正稔訳編「沖縄戦アメリカ戦時記録」三一書房　昭和六一年　二〇〇頁
(38) 「昭和二十年　第6巻」三七八頁
(39) 清沢綾子「亡夫清沢洌の百ヵ日に際して」昭和二〇年　一四頁
(40) 石橋湛山「湛山日記」石橋湛山記念財団　昭和四九年　二五頁
(41) 藤山楢一「一青年外交官の太平洋戦争」新潮社　平成一年　一六頁
(42) 井沢弘　斎藤晌　斎藤忠　野村重臣ほか〈「大東亜戦争完遂のために」座談会〉「文藝春秋」昭和一七年一月号　七四―七六頁
(43) 徳富蘇峰　中野正剛〈此一戦〉「公論」昭和一七年一月号　一一五頁
(44) 清沢洌「外政家としての大久保利通」中央公論社　中公文庫　平成五年　序一三頁
(45) 清沢洌「日本外交史」東洋経済新報社　昭和一七年　六二二頁
(46) 「昭和二十年　第8巻」一七七―二一〇頁
(47) 「最近の蘇峰先生」蘇峰会　昭和一七年　三一―三三頁
(48) 徳富猪一郎「近世日本国民史　87　征韓論前編」近世日本国民史刊行会　時事通信社出版局　昭和三六年　三六四、三六六頁
(49) 徳富蘇峰「皇国日本の大道」明治書院　昭和一六年　二五一―二五二頁
(50) 清沢洌「暗黒日記　昭和17年12月9日―昭和20年5月5日」評論社　昭和五四年　五六四頁
(51) 篠原一ほか編「岡義武　ロンドン日記　１９３６―１９３７」岩波書店　平成九年　三五五頁
(52) 篠原一ほか編「岡義武　ロンドン日記　１９３６―１９３７」一三五頁

(53)清沢綾子「亡夫清沢洌の百ヵ日に際して」一六頁
(54)「日本橋消防署百年史」昭和五六年　二〇六頁
(55)「東京大空襲時における消防隊の活躍」二八七頁
(56)「読売新聞八十年史」読売新聞社　昭和三〇年　四六九頁
(57)「読売新聞八十年史」三九四頁
(58)「松屋百年史」株式会社松屋　昭和四四年　二六〇頁
(59)「松屋百年史」二五八頁
(60)「読売新聞１００年史」読売新聞社　昭和五一年　四七〇頁
(61)千葉乗隆編「新修築地別院史」本願寺築地別院　昭和六〇年　五六〇頁
(62)矢部貞治「矢部貞治日記　銀杏の巻」読売新聞社　昭和四九年　八〇二頁
(63)「昭和二十年　第7巻」一二三頁
(64)「松竹百年史　演劇資料」松竹株式会社　平成八年　六四七頁
(65)清沢洌「暗黒日記」五四一頁
(66)「昭和二十年　第3巻」二九頁
(67)下村海南「終戦記」四一頁
(68)宇垣一成「宇垣日記3」みすず書房　昭和四六年　一五六三頁
(69)「真崎甚三郎日記　昭和十八年五月―昭和二十年十二月」山川出版社　昭和六二年　二九四頁
(70)「昭和二十年　第2巻」一八九頁
(71)「昭和二十年　第1巻」一三三頁、「昭和二十年　第2巻」一九三頁を見よ。
(72)「大本営陸軍部戦争指導班　機密戦争日誌　下」防衛研究所図書館所蔵　錦正社　平成一〇年　六五六頁

(73) 高木惣吉「高木海軍少将覚え書」毎日新聞社　昭和五四年　一二六頁
(74) 高木惣吉「高木海軍少将覚え書」一三六頁
(75) 高木惣吉「高木海軍少将覚え書」一五二頁
(76) 防衛庁防衛研修所戦史室「戦史叢書　大本営陸軍部⑽」朝雲新聞社　昭和五〇年　七四頁
(77) 大木操「大木日記――終戦時の帝国議会」朝日新聞社　昭和四四年　二三四頁
(78) 野村実「天皇・伏見宮と日本海軍」文藝春秋　昭和六三年　二八七頁
(79) 木戸幸一「木戸幸一日記　下巻」東京大学出版会　昭和四一年　一一七五―一一七六頁
(80) 重光葵「重光葵手記」中央公論社　昭和六一年　四四三頁
(81) 「昭和二十年　第4巻」三〇一頁
(82) 「戦史叢書　大本営陸軍部⑽」一五一頁
(83) 「昭和二十年　第3巻」二〇四頁
(84) 「昭和二十年　第6巻」七一頁
(85) 参謀本部所蔵「敗戦の記録」原書房　昭和四二年　三四一頁
(86) 阿川弘之「米内光政」新潮文庫　昭和五七年　四三六―四三九頁
(87) 五月二十六日午後四時二十分の大本営の発表は「撃墜四十七機の外相当機数に損害を与えたり」というものだった。アメリカ側が認めたB29の損失機数は二十六機である。この程度の差はしかたがないとして、大本営発表の大きな嘘は、本文中でも述べたとおり、来襲機数を二百五十機としたことであろう。

第24章　横浜大空襲

(1)〈蒔田尋常小学校教師の手記〉「田村泰治郎史論集　郷土横浜を拓く」平成九年　二三四頁
(2)「横浜市人口の歩み」横浜市　昭和四三年　第三編一五頁に「昭和19年から20年4月に至る間に130657人が疎開しており」とある。
(3) 空中爆雷については、「昭和二十年　第4巻」三四四—三五五頁に詳しい。
(4) 桜井昌也〈タロワ基地七五五空日記抄〉「五分前の青春　第九期海軍短期現役士官の記録」海軍主計九期会　昭和五四年　三七一頁
(5) 秦郁彦〈シャングリラからの贈物〉「航空情報」昭和五一年三月号　一一八頁
(6) 前田武彦〈鰹船奮闘す　第二監視艇隊〉「五分前の青春　第九期海軍短期現役士官の記録」二一五—二二九頁
(7) 中村東喜〈川も家もススキも泣いた〉「あなた精一杯やってきましたよ　続」神奈川県民生部　昭和五七年　四六—四八頁
(8) 近藤重農夫〈森永と大庭のこと〉「士交会の仲間たち」士交会の本刊行委員会（海軍主計科短現十一期）平成一年　八一頁
(9) 神奈川県議会事務局「神奈川縣會史　第六巻」神奈川県議会　昭和三四年　四七二頁
(10)「横浜貿易新報」昭和一四年一一月一五日
(11)「横浜貿易新報」昭和一五年四月二五日
(12) 神奈川県警察史編さん委員会「神奈川県警察史　中巻」神奈川県警察本部　昭和四七年　三五〇頁
(13) どういうわけか、横浜事件を平沼騏一郎と近衛文麿との争いに結びつける人びとがいる。海野普吉氏はそのひとりである。かれはこの陰謀理論を繰り返し語ってきた。

そのひとつを挙げよう。

日本評論社で刊行している「法律時報」昭和四三年六月号に「ある弁護士の歩み」と題して、潮見俊隆氏と松井康浩氏の質問に答えている。

海野氏は二十数年前の出来事をごちゃまぜに記憶しているようであった。

風見章を昭和塾の主宰者だと言い、つぎのように述べた。

「横浜の特高は内務省にこれを報告しました。唐沢俊樹次官は、これは重大問題だ、場合によったならば近衛勢力を打倒できるかもしれぬというふうに考えた。なぜ彼がそれほどに考えたかということには、一つ問題があります。当時隠然たる勢力を持ってきたのが平沼騏一郎と彼を中心とした国本社という団体です。……

ところが、平沼の勢力がだんだん重きをなしてきて、いまにも平沼内閣ができるかもしれぬという状況になってきました。そこで唐沢は国本社に近寄らなければ大臣になれないと考えたのでしょう。国本社の仲間に入るには、まず功をたてなければならぬ。そこで風見章を失脚させ、近衛勢力を打倒して入っていけば、歓迎してくれるだろうと思ったので、横浜の特高に対して非常な圧力をかけたわけです。そのため、横浜事件の被告諸君は、なぐる、蹴るの実に残酷な扱いをされることになりました。……」

黒田秀俊氏も同様だ。昭和五十年に発刊された「横浜事件」のなかで、黒田氏は横浜事件の背後には近衛と平沼の争いがあったのだと主張している。なお、黒田氏は昭和十八年から中央公論社が廃業に追い込まれるまで、「中央公論」の編集長だった。

この機会に近衛文麿と平沼騏一郎の関係について簡単に述べておこう。

昭和五、六年、平沼騏一郎は右派勢力と組むことで政権を握ろうとして、それができないと気づき、かれらを見捨て、近衛に接近した。こうして平沼は近衛のあとの首相になった。そして昭和十五年末に近衛が革新勢力を見捨てたときには、革新派嫌いの平沼を登用して、その後始末を任せもした。

平沼は近衛の協力者だった。たしかにこの二人の関係がよくなかったときがある。それは昭和二十年の春のことだ。その年の三月、近衛が平沼にたいする不満を部下たちに語り、「自己本位の野心家」と語った。二月七日の上奏の機会に、平沼が天皇に向かって、皇道派の将官の起用を言上すると近衛は大きな期待をかけていたにもかかわらず、平沼はそのことに触れるどころか、前にも述べたとおり、食糧生産を第一義としなければならない、煙草や桑の栽培をやめねばならないなどと愚劣な奏上をしたと知って近衛は激しく怒り、そのような発言となったのである。

近衛の計画に平沼が協力しなかったことについては、「昭和二十年　第3巻」二二〇頁を参照されたい。

また天皇も平沼が語った内容に不快だったであろうことは、これも前に触れた。「昭和二十年　第2巻」三二九頁を参照されたい。

(14) 井堀清三郎〈山下町覚え書〉「若き日の思い出」旧郵会　昭和四八年　三四六—三五三頁
(15) 伊沢多喜男〈軽井沢山荘縦横談〉「追想近藤壌太郎」近藤壌太郎編集委員会　昭和五五年　八三頁
(16) 梶井剛追悼事業委員会「梶井剛遺稿集」昭和五四年　二三五頁
(17) 「滋賀県史　昭和編」滋賀県史編纂委員会　昭和五一年　一一二頁
(18) 黒田秀俊「横浜事件」学芸書林　昭和五〇年　一三一頁
(19) 鈴木重信〈近藤壌太郎——その人と生涯〉「追想近藤壌太郎」四四頁

(20)田中宇一郎〈島崎藤村先生を大磯に葬るの記〉「むらさき」昭和一八年一〇月号　四四頁

(21)のちに、山本実彦氏は、地福寺での葬儀で近藤知事に挨拶をしなかったことが、近藤氏の機嫌を損じ、改造、中央公論問題に影響を与えたのではないかと考えるようになったようである。
黒田秀俊「血ぬられた言論」学風書院　昭和二六年　二〇三―二〇四頁をつぎに引用しておこう。

「故島崎藤村氏の記念碑の除幕式が大磯で行われたとき、嶋中氏も山本実彦氏もともに式に加わったが、両氏とも近藤知事の近くに席を占めながら適当に紹介するものがなかったので、終わりまで挨拶しなかったそうである。中央公論、改造の社長ともあろうものが、一介の地方官にすすんで挨拶をおくる必要はないわけだが、なにしろ軍閥、官僚全盛の時代だったから、いまをときめく知事閣下に礼を欠いたことは、いたく近藤氏の感情を刺激したらしく、中央公論、改造問題の取扱いのうえに、不利に働いた形跡があると、これは山本実彦氏がのちにわたしに語ってくれた話である。嶋中氏は、これについて、

『君たちも知ってのとおり、あのころの役人の権力というものはすばらしいものだったから、近くの席にいたものは、みんな知事に挨拶をしていたよ。ぼくは、あいにく周囲に紹介の労をとる人もいなかったし、そうかといって、求めて挨拶するほどの気持もなかったのでそのままでいたが、あるいは生意気な奴だ位におもわれたかもしれないね。近藤氏はたしかに横浜事件に積極的に関与したらしいが、しかし、挨拶しなかったことを根にもって、そのためにどうこうということはなかっただろう』

と感想を洩らしていた。

わたしは、すすんで挨拶をおくらなかったくらいのことが、それほど知事の感情を刺激し、生意気なやつだとおもわれたり、ひいては社の存廃の問題にまでひびいたりすることはなかっ

たであろうと考え、山本、嶋中両氏とも、すこし大げさに考えすぎているように感じていたが、最近、風見章氏の『近衛内閣』を読むにおよんで、やはり、そういうこともありうるかもしれないとおもうようになった」

風見章氏はその本のなかで、昭和十六年に東条英機首相が翼賛会の総裁となったとき、司会者が「敬礼」と叫び、緒方竹虎ただひとりを除いて、総務の政治家たちのすべてが一斉に敬礼したことを書いていたのである。

黒田氏はつづける。

「まるでお伽話である。ところが、こんなお伽話が現実に存在しえた時代だったから、嶋中、山本両氏の場合にしても、挨拶を欠いたことが、あるいは知事の神経を刺激しなかったとはいえぬかもしれぬ」

(22) 浅利春次〈高士近藤さん〉「追想近藤壌太郎」七六頁
(23) 清沢洌「暗黒日記」三五四頁
(24) 高野静子「続　蘇峰とその時代」徳富蘇峰記念館　平成一〇年　二四〇―二四一頁
(25) 高嶋雄三郎〈黒田秀俊氏と私〉黒田秀俊「血ぬられた言論」二九六頁
(26) 黒田秀俊「血ぬられた言論」二〇八頁
(27) 清沢洌「暗黒日記」三六二頁
(28) 細川護貞「細川日記」中央公論社　昭和五八年　二九七頁
(29) 「昭和二十年　第7巻」三六五頁
(30) 美作太郎　藤田親昌　渡辺潔「横浜事件」日本エディタースクール出版部　昭和五二年　二〇四―二〇七頁
(31) 今井清一「大空襲5月29日――第二次大戦と横浜」有隣新書　昭和五六年　一一四―一一五頁

(32) 小山仁示訳「米軍資料　日本空襲の全容　マリアナ基地B29部隊」一三一頁
(33) 横浜の空襲を記録する会「横浜の空襲と戦災4―外国資料編」横浜市　昭和五二年　一〇四頁
(34) 今井清一「大空襲5月29日―第二次大戦と横浜」一五二頁
(35)「大空襲5月29日―第二次大戦と横浜」の一一四頁に、「川崎の場合には直径四〇〇〇フィート（一・二キロ）の円のなかに焼夷弾・爆弾の少なくとも半分以上が集中し、この地域が壊滅するように計画されていた」と述べ、横浜も同じ攻撃方法だったにちがいないと述べているが、横浜市にたいする空襲においても、「四〇〇〇フィート」としていることは、「横浜の空襲と戦災4」一〇三頁にアメリカ側の記述がある。なお、「直径四〇〇〇フィート」ではなく、「半径四〇〇〇フィート」であろう。
(36) 山田直勝〈終戦の日前後の思い出〉「神奈川の気象百年」横浜地方気象台　平成八年　三一―三二頁
(37)「毎日新聞」平成七年八月二〇日
(38) 震災前にも同じ地所にマンレーの邸があったことは、谷崎潤一郎が「左の方には又もう一すぢ坂路があり、登りつめた所にマンレーさんの立派な二階造りが見え、西に向かった崖縁へさしだされている藤棚が見えた」と「港の人々」のなかに記している。大震災前の思い出だ。これが昭和十五年に故国へ帰ったマンレー夫妻が住んでいた山手の最初の邸なのであろうか。
(39)「幣原喜重郎」幣原平和財団　昭和三〇年　五一七頁
(40)「昭和二十年　第1巻」八七頁
(41) 楢橋渡「激流に棹さして」翼書院　昭和四三年　五〇頁
(42)「おかわいそうに　東京捕虜収容所の英兵記録」ルイス・ブッシュ　文藝春秋新社　昭和三一

年　二五一—二六九頁
(43) 寺田透「わが横浜」河出書房新社　昭和五三年　〈わが罹災記〉〈四十四年前のこと〉〈大震災の記憶〉〈横浜空襲〉から
(44)「横浜貿易新報」昭和一五年一月四日
(45)「横浜貿易新報」昭和一五年一月六日
(46) 第三照準点と第五照準点に投下した爆弾は、すべてがM69焼夷弾ではなかったが、M69焼夷弾とすれば、B29一機はこの小型焼夷弾三十八本を集束したE46集束焼夷弾を三十五個搭載したのであろう。M69焼夷弾、千三百三十本となる。百九十機の投下数は二十五万二千七百本となる。
(47)「みまもるふるさと　創立40周年記念」蒔田小学校PTA　平成三年
(48) 森口武男・佐藤豪一〈スロープが珍しかった〉「昭和を生き抜いた学舎　横浜震災復興小学校」横浜市建設局学校建設課　昭和六〇年　一二三頁
(49)〈横浜山手女学院の記録〉「横浜の空襲と戦災　3」横浜市　横浜の空襲を記録する会　昭和五〇年　五三四頁
(50) 榎本邦一〈私の海軍履歴抄〉「回想のネーヴィーライフ　第三期短期現役海軍主計士官文集」六八会　昭和五六年　一八八頁
(51)〈蒔田尋常小学校教師の手記〉「田村泰治郎史論集　郷土横浜を拓く」二三四—二七二頁
横浜市南区共進町にお住まいの南信一郎氏のご教示。
(52) 金沢誠ほか編「華族——明治百年の側面史」北洋社　昭和五三年　一二八頁
(53)「木戸幸一関係文書」木戸幸一日記研究会　東京大学出版会　昭和五一年　一二八—一二九頁
(54)「昭和二十年　第2巻」五〇頁

(55) 大木操「大木日記」三一二頁
(56)「昭和二十年　第2巻」八―一二頁
(57) 北脇信夫〈海軍時代の思い出〉「二年現役第五期　海軍主計科士官戦記」墨水会　昭和四五年
一六二―一七一頁
(58)「昭和二十年　第4巻」三一一―三一三頁
(59)「昭和二十年　第4巻」三二五頁
(60)「大佛次郎　敗戦日記」草思社　平成七年　二〇七頁
(61)「野上彌生子全集　第Ⅱ期第九巻」岩波書店　昭和六二年　四八頁
(62)「昭和二十年　第2巻」八七頁
(63)「昭和二十年　第3巻」二二九頁
(64)「昭和二十年　第4巻」一五七―一六八頁
(65)「昭和二十年　第4巻」一五七頁
(66)「昭和二十年　第4巻」一七四頁
(67) 山本啓志郎〈回想　最後の海軍大臣　米内光政大将（二）〉「水交」昭和六〇年七月号　一八頁
なお、杉本健「海軍の昭和史　提督と新聞記者」文藝春秋　昭和六五年　三六四頁を見よ。
(68) 阿川弘之「米内光政」四二〇頁
(69)「昭和二十年　第4巻」三五〇頁
(70) 谷村裕「大蔵属、月給七拾五圓――私の履歴書」日本経済新聞社　平成二年　四一頁
(71) 松本正久〈東京・サイパン・テニアン〉「破竹　海軍経理学校第八期補修学生の記録」破竹会
昭和四七年　六四九頁
(72)「石渡荘太郎」石渡荘太郎伝記編纂会　昭和二九年　四二三頁

(73)「昭和二十年　第1巻」二〇五頁
(74)念のために述べておこう。「高木惣吉　日記と情報　下」（みすず書房　平成一二年　六九九頁）の昭和十八年十一月十九日の日記には、高木氏が記した「木戸内大臣談要旨」が載っている。このなかに本文で述べたくだり、航空一元化の問題を高木氏が内大臣に説き、陛下に言上してもらいたいと言い、内大臣がそうした問題に私は関与できないと答えたというようなことは記されていない。
　だが、私はこのような問答が当然あったと考えている。そして高木氏はこれを文字に残さなかったのだと理解している。
(75)高木惣吉「自伝的日本海軍始末記」光人社　昭和四六年　二三五頁
(76)渡辺幾治郎「明治天皇と輔弼の人々」千倉書房　昭和一一年　一八六頁
(77)山県元帥・大山元帥〈大本営条例の改正及軍事参議院条例制定に関する奏議〉「山県有朋意見書」原書房　昭和四一年　二六九頁
(78)松村英逸「大本営発表」日本週報社　昭和二七年　一六二頁
(79)本庄繁「本庄日記」原書房　昭和四二年　二二四頁
(80)「昭和二十年　第2巻」八一頁
(81)野村直邦については、「昭和二十年　第6巻」一〇二　一五四　二七二―二七三　二一〇　二二八―二三〇　二三六　二六八頁を見られたい。
(82)野村直邦「潜艦U・511号の運命」読売新聞社　昭和三一年　一九三頁
(83)「戦史叢書　大本営陸軍部大東亜戦争開戦経緯(4)」昭和四七年　一九一頁
(84)「戦史叢書　大本営陸軍部大東亜戦争開戦経緯(4)」二〇〇頁
(85)「戦史叢書　大本営陸軍部大東亜戦争開戦経緯(4)」二七九頁

(86) 永井八津次〈松岡外交と三国同盟の悲劇〉「昭和陸軍秘史」番町書房　昭和四三年　一一三二頁
(87) 大山岩雄〈日本敗戦史の一断面〉「時流を超えて――大山岩雄追悼文集」大山岩雄追悼文集刊行会　昭和四三年　二〇六頁
(88) 「昭和二十年　第4巻」二七六―二八五頁を見よ。
(89) 「木戸幸一日記　下巻」九二八頁
「高松宮日記　第三巻」（中央公論社　平成七年）には、これについての記述はない。その巻の後記に阿川弘之氏はつぎのように述べている。

「昭和十六年十一月十四日から三十日までの十七日間、御日記の記述が無い。開戦の最終決定が下される重大時期に該当しており、陛下が近衛、米内、岡田、若槻ら重臣八人の意見を聴取されるのは二十九日、高松宮が参内し、海軍は戦争遂行に不安あり出来れば日米戦争を避けたい意向と言上されるのが三十日である。編集会議の席上、何故この部分が欠落しているのか、誰かの手で機微にわたる記述が抹殺されたのではないかとの疑問が出た。よって、第十分冊第十一分冊の日記原本にあたり、再確認作業を行ったが、抹消の跡も後年原本から切り取った痕跡も、全く見あたらなかった。要するに、事由は不明なるも、この年十一月の御日記は十三日で打ち切られ、以後二週間余、書かれていないのである」
(90) 野村実「天皇・伏見宮と日本海軍」二一二―二一三頁
(91) 「横浜市立蒔田尋常小学校・昭和二十年五月二十九日戦災記録」二三四―二七二頁
(92) 「国鉄の空襲被害記録」国鉄の空襲被害記録刊行会編纂　昭和五一年　八七頁
(93) 「昭和十年国勢調査　横浜市ノ世帯及人口」横浜市役所　昭和一一年　一六―一七頁
(94) 八子健二〈皇城防空記〉編集　近歩一聯隊史刊行委員会「近衛歩兵第一聯隊歴史」全国近歩一会　昭和六一年　七九六頁

(95) 小野貞・気賀すみ子「横浜事件・妻と妹の手記」高文研 昭和六二年 一一〇頁
(96)「東京芝浦電気85年史」東京芝浦電気株式会社 昭和三八年 二〇一頁
(97) 高橋作蔵〈追想〉「遥かなりきクサイエ島 南洋第二支隊回想録」中日新聞本社 昭和五五年 三二〇頁
(98) 土屋太郎「籠城六〇〇日」近代文芸社 平成七年 七五頁
(99)「昭和二十年 第1巻」二二一—三二一頁
(100) 桑江良逢〈桑江中隊の記録〉「メレヨン島生と死の記録」朝日新聞社 昭和四一年 二〇二—二〇六頁
(101) 食糧配給公団「食糧配給公団史料」昭和二六年 四頁
(102) 遠藤至道「補天石—横浜震誌」水月道場 大正一三年 三三三頁
(103) 寺田透「わが横浜」〈わが罹災記〉〈四十四年前のこと〉〈大震災の記憶〉〈横浜空襲〉から
(104) 目標の横浜市を爆撃したのは四百五十四機だったのだという（小山仁示訳「米軍資料 日本空襲の全容 マリアナ基地B29部隊」一三三頁）。
東神奈川駅界隈の町に焼夷弾を投下するはずの一つの編隊が、品川上空に向かってしまったものがある。十機の編隊が高浜町と高輪町の家を何軒か焼き、品川駅構内の信号所を燃やした。九時五十分のことである（「国鉄の空襲被害記録」八五頁）。

一編隊がよそを爆撃したのはこれだけだが、一機がよそを爆撃したのはいくつもある。浜松は午前九時一分と九時五十六分にそれぞれ一機の空襲を受けた。百十軒が焼かれ、死者一人をだした（静岡新聞社編「大空襲 郷土燃ゆ 静岡県戦災の記録」静岡新聞社 昭和五〇年 二四二頁）。

平輪一郎氏は品川を爆撃した十機も数えたであろうから、それを差し引けば横浜を襲ったのは四百五十七機だった。アメリカ軍の発表数字より三機多かったが、あるいは平輪氏の数字の方が正しかったのかもしれない。

(105) 平輪一郎〈平塚二二日・空腹の記〉「麻炎人―われら学徒動員時代」茨城県立麻生中学校昭和十七年入学生記念誌編集委員会　平成七年　一一六頁

(106) 島木健作「扇谷日記」文化評論社　昭和二二年　一四九―一五〇頁

(107) 横浜の空襲を記録する会「調査概報　第五集」横浜市　昭和五一年　四八頁

第25章　迫水、毛里、美濃部がやってきたこと、やろうとしたこと

(1) 高木惣吉「高木海軍少将覚え書」二六四頁

(2)〈沢本頼雄海軍次官日記　日米開戦前夜〉「中央公論」昭和六三年一月号　四六二頁

(3) 高木惣吉「高木海軍少将覚え書」二六四頁

(4) 高木惣吉「高木海軍少将覚え書」二六二―二六三頁

(5) 菅太郎については、「昭和二十年　第4巻」三五七頁を見よ。

(6)「昭和二十年　第4巻」三五二―三七七頁

(7)「戦史叢書　大本営陸軍部大東亜戦争開戦経緯(5)」昭和四九年　一七四頁

(8)「昭和二十年　第3巻」三一四―三一五頁

(9)「昭和二十年　第2巻」四五―四六頁

(10)「昭和二十年　第8巻」二七三頁

(11)「昭和二十年　第4巻」三六四頁

(12)「昭和二十年　第8巻」一九六頁

(13) 伊藤隆「昭和期の政治〔続〕」山川出版社　平成五年　九四頁
(14)「朝日新聞」昭和一五年一〇月五日「京都に於ける首相時局談」
(15)「昭和二十年　第4巻」三五五頁
(16)「昭和二十年　第1巻」三五七頁、「昭和二十年　第4巻」一九七頁
(17) 土屋清「エコノミスト五十年」山手書房　昭和五五年　一三四頁
(18)「日本興業銀行五〇年史」昭和三二年　五五二頁
(19)「昭和二十年　第5巻」一一〇頁
(20)「昭和二十年　第5巻」九七頁
(21)「天羽英二日記・資料集第四巻」天羽英二日記・資料集刊行会　昭和五七年　六七五、六八五頁
(22) 高松宮宣仁親王「高松宮日記　第六巻」中央公論社　平成九年　四九五頁
(23)「大本営陸軍部戦争指導班　機密戦争日誌　下」四〇五頁
(24) 種村佐孝「大本営機密日誌」芙蓉書房　昭和五四年　一九二頁

　じつを言えば、錦正社が平成十年に刊行した「大本営陸軍部戦争指導班　機密戦争日誌　下」の八月二日の項に、このくだりの記述はない。引用した種村氏の昭和五十四年の著書については、その解題で、原四郎氏がつぎのように述べている。「機密戦争日誌そのものを基礎とし、……著者の経歴、体験に基づく、極めて豊富な記憶を加え、史実をありのまま日記体に綴っている」

　八月二日の日記は、種村氏が正確な記憶をもとに背景説明をしたものと考えて、そのまま引用した。

(25) 伊藤隆「昭和期の政治〔続〕」二五三頁

(26)「木戸幸一日記　下巻」一〇四五頁
(27)「昭和二十年　第8巻」二九二頁
(28)末次信正については、「昭和二十年　第4巻」一六九頁を参照。
(29)「大本営陸軍部戦争指導班　機密戦争日誌　下」四五三頁
(30)「大本営陸軍部戦争指導班　機密戦争日誌　下」五五二頁
(31)「昭和二十年　第7巻」八七頁
(32)「昭和二十年　第8巻」二〇八頁
(33)「昭和二十年　第1巻」三六八頁

＊本書は、二〇〇一年に当社より刊行した著作を文庫化したものです。

草思社文庫

昭和二十年
第8巻　横浜の壊滅

2015年12月8日　第1刷発行

著　者　鳥居　民
発行者　藤田　博
発行所　株式会社 草思社
〒160-0022　東京都新宿区新宿5-3-15
電話　03（4580）7680（編集）
　　　03（4580）7676（営業）
http://www.soshisha.com/

本文組版　有限会社 一企画
本文印刷　株式会社 三陽社
付物印刷　日経印刷 株式会社
製本所　大口製本印刷 株式会社
本体表紙デザイン　間村俊一
2015©Fuyumiko Ikeda
ISBN978-4-7942-2173-5　Printed in Japan

鳥居民著　昭和二十年　シリーズ13巻

第1巻　重臣たちの動き

☆　1月1日〜2月10日

米軍は比島を進撃、本土は空襲にさらされ、日本は風前の灯に。近衛、東条、木戸は正月をどう迎え、戦況をどう考えたか。

第2巻　崩壊の兆し

☆　2月13日〜3月19日

三菱の航空機工場への空襲と工場疎開、降雪に苦しむ東北の石炭輸送、本土決戦への陸軍の会議、忍び寄る崩壊の兆しを描く。

第3巻　小磯内閣の倒壊

☆　3月20日〜4月4日

内閣は繆斌工作をめぐり対立、倒閣へと向かう。マルクス主義者の動向、硫黄島の戦い、岸信介の暗躍等、転機の３月を描く。

第4巻　鈴木内閣の成立

☆　4月5日〜4月7日

誰もが徳川の滅亡と慶喜の運命を今の日本と重ね合わせる。開戦時の海軍の弱腰はなぜか。組閣人事で奔走する要人たちの４月を描く。

第5巻　女学生の勤労動員と学童疎開

☆　4月15日

戦争末期の高女生·国民学校生の工場や疎開地での日常を描く。風船爆弾、熱線追尾爆弾など特殊兵器の開発にも触れる。

第6巻　首都防空戦と新兵器の開発

☆　4月19日〜5月1日

厚木航空隊の若き飛行機乗りの奮戦。電波兵器、ロケット兵器、人造石油、松根油等の技術開発の状況も描く。

第7巻　東京の焼尽

☆　5月10日〜5月25日

対ソ工作をめぐり最高戦争指導会議で激論が交わされるなか帝都は無差別爆撃で焼き尽くされる。市民の恐怖の一夜を描く。

第8巻　横浜の壊滅

☆　5月26日〜5月30日

帝都に続き横浜も灰燼に帰す。木戸を内大臣の座から逐おうとするなど、戦争終結を見据えた政府·軍首脳の動きを描く。

第9巻　国力の現状と民心の動向

5月31日〜6月8日

資源の危機的状況を明らかにした「国力の現状」の作成過程を詳細にたどる。木戸幸一は初めて終戦計画をつくる。

第10巻　天皇は決意する

6月9日

天皇をめぐる問題に悩む要人たち。その天皇の日常と言動を通して、さらに態度決定の仕組みから、戦争終結への経緯の核心に迫る。

第11巻　本土決戦への特攻戦備

6月9日〜6月13日

本土決戦に向けた特攻戦備の実情を明らかにする。グルーによる和平の動きに内閣、宮廷は応えることができるのか。

第12巻　木戸幸一の選択

6月14日

ハワイ攻撃９日前、山本五十六と高松宮はアメリカとの戦いを避けようとした。隠されていた真実とこれまでの木戸の妨害を描く。

第13巻　さつま芋の恩恵

7月1日〜7月2日

高松宮邸で、南太平洋の島々で、飢えをしのぐためのさつま芋の栽培が行われている。対ソ交渉は遅々として進まない。

☆は既刊。以降、各偶数月に1巻ずつ刊行予定。

草思社文庫既刊

鳥居 民
日米開戦の謎

昭和十六年の日米開戦の決断はどのように下されたのか。避けなければならなかった戦いに、なぜ突き進んでいったのか。当時の政治機構や組織上の対立から、語られることのなかった日本の失敗の真因に迫る。

鳥居 民
原爆を投下するまで日本を降伏させるな

なぜ、トルーマン大統領は無警告の原爆投下を命じたのか。なぜ、あの日でなければならなかったのか。大統領と国務長官のひそかな計画の核心に大胆な推論を加え、真相に迫った話題の書。

鳥居 民
近衛文麿「黙」して死す

昭和二十年十二月、元首相・近衛文麿は巣鴨への出頭を前にして自決した。近衛に戦争責任を負わせることで一体何が隠蔽されたのか。文献渉猟と独自の歴史考察から、あの戦争の闇に光を当てる。